U0827760

旅游管理／酒店管理专业　理实一体化教材

餐饮服务与管理

Food & Beverage Service and Management

主　编　陆　朋　　周静莉　　王　杨
副主编　胡嘉欣　　韩　登　　王成贵

企业管理出版社
EMPH
ENTERPRISE MANAGEMENT PUBLISHING HOUSE

图书在版编目（CIP）数据

餐饮服务与管理 / 陆朋，周静莉，王杨主编．—北京：企业管理出版社，2021.1
ISBN 978-7-5164-2215-1

Ⅰ．①餐…　Ⅱ．①陆…　②周…　③王…　Ⅲ．①饮食业 – 商业服务 – 高等职业教育 – 教材　②饮食业 – 商业管理 – 高等职业教育 – 教材　Ⅳ．① F719.3

中国版本图书馆 CIP 数据核字（2020）第 169919 号

书　　名：餐饮服务与管理
作　　者：陆　朋　　周静莉　　王　杨
责任编辑：寇俊玲　　黄　爽
书　　号：ISBN 978-7-5164-2215-1
出版发行：企业管理出版社
地　　址：北京市海淀区紫竹院南路 17 号　　　　邮编：100048
网　　址：http://www.emph.cn
电　　话：编辑部（010）68701638　发行部（010）68701816
电子信箱：qyglcbs@emph.cn
印　　刷：北京虎彩文化传播有限公司
经　　销：新华书店
规　　格：185 毫米 ×260 毫米　16 开本　16 印张　380 千字
版　　次：2021 年 1 月第 1 版　　2021 年 8 月第 2 次印刷
定　　价：54.00 元

版权所有　翻印必究　·　印装有误　负责调换

Preface 前言

《餐饮服务与管理》是高等院校旅游管理、酒店管理专业的一门主干课程，为了适应21世纪旅游、饭店业和我国旅游教育的蓬勃发展，本着为我国餐饮业人才培养提供理论依据和技能指导的初衷，我们在长期从事本课程教学和研究的基础上，在注重吸收新观点、新思想的前提下，编写了这本书作为高等院校和高职高专旅游管理和酒店管理专业的系列教材之一。

本书针对教学的特点和今后学生就业需要，以管理理论为指导，根据酒店餐饮管理与服务的客观规律，以餐饮实际业务经营活动为基础，以当前最新、最实用的管理方法与操作为主要内容，坚持理论与实际相结合，全面、系统地阐述了酒店餐饮服务与管理的各种要素的内在联系及其运行的程序，既培养了学生的服务技能，又为学生将来的发展奠定了理论基础。本书既是旅游管理与酒店管理专业的教学用书，又可以作为酒店行业人员培训和工作参考用书。

全书在内容上共分为九章，包括：第一章餐饮概述；第二章餐饮基本操作技能；第三章餐饮服务；第四章餐厅的设计与布局；第五章菜单的设计；第六章厨房管理；第七章餐饮成本管理；第八章餐饮服务质量管理；第九章餐饮食品安全管理。

本书由河北师范大学旅游系陆朋、周静莉、王杨担任主编。参加本书编写的撰稿人及其分工如下。

第一章：王杨，河北师范大学旅游系。

第二章：吴一丹，河北省唐山市滦南县职业教育中心。

第三章：李晓蕊，河北省承德市围场满族蒙古族自治县职业技术教育中心。

第四章：马洪霞，沧州第一职业中学；

胡嘉欣，广州市轻工技师学院。

第五章：陆朋，河北师范大学旅游系；

樊文欣，秦皇岛市抚宁区职业技术教育中心。

第六章：王卫民，河北师范大学旅游系。

第七章：张春霞，秦皇岛市抚宁区职业技术教育中心。

第八章：周静莉，河北师范大学旅游系。

第九章：王亚坤，河北师范大学旅游系。

本书在编写过程中，参考了许多同人的观点和已出版的教材，对于在编写过程中给予支持和帮助的有关人员深表感谢。本书是各高等院校相关专业教师倾力合作与集体智慧的结晶，但由于水平所限，且时间仓促，书中难免有疏漏之处，恳请读者提出宝贵意见，以便修改完善。

本书还配备了电子教学资料包，包括电子教案、教学指南、练习题答案等，能够为老师授课和学生学习提供诸多便利，请通过以下联系方式获取。

电话：（010）68701661 企业管理出版社编辑部

邮箱：qyglcbs@yeah.net

陆　朋

2020 年 4 月

Contents 目 录

第七章 餐饮成本管理

第八章 餐饮服务质量管理

第一章 C H A P T E R 1

餐饮概述

动脑筋

餐厅里的菜园

东方咖啡饭店刚开张时，因面临着激烈的竞争而难以站稳脚跟。老板清醒地意识到，如果不采用奇巧的经营方式，饭店难以为继。经过深思熟虑，她决定将饭店后面的大花园变成大菜园，以自己生产的蔬菜和水果做成各种美味佳肴，以招徕顾客。为此，她特意聘请了一位从事过多年菜园管理的老师傅负责改建工作。不到半年的时间，一座有菜有花有果的综合性菜园便出现在人们的眼前。园内蔬菜翠绿，果树飘香，花草茂盛，令人叹为观止。随着媒体对东方咖啡饭店的报道，它的知名度越来越高。老板在向记者介绍时颇为自豪："顾客在别的饭店里进餐，吃南瓜不知道南瓜有多大，吃茄子并不清楚茄子是什么模样。而在我们这儿，却能做到边吃边看，十分有趣。"

请思考：1. 东方咖啡饭店是怎样取得成功的？

2. 一个成功的餐饮企业应该做到哪些方面？

第一节　餐饮业的历史与现状

俗话说，"民以食为天"。饮食是人类赖以生存和发展的第一要素。餐饮业大约起始于人类文明的初期，并且伴随着人类社会的形成而发展，随着人类社会的发展而进步。它经历了由低档次饮食活动向高档饮食活动，由简单、粗糙的饮食产品向复杂、讲究的饮食产品逐步发展、进步的过程。

一、中国餐饮业发展概况

中国餐饮业历史悠久，博大精深，具有鲜明的民族性和地域性。我国餐饮文化是随着人类社会的出现而产生的，关于餐饮文化的起源，目前说法不一。人类原始的采集野果、捕获动物只是为了果腹，还谈不上是有意识的烹调。用科学的眼光来看，饮食活动的产生应该是从人类吃熟食开始的。

“熟食阶段”大约在先民学会用火的50多万年前。大量考古资料证实，这些“古人”尽管仍处于比较原始的状态，但已开始用火捕获野兽、烤熟食物、化冰取水，进入了中国饮馔史的“熟食”阶段，烹饪由此发端。用火、熟食标志着人类从野蛮走向文明。这一阶段，人类发明了烧石传热熟物的石烹法——最原始的烹调方法，这在北京周口店的考古中得到证明。到了新石器时代，中国社会进入了陶器时期，陶制炊餐具的使用，促进了原始烹饪的发展，标志着人类正式进入了烹调时代。

历史的车轮进入夏、商、周三代之后，餐饮业逐渐成为一个独立的行业。金属工具、原始瓷器、酿酒作坊和食盐的出现，为餐饮业的形成创造了条件。当时的人们开始掌握刀功与火候技术，烹饪方法有烧、烤、煎等多种，这些都反映了我国先秦时期的烹饪技术已发展到比较高的水平。从周代起，中国产生了一些烹调食谱，《周礼·天官》中记录了我国最早的名菜——八珍，还出现了最早的聚餐形式——筵席。唐朝以前的古人席地而坐，“筵”和“席”都是铺在地上的坐具，酒食菜肴置于筵席之前。筵席阶段，宴会活动方式多样，主要为奴隶主、贵族所享用。商、周时期，音乐助餐已经出现，这时豪门贵族吃饭时要奏乐击钟，用鼎盛装着各种珍馐美馔，即所谓的“钟鸣鼎食”。

秦、汉时期，由于农业、手工业、商业有了很大发展，对外交往日益频繁，在中央集权的封建国家，餐饮文化不断出现新的特色。汉朝时期，与西域的通商贸易使西部少数民族的饮食习俗传入中原，又将中原的饮食文化带至西部，长安（今西安）城内为少数民族客商所建的高档客栈附近出现了大批的饮食店。

汉代以后，铁器逐渐取代铜器；植物油开始登灶入馔；烹调方法更加多样，对食品原料也十分讲究；烹饪操作的技术分工已趋成熟。山东出土的《庖厨图》描绘了一套前后连贯的烹饪制作过程的宏大场面，图中刻绘的人物个个忙碌，各司其职，从上到下有六个层次，概括了从原料准备到加工处理等各个环节，分工层次明确，是汉代烹饪文化的有力表现。同时出土的“厨夫俑”则是关于厨师形象的造型，从衣着装束看，几乎与如今的厨师不相上下，这说明当时厨师已经成为一种职业。

唐、宋时期是我国古代餐饮文化的全盛时期。具体表现在：食源继续扩大，瓷餐具风行，工艺菜新兴，风味流派显现。这一时期的烹饪技法也有长进，热菜的制作工艺进入了成熟期，传统烹饪趋于定型。谢讽的《食经》为中国烹饪、餐饮理论的研究开了先河。随着生产力的发展，餐饮生产有了进步，用餐时的器具也发生了变化，产生了小案桌和条案，“宴会”这一名词在这一时期也被正式使用。

当时餐饮文化生活成为统治阶层重要的社交文化活动，达官贵人们对餐饮讲究美食、美味、美器、美境，强化了饮食文化的审美性质。五代十国的南唐时期著名人物画家顾闳中的作品《韩熙载夜宴图》(见图1-1)，便描绘了当时官宦在家中举行宴会的奢华场面。

图 1-1 《韩熙载夜宴图》

明、清时期，餐饮文化得到进一步发展。珍馐佳肴丰收，清宫菜和孔府菜影响深远；四大菜系形成，地方风味蓬勃发展；大宴华美、礼仪隆重，全羊席和被称为“无上上品”的满汉全席破土而出；汇集四方异馔和各族美味的菜肴数量剧增，出现繁华的食街，经营方式多种多样；《本草纲目》进入饮食文化且成就巨大。

随着经济的发展和人民生活水平的提高，在餐饮业“营养、卫生、科学、合理”的原则指导下，具有中国风味、符合现代科学营养标准的膳食结构正在迅速形成。中国烹饪的特点是：原料广博，菜品繁多；选料严谨，因材施艺；刀工精湛，艺术性强；善于调味，注重火候；技法多样，盛器讲究。现代中国餐饮业继承和发扬了民族文化，走开拓创新之路，使传统工艺更符合现代饮食的科学要求，用科学烹饪创造出科学美食。与此同时，烹饪的繁荣也促进了中国餐饮业的发展，中国餐饮业正在走向世界。

小知识

满汉全席

满族入主中原前，以游牧、渔猎为生，他们习惯用烧、烤、煮、涮等烹调手法。清朝建立后，宫廷一直沿用满族人烹调传统菜肴，直至康熙帝时才开始起用汉人做厨师。汉人厨师把大江南北的美味佳肴带到宫里。满、汉厨师经过长时期的相互学习、交流，从而创新了膳食口味。

满汉全席兴起于清代，是集满族与汉族菜点之精华而形成的历史上最著名的中华大宴。乾隆甲申年间李斗所著《扬州书舫录》中记有一份满汉全席食单，是关于满汉全席的最早记载。

满汉全席是我国一种具有浓郁民族特色的巨型宴席。既有宫廷菜肴之特色，又有地方风味之精华，菜点精美，礼仪讲究，形成了引人注目的独特风格。满汉全席原是官场中举办宴会时满人和汉人合坐的一种全席，上菜一般起码一百零八种，分三天吃完。菜肴丰盛，制作程序复杂，工艺颇为考究。该席桌博采烧烤、燕菜、鲍鱼、海参、鱼翅等满、汉众多高级宴席之精华；囊括点心中油、烫、酥、仔、生、发六种面性；施展立、飘、剖、片等二十余种刀法。全席计有冷荤热肴一百九十六品，点心茶食一百二十四品，计肴馔三百二十品。合用全套粉彩万寿餐具，配以银器，富贵华丽，用餐环境古雅庄隆。席间专请名师奏古乐伴宴，沿典雅遗风，礼仪严谨庄重，承传统美德，侍膳奉敬校宫廷之周，令人流连忘返。全席食毕，可使您领略中华烹饪之博精，饮食文化之渊源，尽享万物之灵之至尊。

二、世界餐饮业发展概况

国外餐饮业起源于古代地中海沿岸的发达国家。

在古埃及，早在公元前1700年，已有酒店存在。考古发现了同一时期或更早时期的菜单，上面写有面包、禽类、羊肉、烤鱼和水果等。

在古希腊，早期的酒店多设在各种庙宇旁边。古希腊人对餐饮业的主要贡献体现在两个方面：为了能使上餐桌的鹅足够肥硕，用浸湿的谷物进行填食，与今天的北京烤鸭极其相似；约在公元前3世纪，雅典人发明了第一辆冷盘手推车，厨师将大蒜、海胆、用甜葡萄酒浸过的面包片、海扇贝和鲟鱼装在盘子里放在车上，推入餐厅供人们选择、享用。这些对今天的餐饮业仍有影响。

古罗马时期，餐饮业已颇具规模。庞贝古城的考古发现表明当时客栈、餐馆和酒店十分兴盛，至今仍能分辨出有118家酒店或餐馆的遗址。16世纪中叶，欧洲处于文艺复兴时期，意大利成为文艺复兴运动的中心，也被认为是西餐的起源地。其烹饪技艺在吸收世界各地的精华的基础上，形成了追求豪华、注重排场、典雅华丽的风格，成为“欧洲烹饪之母”。

17世纪，当时美国还处于殖民地时期。美国餐饮业开始逐步发展，这种发展主要表现为小酒店式餐饮。小酒店指向旅行者和当地居民提供食物、饮料和住宿等服务的经营场所。此类餐饮消费者无任何选择余地，食物品种均由经营者决定。小酒店发展很快的原因是相关法律规定了无小酒店的城镇均要建立小酒店。

18世纪前后，法国成为欧洲政治、经济和文化的中心，法国发达的农、牧、渔业为烹饪和餐饮业的发展提供了优越的物质条件。法国烹饪源于意大利宫廷，成型于路易封建王朝，法国大革命时期才涌向民间，通过不断的改革创新逐步风靡世界，成为欧美餐饮的公认代表。

19世纪，由于火车、汽车的发明与使用，各式旅馆、饭店及酒店相继出现，餐饮消费明显增加，餐饮业规模逐步扩大。在美国，由于铁路运输网的扩展，小酒店几乎消失，而具有食品服务含义的Restaurant完整融入美国社会中；同时出现了美国餐饮史上最早的连锁餐饮企业——哈威连锁企业，即“火车站餐馆”。

综观中外餐饮业的发展概况，世界餐饮业是随着人类经济活动的出现和文明程度的提高而产生和发展的。中外餐饮业在发展过程中既各自独立，又互相渗透。中餐学习了西餐的烹饪技法，引进了咖啡、可可、洋酒等；西餐也学习了中餐的烹饪方法，吸收了中餐特有的饮料——茶。中西餐的餐具和服务程序也都在相互补充，相得益彰。中西餐相互交流、相互促进、共同发展，创造了世界餐饮业的新局面。

三、餐饮业的发展趋势

20世纪末以来，中国的餐饮业进入了史无前例的大发展时期，市场潜力巨大，前景非常广阔。随着东西方饮食文化的交汇，餐饮市场异彩纷呈，美食节的兴起、菜肴的创新、企业经营变异、餐饮市场的进一步细化使得人们能随时、随地享受美食带来的欢愉。同时由于经济的增长、传播媒介的积极引导、营销的合理组合等，我国餐饮市场的消费潜力不断壮大。

（一）走优质高效的快餐化道路

中国餐饮业的快速持续发展，显示出了在社会需求和经济发展的大背景下，行业总体规模日益扩大，在国民经济中的地位和作用明显提升和加强。2008年下半年起，商务部提出在扩大内需、拉动消费方面，以消费促发展，大力发展餐饮业。

小案例

“真功夫”快餐店

“小姐，您点的菜。”在北京朝外大街昆泰大厦一层“真功夫”快餐店里，穿着时尚的于女士听到店里服务员的叫声，猛地一愣：“真没想到这么快。”以于女士以往的经验，在中式快餐店吃饭，从点餐到取到食品至少要等上几分钟。而在这里，宾客通常可在80秒钟内完成点餐到取到食品的过程。真功夫不仅以快制胜，它传承中华饮食五千年文化并加以创新，把中华饮食传统的30多种烹饪方法凝聚在一个技法上——蒸，以岭南饮食的原盅蒸品为特色，发扬中华饮食“营养”优势，塑造“营养”为品牌核心价值。真功夫现已拥有100多家直营连锁餐厅，并迅速发展成为中式快餐业的领导品牌之一。

（二）运用科技，提高效率

随着科技的发展，高科技在促进酒店与餐饮业经营管理和服务水平等方面，已经起到了“革命性”的作用。

在传统餐厅，宾客点餐时服务员会手写点餐单，然后将点餐单传到前台。由前台手工分单，厨师拿到点餐单后开始配菜、做菜，最后将做完的佳肴由传菜人员根据点餐单给餐桌或单间上菜。如今，无线点餐技术已被大量应用于国内的餐饮行业。应用无线点餐系统后，即使只有两三名服务员也能够准确无误地为20张餐桌服务，不但节省人力，而且失误率几乎为零。无线点餐系统在点餐、厨房分单、送菜、结账等各个环节都实现了全方位、智能化管理，大大降低了因失误做菜而造成的资源浪费，从而降低了运营成本。不仅如此，互联网、电子商务、厨房厨具革命等高科技的运用，为未来餐饮业的高速发展提供了广阔空间。

（三）强调营销环境的情调、氛围

现代社会的消费者在进行消费时往往带有许多感性的成分，容易受到环境氛围的影响。因此，相当多的餐馆在布置环境、营造氛围上下了很大的功夫，力图营造出各具特色的、吸引人的种种情调与氛围，从美食到极富浪漫色彩的店名、菜名，能在宾客大快朵颐之际，感受到温馨、舒适。

（四）生态农业、绿色食品、保健环境将更为人们所重视

随着人们对环境污染、生态平衡、自身健康等问题的关心程度日益提高，无公害、无污染的绿色食品、保健食品，受到了宾客的欢迎，许多餐饮企业适应这种要求，纷纷推出了自己的保健绿色食谱，并增加保健设施，营造保健环境。

近几年，药膳的保健作用，已为越来越多的人所认识。药膳餐厅也越开越多。富含高纤维的蔬菜水果，没有污染且营养丰富的野菜，在餐馆菜肴中所占比例日渐扩大。在很多地区，野菜已成为市民餐桌上的重要角色，而餐馆亦适应市民消费需求的变化，纷纷推出了各种精工细作的野菜时蔬。

（五）重视个性化、特色化、形象化的服务

随着人们生活水平的提高，消费需求将日趋个性化，这要求企业重视人们的具体要求，根据具体的消费场景、消费时间、消费对象，提供有针对性的服务，并据此塑造出符合顾客要求的企业形象。从现代消费者的心理来看，许多人在进行某种消费时，不仅消费了商品本身，也消费了商品的名气和通过商品体现出来的形象，因为形象具有一定的象征价值，能满足人们对身份、地位等的追求，能让人产生自豪感，抑或给人们一种谈资、一种经历。

小案例

“饿了么”的创业故事

2008 年开始在宿舍创业，到 2015 年获得 E 轮融资、拥有几千员工，服务范围也从上海交大周边快速扩展到全国 250 个城市，这便是在线外卖订餐平台“饿了么”的快速发展轨迹。

“饿了么”平台的发展并非单纯地依靠餐饮平台的导流模式，而是在前端聚合信息的基础上，重在通过“业务后台系统”和“餐厅管理系统”，线下扩展到实体餐饮企业日常运营管理中。作为 21 世纪信息化背景下蓬勃发展的餐饮 O2O 专业化平台的代表，“饿了么”可分成网站系统、移动端应用、在线支付系统、业务后台系统、餐厅管理系统、统一的系统数据库平台、统一的系统服务集成接口。“饿了么”并不是简单的线下和线上相互转移模式，而是完整的服务链条。“饿了么”在被大众点评投资 8000 万美元的同时，其市值估价超过 5 亿美元。据中国电子商务研究中心（100EC.CN）监测数据显示：从 2018 年 5 月到 10 月，“饿了么”实现日订单从 10 万个到 100 万个，覆盖城市从 12 个到接近 200 个，移动端交易占比从 30% 上升至 70%。

第二节 餐饮产品与服务理念

一、餐饮产品的定义

许多人常常将餐饮产品与厨房产品混为一谈，这是不准确的。所谓厨房产品，仅指厨房生产的菜品等可以直接食用和饮用的产品。而餐饮产品不仅包括厨房产品，还包括环境产品和服务产品。厨房产品是有形的，而餐饮产品是有形的产品和无形的服务相结合的。所以在此，给餐饮产品定义为：餐饮企业为餐饮市场所提供的满足消费者需求和愿望的环境、食品与服务。

二、餐饮产品的特点

（一）地域性

由于受到地理环境、当地风俗及习惯的限制，不同地区的餐饮产品的原料和做法有明显的差异。由于各地的风俗习惯不同，餐饮产品的口味和使用方法也存在很大差异。所以，餐饮企业必须考虑市场定位，选择经营适合本地区的餐饮产品。

（二）公共性

餐饮产品为了满足宾客的餐饮、娱乐等需求选择的经营场所必须是社会公共场所，而且必须考虑到便利性和安全因素。

（三）多变性

餐饮企业的营销活动受季节、气候、地理位置、交通条件等多种因素的影响，餐饮经营在一年中有淡季、旺季之分，同时会受天气、节假日等因素的影响，使得餐饮企业对餐饮产品必须随之做出相应的策略变化。

（四）综合性

餐饮产品除了有满足人们基本生理需要的功能之外，还具有社交功能。借助就餐，人们可以增加互相交流的时间和机会。餐饮产品还具有休闲功能，人们可以在用餐中体会不同餐饮产品带来的乐趣。餐饮产品还具有商业功能，餐厅为人们提供了商业谈判的场所，让人们可以在享受美食的同时达成商业合作的目的。

（五）限时性

餐饮产品的生产原料大多为鲜活产品，这决定了大多数餐饮实物产品只能在宾客购买、消费前很短的时间内生产，也就是要“现做现吃”或“边做边吃”。同时还受就餐时间的限制，即只有在就餐时间宾客才会光顾餐厅购买餐饮产品。

（六）复杂多样性

餐饮产品种类繁多，形式与内容丰富多样。餐饮服务工作难度大，餐厅每天接待的宾客来自四面八方，不同的宾客的感受和评价可能会大相径庭。餐饮产品的生产环节多，管理难度大，管理控制复杂，这些都体现了餐饮产品生产经营的复杂性。

三、餐饮服务的理念

餐饮服务是餐饮产品的重要组成部分，也是餐饮管理最难控制的环节。

（一）餐饮服务的定义

餐饮服务，即为满足餐饮顾客的需要，餐饮企业和顾客之间的活动以及餐饮企业的部门活动所产生的结果。这个定义阐述了餐饮服务的本质内涵：以满足服务对象需要为核心，力求做出令人满意的结果。一般来讲，餐饮服务的主要内容有以下四点。

（1）餐饮设施、能力、人员的数目和材料的数量。

（2）餐饮等待时间、提供时间和过程时间。

（3）餐饮卫生、安全性、可靠性和保密性。

（4）餐饮应答能力、方便程度、礼貌、舒适、环境美化、胜任程度、准确性、完整性、技艺水平、信任和有效的沟通联络。

（二）餐饮服务的意义

服务的关键是发挥主观能动性，最大限度地满足宾客需求，协调宾客和酒店之间的关系，兼顾效率和公平的原则，防止发生牺牲宾客利益来维护餐饮企业自身利益的事件。这就要求所有服务人员，一要强化宾客意识，要站在宾客的立场上去思索其内心需求；二要急宾客之所急，想宾客之所想，做宾客之所需，特别是对于宾客提出的需求，要尽力给予满足。

（三）餐饮服务的重要性

餐饮经营活动主要是通过服务来实现的，服务质量、服务水准的高低不仅关系着酒店的效益、声誉，更关乎酒店的生存与发展。近年来餐饮企业之间的竞争越来越激烈，餐饮服务在竞争中起到的作用也越来越重要，餐饮服务成为餐饮企业扩大销售、争夺市场、提高效益的重要手段和途径。

（四）餐饮服务发展趋势

1. 服务理念：宾客就是朋友

随着宾客消费习惯、消费心理的变化，“宾客就是上帝”的传统服务理念已跟不上时代要求。20 世纪 90 年代初广东的餐饮从业者审时度势，率先提出了“宾客是朋友”的服务理念，并进行了全新的诠释：对待宾客只有像对待老朋友那样，才会让其感到友情的温馨，友情的诚挚，友情的深厚，双方关系才能和谐融洽，宾客才愿意经常光顾酒店——“家”。

2. 个性化服务

个性化服务就是服务员根据个体或特殊消费群体的特点、要求，提供相应的、更有针对性的服务，使宾客在接受服务的同时产生舒适的精神与心理效应。个性化服务与标准服务的区别在于：个性化服务要求更为主动、灵活及超常服务。酒店提供的服务产品应该是：用规范化的服务满足宾客的共性需求，用个性化服务满足宾客的个性化需求。

3. 人性化服务

消费者的消费行为往往为感情所支配，因此消费行为常有浓厚的感情色彩，易受到餐厅内的各种因素影响，这就需要服务人员积极发挥主观能动性，用人性化的服务去影响消费者的行为。人性化服务就是以宾客为本，在全方位优质服务的基础上，重点满足宾客潜意识的需求。研究发现，时刻关注宾客不能直接讲出的意见和建议，并给予解决，能让宾客有家一样的感觉。

小案例

全国“青年文明号”餐厨班关于餐饮服务质量的体会

广西柳州饭店四号楼餐厨班以其优质服务和敬业精神荣获全国“青年文明号”称号，

成为广西旅游界、餐饮界学习的榜样。该班组就如何提高餐饮服务质量谈了六点体会。

1. 给宾客以亲切感

不管宾客是什么身份、什么心情、从哪儿来，亲切是酒店与宾客沟通的第一要素。我们坚持微笑迎宾、陪同领座，并尽可能提前了解宾客的姓名并给予其恰到好处的身份称呼。

2. 仔细观察

服务不只是腿勤手快，还得用眼用心。从宾客就座到餐毕的全过程中，既要悉心观察每个宾客的特点和爱好，也要随时发现宾客的即时要求。

3. 加强各环节的沟通

各个服务环节必须及时沟通，才能从整体上为宾客提供满意的服务。宾客临时提出的特殊要求，厨房会尽力及时配合烹制或调换口味，服务员转达宾客要求，厨师要想方设法并热情地解决服务员在前台遇到的困难。

4. 建立宾客档案

酒店有许多常客，服务人员必须把他们的习惯、爱好、口味等记录在册。建立宾客档案可以大大提高工作效率，也减少了疏漏和事故。同时，记住宾客的爱好，表现了对他们的尊重和关注，对 VIP 宾客来说，这是非常敏感的心理服务。

5. 分工之中注意协作

酒店作为企业，在管理中进行分工当然必不可少。但酒店不同于工厂流水线，不能刻板地按照流程操作。宾客有很大的随意性，协作至关重要。服务员在分工盯桌的前提下，坚持协作原则，谁忙就帮谁，领班、主管可以帮，其他有空闲的服务员也要主动上来帮，利用“时间差”，保证每个包房、餐桌的服务到位。

6. 强化培训及练兵

培训是学习知识，练兵是练习技能技巧，两者缺一不可。服务员必须全面掌握菜肴知识、酒水知识、烹饪知识、外语知识和服务知识。练兵则强调准确性和效率。有的同志在家还反复练，做到又快又准。如目测距离、折花、摆台、斟酒、倒酱油，都需经过“千锤百炼”，方能达到“从心所欲而不逾矩”的水平。

第三节 餐饮部的组织机构与职能

现代酒店管理理念要求组织机构扁平化，尽量减少管理层次，但因酒店规模和餐饮部本身职能的不同而形式各异。

一、餐饮组织结构设计的原则

（一）根据组织业务活动的需要设计组织结构

酒店餐饮服务通常包括菜单设计，食品原料的采购、验收、储存与发放，厨房加工烹调，餐厅服务等。酒店应从这些业务内容出发设置组织结构，使相关部门在结构中占有应有的位置。

（二）效率原则

酒店或餐厅的组织结构越简单越好。组织机构的规模、形式必须在满足业务需要的前提下将人员精简到最少，从而减少内耗、提高效率。效率原则要求做到不因人设岗、不设可有可无的位置、尽量减少结构层次，以利于信息快速传达。

（三）统一指挥，分层负责，权职相称

餐饮部的工作环节十分繁多，需要通过众多员工的分工合作才能完成。因此，其组织结构必须保证各种业务活动能在统一指挥下步调一致，使各项决定、各种指令顺利贯彻落实。

（四）合理分配工作

在员工定岗或分工时，应根据其能力、技术水平安排适当的工作，即要在组织上保证员工各得其所，人尽其才，使他们充分发挥自己的能力和聪明才智。

（五）设立岗位职责

餐饮部对本部门的每一个职位必须设立书面岗位职责，明确上下级关系、本岗位应履行的职责内容，使每一位员工和管理者明确自己的职责和任务。

二、餐饮企业组织机构的类型

酒店或餐厅的内部组织结构，因酒店规模的大小和各餐饮部门本身职能的不同而形式各异。

（一）小型酒店的餐饮组织结构

这种酒店的餐厅数量少、类型单一，大多只经营中餐，其结构模式比较简单，分工也不宜过细（见图 1-2）。

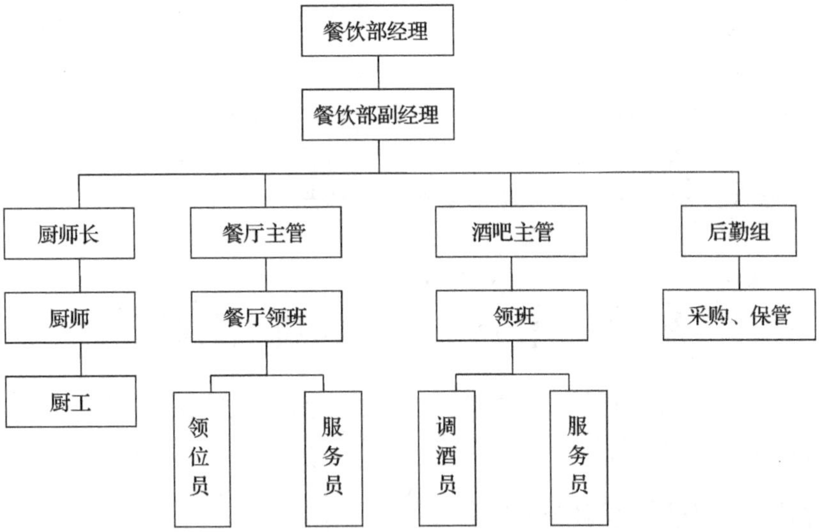

图 1-2 小型酒店餐饮部的组织结构

（二）中型酒店的餐饮组织结构

这种酒店的餐厅数量比小型酒店多，功能比较全面，内部分工也比较细致，其结构相对复杂（见图 1-3）。

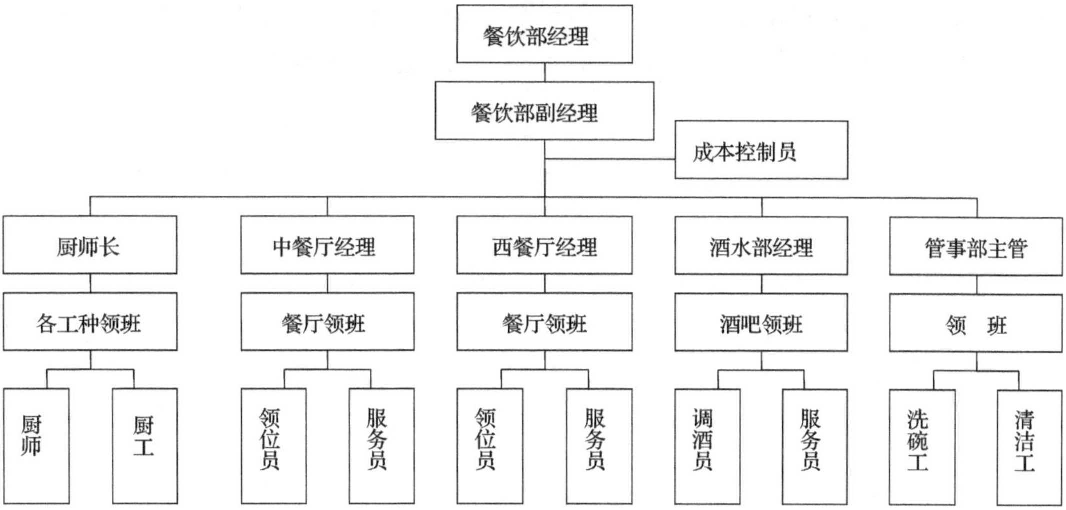

图 1-3　中型酒店餐饮部的组织结构

（三）大型酒店的餐饮组织结构

大型酒店的组织结构复杂、层次多，分工明确细致，一般由多个不同类型的餐厅构成，多的甚至有 10 ～ 20 个餐厅，各种餐厅都单独配备厨房，组织机构专业化程度高（见图 1-4）。

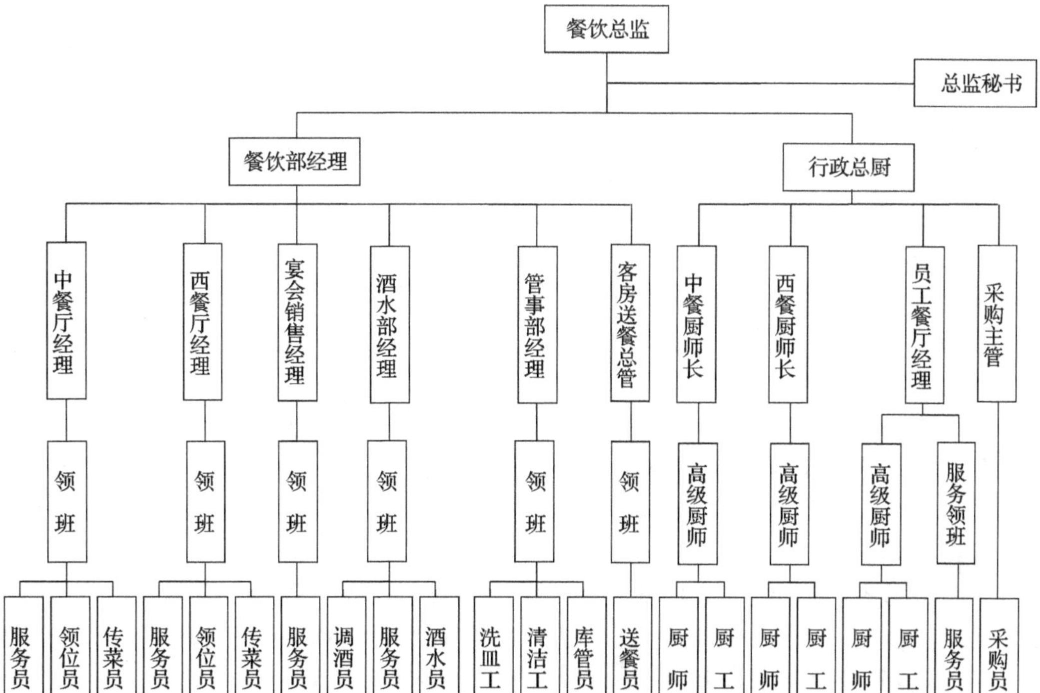

图 1-4　大型酒店餐饮部的组织结构

（四）独立经营餐厅的组织结构

有些酒店的餐厅独立经营，与社会餐饮企业类似。它有非常健全的机构和功能，这类餐厅构成了餐饮业的中坚力量。由于这类餐厅在企业规模、档次水平、接待能力等方面差异较大，因此其组织结构也有较大的差异。一般组织模式如图 1-5 所示。

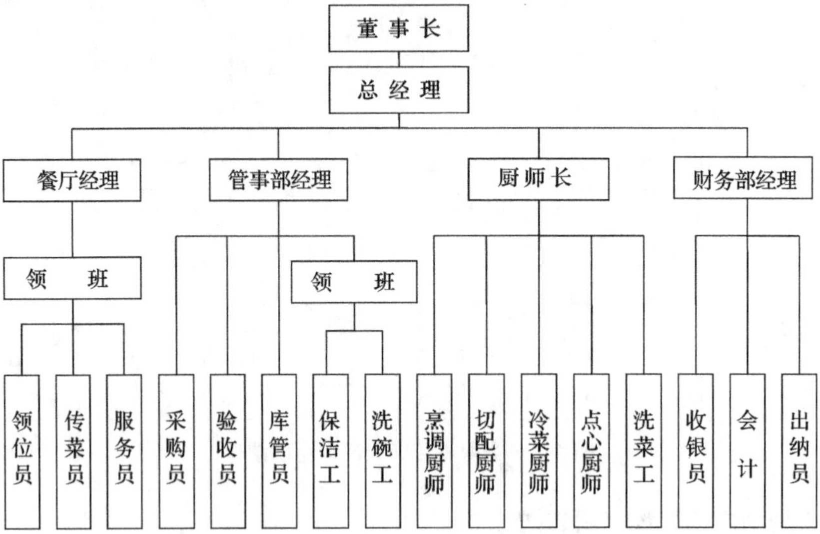

图 1-5 独立经营的餐厅组织机构

三、餐饮部各部门的职能介绍

（一）餐厅部

按照规定的标准和规格程序，用娴熟的服务技能、热情的服务态度，为宾客提供餐饮服务，从而保证宾客的饮食需求。餐厅部的职能包括：推销餐饮产品，扩大销售，正确计算和收取价款，保证经济效益的实现；加强对餐饮财产和物品的管理，控制费用开支，降低经营成本；及时检查餐厅设备的使用情况，做好维修保养工作、餐厅安全和防火工作。

（二）宴会部

大型酒店通常设有宽敞的宴会厅，并附有现代化的灯光、音响、视听甚至多种语言的同步翻译等设备。宴会厅接受宾客的委托，组织各种类型的宴会、酒会、招待会等活动，同时为宾客提供完整的宴会服务。

（三）厨房部

厨房部是餐饮部的主要生产部门，负责整个酒店中所有中式、西式菜点的准备与烹制，负责厨师的培训、菜点的创新、食品原料采购计划的制订及餐饮成本控制等工作。

（四）采购部

采购部是餐饮部的物资供应部门，会根据本酒店饮食经营的品种与特色以及市场信息与行情的变化，适时、适量、适度、适价地为餐饮部组织货源并进行采购。采购后要分类入库储存、妥善保管、及时发放，保证餐饮部的正常经营。

（五）管事部

管事部主要负责厨房、餐厅、酒吧等处的清洁卫生及所有餐具、器皿的洗涤、消毒、存放、保管和控制，将餐饮部所需换洗的布单及时送交洗涤部门清洗。此外，管事部还要支援各餐饮部门的临时需求，并负责培训和提高清洁工的业务技术。

第四节　员工的素质要求

随着竞争的日趋激烈和消费者自我保护意识的增强，宾客对餐饮服务质量的要求越来越高。而餐饮服务质量的提高和先进餐饮文化的传播则有赖于高素质的员工。餐饮服务人员的素质要求如下。

一、思想素质

良好的思想素质是做好服务工作的基础，对餐饮服务人员思想素质的要求如下。

（一）树立牢固的专业思想

从事餐饮服务的人员必须充分认识到餐饮服务工作对发展旅游业及整个社会经济文化事业的重要作用，热爱本职工作，有意识地培养对专业的兴趣，在工作中不断努力学习，奋发向上，开拓创新。

（二）培养高尚的职业道德

职业道德规范要与餐饮业的特点相适应，应做到：热情真诚、乐于助人的服务精神；文明礼貌、不卑不亢的职业风尚；诚实守信、童叟无欺的经营作风；廉洁奉公、谦恭自律的优良品质；团结友爱、顾全大局的高尚风格。餐饮服务人员应时刻将企业和消费者的利益放在第一位，提供尽善尽美的服务。

（三）具有良好的纪律观念

餐饮服务人员必须具有良好的自律意识，学会在各种情况下的自我控制，防止失态。另外，餐饮服务人员还要自觉遵守法律法规和饭店的各项规章制度，以部门和酒店的整体利益为重，服从工作安排。

二、业务素质

（一）不断提高自身的文化素质

文化素养的提高，不仅是做好服务工作的需要，而且能潜移默化地培养服务员高雅的气质、广泛的兴趣、准确的判断能力及坚定的意志。餐饮服务员应主要掌握的知识有：烹饪知识，营养卫生知识，心理学知识，饭店设备的使用、保养与维护知识，旅游方面的知识，电脑应用知识等。

（二）熟练掌握专业操作技能

餐饮服务的每一项工作、每一个环节都有自己特定的操作标准和要求，因此餐饮服务员要努力学习，刻苦训练，熟练掌握餐厅服务的基本技能，明确各项服务的规格、程序和要求，做到服务规格化、标准化、程序化。

（三）讲究各种服务礼节

自古以来，餐饮服务总是与礼仪密不可分。良好的仪容、仪表、仪态是从事餐饮行业的基本条件和要求，餐饮服务员的言谈举止、精神面貌、外观形象都会给宾客留下深刻的印象。因此，餐饮服务员均应注重服务礼节，做到礼貌待人，以体现酒店服务水准。

（四）具备灵活、敏捷的应变能力

由于餐厅服务工作大都由员工通过手工劳动完成，而且宾客的需求多变，这就要求餐厅服务员必须具有灵活的应变能力，遇事冷静，妥善处理，充分体现饭店“宾客至上”的服务宗旨，尽量满足宾客的需求。

（五）具有良好的人际交往能力

餐饮服务是一种特殊的人际交往活动，服务员应主动加强与宾客的交往，加深对宾客的了解。服务员还可以通过这种交往，创造出亲切、温馨的就餐环境，从而提高宾客对酒店的忠诚度。

三、身体素质

良好的身体素质是做好酒店服务工作的基本保证。

（一）身体健康

根据《食品卫生法》第二十六条规定：凡患有痢疾、伤寒、病毒性肝炎等消化道传染病（包括病原携带者）、活动性肺结核、化脓性或者渗出性皮肤病以及其他有碍食品卫生的疾病的，不得参加接触直接入口食品的工作。

（二）体格健壮

餐饮服务工作的劳动强度较大，可谓“日行百里不出门”。站立、行走、托盘、上菜等都要有一定的腿力、臂力和腰力，所以，只有健康的体魄才能胜任此项工作。

四、心理素质

餐饮服务员的职业心理素质，是指服务员从事餐饮服务工作所必需的各种心理素质和品质。要做一个优秀的服务员，就必须努力提高自己的心理素质。心理素质要求通常包括良好的性格、积极的情感等内容。

（一）良好的性格

良好的性格是服务员能够满腔热情为宾客服务的重要心理条件。作为服务员，应该乐观自信、真诚友善、豁达宽容，且具有宽广的胸襟。

（二）积极的情感

情感会对人的整个思想行为产生影响。服务员具有积极的情感，才会全身心地投入工作中。积极的情感体现在崇高向上、深厚持久、坚强的意志等方面。

经典案例

还没开店就赔了3000万元

马云说梦想还是要有的，万一实现了呢。王健林说要先有赚一个亿的小目标。这些豪言壮语激励了无数创业者，也让一些创业者有了不切实际的梦想。

有一位杭州餐饮创业者，受此鼓励，想做全中国人的午餐生意。他放出豪言：“我是向马云、王健林这个层次的企业家看齐的，所以我们的企业是要打造成中国第一餐饮的！为2022年的亚运会提供餐饮服务是我们定下的‘小目标’！”他计划在全国49个城市布局120个中央厨房，最终实现覆盖全国，并挂牌上市。于是，这位餐饮创业者一上来先花了3000多万元，建了26000平方米的中央厨房，接下来就是一系列猛如虎的操作。两年后，这位创业者一家店都没开成，不仅3000万元的投资全打了水漂，还负债600多万元、惹上了30多起官司……最后这位餐饮老板被司法拘留，资产已被强制执行。

案例分析

此案例中，创业者失败的原因在于以下几点。

1. 定位和目标存在问题

从定位来说，“做全国人的午餐生意”听起来很大，但中国人口众多，有着不同的口味和饮食习惯，这就意味着面临复杂的菜品设计和供应链。从目标来说，只做午餐太单一，与现代家庭重视晚餐的新观念不对路。同时，其餐饮目标中的挂牌上市也很值得深思，上市是为了融资，只是手段，而不能是目标。

2. 客户市场占有率的计算缺乏科学依据

创业者觉得在杭州400万白领中，只要能占到12%的市场份额，就有48万的白领用户量，那么这个生意就是行得通的。假设全国只有12%的人愿意付1元钱，也能赚1亿多元。这些假设的前提是个人主观判断，创业者根本没有进行完整有效的前期市场调研，因而没有任何统计调查或者实验带来的事实依据做支撑。这种平均算法毫无意义。

3. 自建系列厨房、开设线下实体店、创建营销渠道、自建外卖配送体系的设计违背了高效率社会分工的经济共识

创业者计划在全国49个城市布局120个中央厨房，计划开线下实体店1000～1500家，每个城市的运输车超过300台。每个写字楼布局一个配送点，每个城市布局1000个以上配送点，最终实现覆盖全国，挂牌上市。他们设想要自建营销渠道，让顾客用自己的自营网站、微信公众号、应用程序进行线上点餐。同时，计划自建外卖配送体系，通过建立大型种养基地，统一采购、统一烹制、统一配送，形成一个自产自销的封闭系统，也就是说抛弃社会上既有的商业体系，各个环节都自己做。这一系列的设计一方面缺少由点到线、步步为营的商业操作可行性，另一方面也脱离了现实环境，大大违背了当下社会分工的经济共识，必将在执行过程中处处碰壁，直至失败崩盘。

本章小节

随着我国市场经济的迅速发展，人民生活水平的逐步提高，餐饮消费意识与餐饮消费习惯的逐渐改变，作为我国第三产业的餐饮业也随之全面发展。餐饮业在满足社会需求、改善人民的生活及其他方面发挥着越来越重要的作用，其发展必将成为21世纪我国经济增长的新热点。同时餐饮业蓬勃发展的进程中，也面临日趋激烈的竞争与挑战。本章由浅至深地对餐饮的历史及发展趋势、餐饮产品及服务理念、餐饮企业的组织机构

与职能、餐饮服务人员的岗位职责与基本素质进行了概括和介绍，旨在让初学者对餐饮行业有一个初步的认识，为学习后面的章节打下基础，也便于在以后的餐饮实践中能灵活运用。

复习思考题

一、填空题

1. ________标志着人类从野蛮走向文明。

2. 19世纪由于________、________的发明与使用，马车路线开始消失，马车旅馆失去传统的客源，因而各式旅馆、饭店及酒店相继出现。

3. 餐饮服务的定义是为满足餐饮顾客的需要，________和________之间的活动以及餐饮企业的部门活动所产生的结果。

4. 小型饭店的餐饮部一般设有________、________、________和________四个基本职能岗位。

5. 餐饮服务人员应具备的素质有：________、________、________和________。

二、选择题

1. 五代十国的南唐时期著名人物画家顾闳中的作品________描述了当时官宦在家中举行宴会的奢华场面。

A.《庖厨图》　B.《齐民要术》　C.《韩熙载夜宴图》 D.《扬州书舫录》

2. "满汉全席"是在________代出现的。

A. 唐　B. 宋　C. 元　D. 清

3. "欧洲烹饪之母"指的是________。

A. 法国　B. 希腊　C. 土耳其　D. 意大利

4. 餐饮产品是由________三部分构成的。

A. 餐厅、酒店、食品加工厂　B. 环境、食品、服务

C. 餐饮企业、消费者、服务员　D. 菜肴、面点、饮品

5. 在服务行业中，我们应遵循的服务理念是________。

A. 宾客是朋友　B. 宾客是亲人　C. 宾客是对手　D. 宾客是上帝

三、简答题

1. 请简要说明中国餐饮业的发展历史。
2. 请简要说明世界餐饮业的发展历史。
3. 根据我国和世界餐饮发展史，简析现代餐饮业的发展趋势。
4. 餐饮产品的定义是什么？
5. 餐饮产品有哪些特点？
6. 餐饮服务的定义是什么？
7. 餐饮服务的重要性是什么？
8. 简述餐饮企业的组织结构设立原则。
9. 对餐饮服务员有哪些素质要求？
10. 根据所学知识，设计一个餐饮企业组织结构图。

第二章 C H A P T E R 2

餐饮基本操作技能

动脑筋

熟练的托盘服务

一个20人的美国旅游团在北京某星级酒店用晚餐。进餐期间，一位宾客见服务员小张用推车上菜，就随口问他一句："中餐上菜讲不讲究托盘服务?"当得到肯定的答复后就没再问什么。

过了一会儿，小张手持托盘向餐桌走来。只见他左手将托盘举过肩部，五指平稳地顶着托盘，托盘中放满了菜肴，动作熟练，步伐轻灵。刚才那位提问的宾客见此情景不由眼前一亮，高兴地微笑起来。当服务员熟练地将托盘内的酒水、菜肴平稳地放在餐桌上时，那位宾客连声说好。他兴致勃勃地对小张讲，美国人习惯托盘服务，并把这种方式当作一门观赏艺术。当宾客到餐厅就餐时，见到托盘技术熟练、技巧出众者，往往还报以掌声。其他宾客听他说到此，也随声附和起来。他们纷纷称赞道，看到这种服务，就仿佛身在美国一样。

请思考：1.你认为餐饮服务中的基本功如托盘、折花等在对宾客服务中起着怎样的作用?

2. 小张的服务工作都有哪些值得学习的地方?

第一节 托盘

托盘是餐饮服务员托送食品、饮料及餐饮用具的常用工具。在餐饮服务工作中的摆、换、撤、运餐酒具和上菜、送酒水时使用托盘，既方便服务员的操作，又可体现服务的规范化。因此，正确使用托盘是餐饮服务员在工作中必须熟练掌握的一项基本技能。

一、托盘的种类及用途

（一）托盘的种类

按托盘的形状分大体有两种，即圆形托盘和长方形托盘；按照托盘的制作材料可分为木托盘、金属托盘和胶木托盘；按照托盘用途分可分为大、中、小三种规格的长方托盘和圆托盘。直径大于 36 厘米的圆托盘为大圆托盘；直径在 32 ～ 36 厘米的为中圆托盘；直径在 20 ～ 32 厘米的为小圆托盘。长方托盘则按面积与圆托盘相近者分。

（二）托盘的用途

大、中圆形托盘和小长方形托盘，一般用于摆、换、撤餐具、酒具及斟酒、送茶、送咖啡等。小圆托盘多用于递送账单、信件以及收款等。

二、托盘的操作方法

根据所送物品重量的不同，使用托盘有轻托和重托两种方式。物品重量在 5 千克以内一般采用轻托方式；物品重量在 5 千克以上者，采用重托方式。

（一）轻托

轻托又称胸前托，一般在宾客面前操作，因此，熟练程度和准确程度就显得十分重要。轻托还是评价服务员服务水平高低的标准之一。

由于托盘所盛物品重量较轻，所以多用中、小型托盘，其操作方法如下。

1. 理盘

根据所托的物品选择适用的托盘，并将托盘洗净擦干。

码放物品前，对于没有防滑处理的托盘，在托盘内应铺垫潮湿干净的餐巾或托盘垫布。垫布的大小要与托盘相适应，垫布的形状可根据托盘形状而定，但无论是方形还是圆形垫布，均不能露出托盘边沿，使整理铺垫后的托盘整洁美观又方便安全。

整理托盘时应注意托盘的平整，因为有些托盘使用一段时间后，就会出现变形，如金属托盘的托盘边沿易变形。托盘底变形不平会影响美观，这样的托盘对端托物易造成安全隐患。有些塑料托盘使用一段时间后容易出现变色或斑痕。一旦出现了清理不掉的痕迹，再继续使用其为宾客端托物品时，一是不雅观，二是容易引发宾客对食品的卫生安全产生疑虑，因此，这类托盘应停止使用。

2. 装盘

装盘就是根据物品的形状、体积及使用的先后顺序，进行合理的装盘码放。装盘是托盘操作的关键环节，物品在盘内的摆放方法，以安全稳妥、便于运送、便于取用为原则。

轻托物品的装盘，一般要求单件平摆（餐碟、汤碗除外），并根据所用托盘的形状码放。用圆形托盘时，码放的物品应呈弧形；用长方形托盘时，码放的物品应横竖成行。但无论使用哪种托盘，均应将物品放于托盘的中间部位或偏里档，摆放均匀，以保持重心平衡。如同时端托的物品重量和高度不等时，应将重物、高物放于托盘的里档，轻物、低物放于托盘的外档；先用的物品在上、在前，后用的物品在下、在后。这样装盘既安全稳妥又便于端托服务。

3. 起托

服务员站于距操作台 30 厘米处，左脚上前一步，双腿屈膝，身体重心下沉，腰与臂成垂直下坐势，上体略前倾，用右手将托盘拉出台面 1/3，将左手置于托盘底，在右手的帮助下将托盘托起，并把握好重心，右手放开，同时左脚收回，使身体成站立姿势。左手臂自然弯曲成 90°，掌心向上，五指分开，以大拇指指端到手掌根部位和其余四指托住盘底；手掌自然成凹形，掌心不与盘底接触，平托于左胸前。手指随时根据盘上各侧面的轻重变化而做相应的受力调整，以使托盘平稳。

4. 行走

头正、肩平、上体正直，双目平视前方，脚步轻捷自如，随着步伐节奏，托盘在胸前自然摆动。注意左手肘关节不能紧靠身体，托盘不要上下摆动。

5. 落托

将托盘落放于工作台时的动作：右脚向前一步，身体成弓步，重心下沉，上体略前倾，使左手与台面处于同一平面上，然后用右手相助向前轻推，左手慢慢收回，以使托盘全部落放于台面上。

（二）重托

重托又称肩上托，是托载较重的菜点和物品时使用的方法，所托重量在 5 千克以上。目前国内饭店使用重托的不多，一般使用小型推车递送重物，既安全又省力。尽管如此，服务员也应了解重托的基本技能。

1. 理盘

将托盘洗净、擦干，垫上干净的垫布并在上面洒上少量的清水以防滑动。

2. 装盘

重托装盘时，要做到托盘内的物品分类码放均匀得体，使物品的重量在盘中分布均匀，并注意把物品按高矮、大小摆放协调，切忌将物品无层次地混合摆放，以免造成餐具破损。装盘时还要使物与物之间留有适当的间隔，以免端托行走时发生碰撞，发出声响。

3. 托送

用双手将托盘拉出台面 1/3，左手五指分开，用全掌托住盘底，调整好重心后，用右手协助将托盘托起至胸前，然后再用力托起至肩上，同时向左向后转动手腕 90° 至左肩上方。托盘位置以盘底不搁肩、盘缘不近嘴、盘后不靠发为准。此时，右手应自然下垂摆动或扶住托盘的前内角。托送时，要平稳轻松，保持盘平、肩平、头正、身直，保证托盘不晃动，身体不摇摆。

三、托盘服务注意事项

1. 端托卫生

轻托时，所托物品要避开自己的鼻口部位，也不可将所托物品置于胸下；端托中需要讲话时，应将托盘托至身体的左外侧，避开自己的正前位。重托时，端托姿势要正确，托举到位，不可将所托物品贴靠于自己的头颈部位。

2. 端托姿势

要做到站稳、端平、托举到位、高矮适中。

3. 端托安全

除起托和落托外，右手不能扶托。右手扶托的危害有三点：一是不雅观；二是遮挡行走视线；三是容易造成端托失误。端托时，目光应平视前方，切勿只盯托盘。端托服务需拿取托盘内所托物品时，应做到进出有序，确保所托物品的平衡。需用托盘垫布时，垫布置托盘正中，四角下垂应相等，切勿铺偏。

第二节 摆台

摆台是将各种进餐用具按照一定的要求摆放在餐桌上，包括摆放餐桌、铺台布、安排座椅、准备餐具、摆放餐具、美化席面等。摆台的流程大体可分为选择餐桌、铺台布、围餐椅、摆放餐具、整理台面等几个步骤。

一、中餐摆台

中餐厅要求餐台摆放合理、符合传统习惯、餐具卫生、摆设配套齐全、规格整齐一致，既方便客人用餐，又利于服务人员席间服务，同时要富有美感。

（一）选择餐桌

餐桌布局要求合理，根据餐厅形状灵活布局。一般小桌可以靠边摆放，供五六人用餐的中等圆桌摆放在餐厅中间，大桌放在靠里的角落或靠边不打扰其他宾客处。餐厅可采用绿色植物、地面抬高或栏杆等方法分割不同的服务区域，每个区域餐位数大致相同，并配工作台，方便服务员操作。餐厅布局要留出迎宾区、宾客行走和服务行走通道。

中餐零点餐厅宾客人数不定，要准备不同人数的餐台以满足宾客要求。中餐台面常见的有圆桌和方桌两种。一般中餐厅常用的圆桌规格大致有直径 150 厘米、160 厘米、170 厘米、180 厘米、200 厘米、220 厘米、240 厘米不等，高度一般为 80 厘米。直径 150 厘米的餐台适宜 4 ～ 6 位宾客使用；直径 160 厘米的餐台适宜 6 ～ 8 位宾客使用；直径 170 厘米的餐台适宜 8 ～ 10 位宾客使用；直径 180 厘米的餐台适宜 10 ～ 12 位宾客使用；直径 200 厘米的餐台适宜 12 ～ 14 位宾客使用；直径 220 厘米的餐台适宜 14 ～ 16 位宾客使用；直径 240 厘米的餐台适宜 16 ～ 18 位宾客使用。方桌规格一般为 90 厘米、100 厘米、110 厘米见方。

（二）摆放桌椅

摆放餐桌和餐椅时要求餐桌的腿正对门的方向，椅子整齐有序；大桌正对餐厅门口的位置和对面摆放三把座椅，90° 角位置摆放两把座椅，椅背对齐。成行的桌子和椅子排列整齐。

（三）铺台布

台布是餐厅摆台所必备的物品之一，台布的规格及色泽的选择应与餐桌的大小、餐厅的风格协调一致。

1. 台布的种类和规格

台布的种类很多，从台布的质地分析，餐厅大多使用纯棉的提花台布。台布的图案有团花、散花、素面、工艺绣花等，台布的颜色有白色、黄色、粉色、绿色等，但一般多用白色台布。选择台布的颜色要同餐厅的风格、装饰环境相协调。

台布的规格大小不等，普遍使用140厘米、160厘米、180厘米、200厘米见方的台布。应根据餐桌的大小来选择适当规格的台布：160厘米见方的台布可铺在90厘米、100厘米、110厘米见方桌上，180厘米的台布可铺在150厘米的台面上，200厘米的台布可铺在170厘米的台面上，220厘米的台布可铺在180厘米的台面上，240厘米的台布可铺在200厘米的台面上，260厘米的台布可铺在220厘米的台面上。

2. 铺台布

铺台布有三种方法，推拉式、抖铺式和撒网式。

（1）推拉式。用双手将台布打开，平行打折推出去再拉回来。这种铺法多用于零点餐厅或是较小的餐厅，客人坐在餐椅上等候用餐，地方窄小，只能用这种推拉式铺法铺台。

（2）抖铺式。用双手将台布打开，平行打折，手腕用劲，将台布一次抖开铺在台面上。

（3）撒网式。用双手将台布打开，平行打折。右脚在前，左脚在后，动作自然潇洒，向着斜前方抛洒。这种铺法多用于宽大场地或技术比赛场合。

服务员在铺台布之前，首先要洗净双手，对每块台布进行仔细检查。若发现有破洞、油迹和皱褶的台布，不能使用，要加以调换。

在操作时，服务员站在副主人处，距桌边约40厘米，将台布打开并提拿好，身体稍前倾，朝主人方向轻轻向前抖去，做到用力得当，动作熟练，一次抖开并到位。台布不能沾地面，台布中间的十字交叉点正好在餐桌的圆心上，台布正面朝上，中线正对正、副主人席位，四角要直线下垂，下垂部分与地面距离相等，铺好的台布平整无皱纹。

（四）放转盘

大台面需要配置转盘，方便宾客取菜。转台位置要求居中，竖拿轻放，底座旋转灵活。

（五）围餐椅

围餐椅要从正主人位置开始，餐椅要对正餐桌，餐椅的前端要与桌边平行，距台布下边约1厘米。相邻座位的距离要相等，便于宾客用餐。

（六）摆放餐具

1. 早餐摆台（见图2-1）

（1）骨碟摆在座位正中，距桌边1厘米。

（2）汤碗摆在骨碟的左前方45°，距骨碟边1厘米。

（3）将带筷套的筷子摆在骨碟的右侧，图案文字要对正，筷柄距桌边1厘米，筷身距碟边3厘米。

（4）瓷勺摆在餐碟的前方，距吃碟1厘米，勺柄朝右，也可以摆在汤碗内，勺把朝左。

（5）牙签桶、调味架摆在台布中线的附近。

2. 午、晚餐摆台（见图2-2）

午、晚餐的餐具摆放与早餐基本相同，只是增加一个水杯，水杯内插上餐巾花或口纸，摆在瓷勺的前方，其他餐、酒具及公用餐具，应等宾客入座后，根据宾客的需要随时增加。

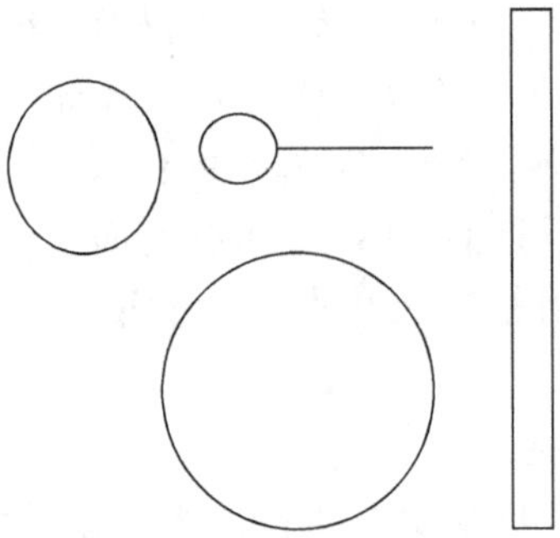

图 2-1 中餐早餐摆台

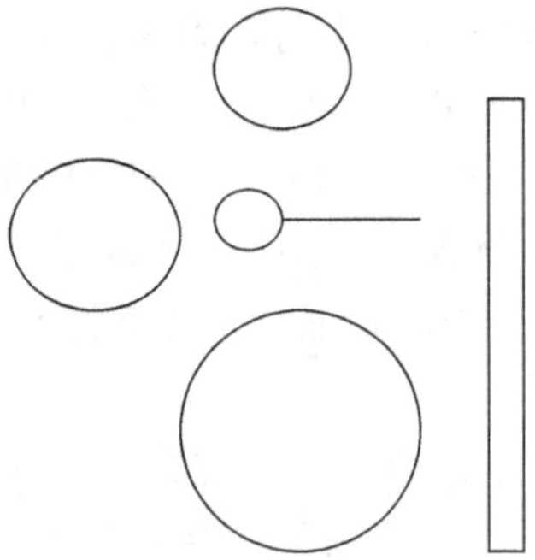

图 2-2 中餐午、晚餐摆台

3. 宴会摆台（见图 2-3）

大型宴会的 10 人座位的台面所需餐、酒具用品共 104 件。餐、酒具摆放大致可以用托盘分为四次托放。第一托：骨碟、汤碗、味碟、瓷勺。第二托：葡萄酒杯、白酒杯。第三托：筷架、筷子、牙签、公用勺、长柄汤勺、公座。第四托：插有餐巾花的水杯。

（1）摆骨碟。将餐具码好放在垫好餐巾的托盘内，左手端托盘，右手摆放。从正主人席位开始按照顺时针方向依次摆放。摆放时要求花纹（字头、店徽）要对正，协调一致，碟与碟之间距离要相等，碟边距桌边 1 厘米。

（2）摆汤碗、瓷勺、味碟。汤碗摆在骨碟的左前方，瓷勺摆汤碗中，瓷勺柄朝左，汤碗距碟边 1 厘米，味碟摆在汤碗右侧，与汤碗相距 1 厘米，且汤碗、味碟中心连线与餐位中轴线垂直。

（3）摆酒具。葡萄酒杯应对正骨碟中心，白酒杯摆在葡萄酒杯的右侧，杯与杯上口处距离 1 厘米。酒具的花纹要正对客人。摆放时拿杯座，不能拿杯口。

（4）摆筷架和筷子。筷架应放在味碟的右侧距离 1 厘米处，注意图案摆正，如果是动物图形，头一律朝左。将带筷套的筷子放在筷架上，筷子套的图案及文字要朝上对正。筷子末端距离桌边 1 厘米。

（5）摆牙签。牙签摆在骨碟和筷子之间，在骨碟和筷子最小距离的连线上，距离筷子和骨碟距离相等，图案对正。

（6）摆公用餐具。公用餐具摆放在正、副主人餐具的正前方。按先筷后勺顺序将筷、勺搁在公用筷架上（设两套），公用筷架与正、副主人位水杯间距 1 厘米，筷子末端及勺柄向右。

（7）插有餐巾花的水杯。叠好的餐巾花插放在水杯中，摆放在葡萄酒杯的左侧，三套杯应横向成为一条直线，水杯的上口距离葡萄酒杯口 1 厘米，水杯距离汤碗 1 厘米。

（8）摆菜单、桌号牌。10 人以下摆放 2 张菜单，菜单摆放在筷子架右侧，位置一致，两个菜单则分别摆放在正、副主人的筷子架右侧，菜单底部距桌边 1 厘米。12 人以上摆 4 张菜单，摆成十字形。大型宴会应摆放桌号牌，一般摆放在花瓶（花篮或其他装饰物）正前方、面对副主人位。台号要朝向宴会厅的入口处，使客人一进餐厅就能看到。

摆台完毕，应再检查一遍有哪些物件摆得不够规范，并做适当调整。

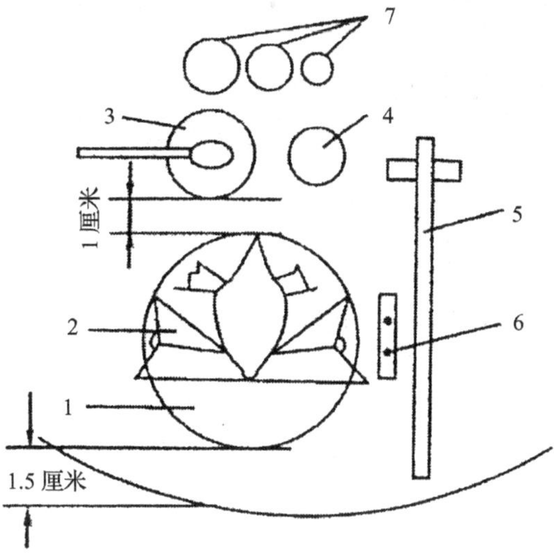

图 2-3　中餐宴会摆台

1. 骨碟　2. 餐巾　3. 汤碗、汤勺　4. 味碟　5. 筷子、筷架　6. 牙签　7. 水杯、红葡萄酒杯、白酒杯

二、西餐摆台

西餐摆台的基本要领是：餐盘摆在席位正中，左叉右刀，叉齿向上，刀口朝盘，各种餐具横竖成一直线，餐具与菜肴配套。

（一）铺台布

铺台布前，先在餐台上铺一块用毛毡或泡沫做的台垫，以避免餐具与台面碰撞，再在台垫上铺台布，台布的中线折缝与餐台中线吻合，四周下垂均匀。

（二）摆餐具

1. 早餐摆台

西餐早餐有美式早餐及欧陆式早餐，摆台一般都是前一天晚上布置好的，摆台方法略有差异，要求餐具清洁，无指纹，无污痕。

（1）摆餐盘（直径为 24 厘米）。餐盘摆在席位正中，对准椅子中线，盘边距桌边 1 厘米，折好的餐巾花摆在餐盘上。

（2）摆餐刀、餐叉、汤匙。餐盘右侧依次摆餐刀、汤匙，刀口朝盘，匙口朝上。餐盘左侧摆餐叉，叉齿朝上。刀叉距餐盘 1 厘米，刀、叉、匙后端距桌边 1 厘米。

（3）摆面包盘（直径为 15 厘米）、黄油刀。面包盘摆在餐叉左侧，距餐叉和桌边各 1 厘米。黄油刀刀口朝盘心，竖放在面包盘右侧。

（4）摆水杯。餐刀前方摆水杯，距刀尖 3 厘米。

（5）摆咖啡杯具。咖啡碟摆在汤匙右侧，咖啡碟上摆咖啡杯和咖啡匙，杯把、匙把朝右。

（6）其他。调味盅、牙签筒等摆在餐台靠中心的位置上。

2. 午、晚餐摆台

西餐午餐和晚餐的摆台方法一样。

（1）摆餐盘。餐盘摆在席位正中，对准椅子中线，盘边距桌边 1.5 厘米。

（2）摆餐刀、餐叉、汤匙。从餐盘右侧由里向外依次摆餐刀、汤匙，刀口朝盘，匙口朝上。在餐盘左侧摆餐叉，叉齿朝上。

（3）摆面包盘、黄油刀。面包盘摆在餐叉左侧，黄油刀竖放在面包盘上右侧。

（4）摆茶匙、甜点叉。餐盘正上方平行横放茶匙和甜点叉。茶匙把朝右，叉把朝左。

（5）摆水杯。餐刀正上方 3 厘米处摆水杯。

（6）摆餐巾。餐巾叠好后放在餐盘中。

（7）摆胡椒盅、盐盅。胡椒盅、盐盅放在茶匙上方。

3. 宴会摆台

西餐宴会一般使用长台，台型设计要根据厅堂大小、形状和参加宴会的人数来进行。餐台一般摆成一字形、T 字形、口字形、门字形、山字形等。不论何种台形都要求餐台两边椅子对称，椅间距离不少于 20 厘米，出入方便，既整齐、美观、大方，又突出主宾台。

确定台型后，要按就餐人数安排座位。主人的座位应正对厅堂入口处，其视线能纵观全厅。

一般家庭式西餐宴会的习惯是：长台的两端分别为主人座位和女主人或副主人座位。长台两边按顺序交叉安排其他宾客。

一些国家和地区，特别是在较为正式的宴会，更喜欢将主人和副主人安排在长台中央位置相对而坐。其余宾客按顺序交叉安排在长台两边。

西餐宴会的餐具是按照菜单摆放的，品种较多，一般摆法如下（见图 2-4）。

（1）摆餐盘。从主位开始按顺时针方向依次在每个席位上摆放餐盘。盘的图案或店徽要正对餐位，盘边距桌边 2 厘米，盘间距离相等。

（2）摆刀叉。在餐盘的右侧从左向右依次摆正餐刀、鱼刀、汤匙、开胃品刀，刀口朝盘，刀把距桌边 2 厘米。再在餐盘的左侧从右到左依次摆放正餐叉、鱼叉、开胃品叉，叉齿向上，叉把距桌边 2 厘米，鱼刀、鱼叉向上突出 1 厘米。

（3）摆水果刀叉、点心匙。在餐盘正前方横放水果叉，叉把朝左。水果叉前方横放点心匙，匙把朝右。

（4）摆面包盘、黄油刀和黄油盘。在席位左侧餐叉外摆面包盘。面包盘中心与餐盘中心对齐，盘边距餐叉 1 厘米。面包盘的右方竖放黄油刀，刀口朝盘中心。黄油盘摆在面包盘右上方，距黄油刀 2 厘米。

（5）摆酒具。摆酒具时要拿酒具下端。杯子的大小，一般说来以水杯较大，红葡萄酒杯次之，白葡萄酒杯最小。酒具一律摆在餐刀上方位置，在餐刀尖延长线上摆放白葡萄酒杯；以白葡萄酒杯为基准，在左上方 45° 的位置依次摆放红葡萄酒杯和水杯；三个杯子排成一行，杯身相距 1 厘米。此顺序可以体现出杯子的大小，西餐进餐时，一般以饮用白葡萄酒开始。一般来讲，先使用的杯子应放在右侧最外端，顾客取用酒杯及服务员服务酒水时都比较方便，而且也较整齐美观。

（6）摆餐巾花。将叠好的盘花摆在餐盘正中。注意把不同式样、不同高度的餐巾花搭配摆放。

（7）摆放用具。盐瓶、胡椒瓶、牙签筒按四人一套摆放在餐台中线位置上（见图 2-5）。

（8）摆菜单。参加人数少时，每人摆一份菜单。人数较多时，可两个席位摆一份菜单，间隔摆放，但每桌不得少于两份。

（9）复查摆台。摆台结束后要进行全面检查。仔细观察是否有漏项或错摆，如发现问题，应及时纠正，弥补不足。

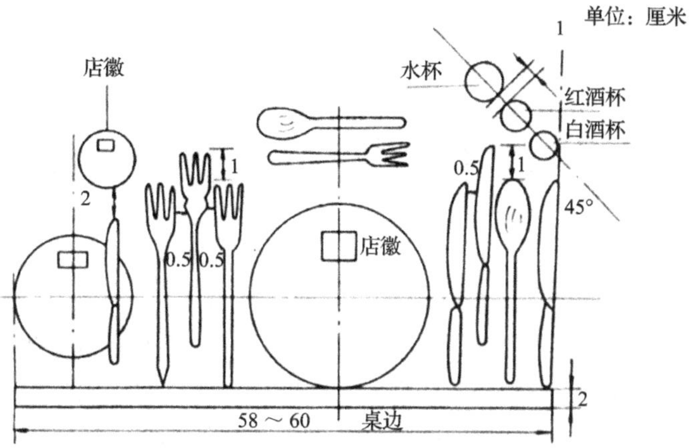

图 2-4　西餐宴会摆台平面示意图

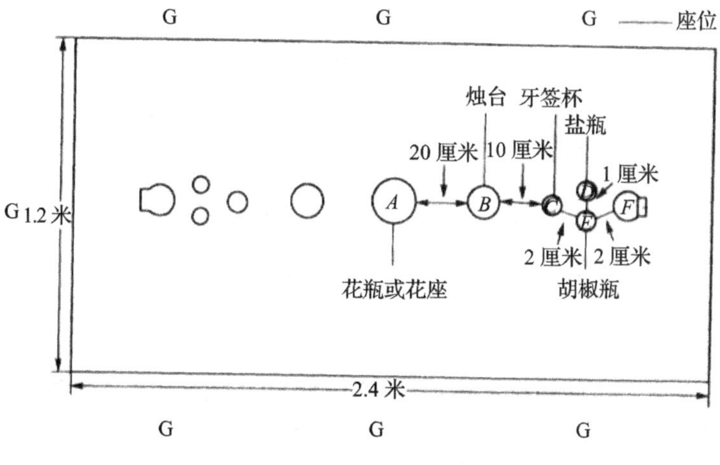

图 2-5　西餐宴会公共用具摆放示意图

三、摆台注意事项

（1）摆台前要洗手。台面上摆上蜡烛台。

（2）摆放刀、叉、勺餐具时，应持柄端。

（3）摆台时，要及时检查餐、酒具，发现不清洁或有破损的要立即更换。

小知识

西餐刀叉的用法

西餐刀叉的用法分美式和欧式两种，美式用法是切完肉把刀放在盘子上，叉子从左手换到右手，然后用叉子叉起切好的肉。欧式用法则始终为左手拿叉，右手拿刀。可以用刀子往叉子上放食品。餐桌上摆放的刀叉有一定的顺序，一般以三套刀叉居多，用餐时由外向内依次取用。冷盘用叉，吃鱼用银刀叉，吃肉用钢刀叉，吃生菜用叉，吃布丁或点心用叉或匙，水果用刀叉。

第三节　餐巾花

一、餐巾花的种类及特点

餐巾，又称口布，英文“Napkin”，是用餐时餐厅供给宾客擦嘴及防止汤汁溅在衣服上的保洁方巾。餐巾不仅实用，其绚丽的色彩、逼真的造型还起着衬托用餐环境、增加用餐气氛的作用，已经成为宴会桌面综合艺术的一部分。餐巾发展到今天，其种类已名目繁多，常见的有全棉和棉麻混纺、化纤、维萨、纸质餐巾等。

（一）按造型外观分类

按造型外观分类，可分为动物类、植物类和其他类。

（1）动物类造型。包括鱼虫鸟兽造型，如鸽子、海鸥、金鱼、蝴蝶、孔雀和燕子等，有的取其特征，形态逼真，生动活泼。

（2）植物类造型。包括各种花草和果实造型，如月季、荷花、水仙花、竹笋和玉米等。其造型美观，变化多。

（3）其他类造型。包括模仿自然界和日常生活中的各种形态的实物造型，如挪威冰川、折扇、水晶鞋、和服、花篮等。

（二）按折叠方法与放置用具的不同分类

（1）杯花。将折好的餐巾插入饮料杯或葡萄酒杯中，特点是立体感强、造型逼真，但常用推折、捏和卷等复杂手法，容易污染杯具，不易提前折叠储存，从杯中取出后即散形并且褶皱感强。

（2）盘花。将折叠好的餐巾花直接放在餐盘中或台面上，特点是手法卫生简捷，可以提前折叠便于储存，打开后平整，目前被中西餐厅广泛使用。

（3）环花。将餐巾平整卷好或折叠成造型，套在餐巾环内。餐巾环也称为餐巾扣。有瓷制、银制、象牙、塑料、骨制等。此外餐巾环也可以用色彩鲜明、对比感较强的丝带或丝穗带代替，将餐巾卷成造型，中央系成蝴蝶结状，然后配以鲜花。餐巾环花通常放置在装饰盘或餐盘上，特点是传统、简洁和雅致。

近年来，越来越多的餐厅开始采用简洁的盘花或餐巾环花，从而满足宾客注重清洁卫生的心理。

二、餐巾花的作用

（1）起到卫生保洁的作用。

（2）突出宴会主题，体现餐厅的位序安排。

（3）使整个宴会环境得到美化。

三、餐巾折花的基本技法和要领

餐巾折花的基本技法包括折叠、推折、卷、翻拉、捏、穿六大部分。

（1）折叠。折叠是最基本的餐巾折花手法，几乎所有折花都会用到。如将餐巾一折二、二折四等，折叠时要看准折缝和角度，一次折成，避免反复，影响造型挺括美观。

（2）推折。推折是打折时应用的一种手法。推折时应在干净光滑的台面或干净托盘上，折时拇指、食指紧握折叠处向前推，用中指控制间距，不能向后拉折，一般应从中间分别向两边推折。推折分为直推和斜推，直褶的两头大小一样、平行，用直推法即可；斜褶一头大一头小，形似扇状，推折时用斜面推折。斜面推折时，用一手固定所折餐巾的中点不动，另一手按直推法围绕中心点沿圆弧形推折，其指法基本与直推相同。

（3）卷。卷是将餐巾卷成圆筒形并制出各种花型的指法，分为平行卷（直卷）和斜角卷（螺旋卷）两种。平行卷要求两手用力均匀，同时平行卷动，餐巾两头形状一样。斜角卷要求两手能按所卷角度的大小，互相配合卷。

（4）翻拉。翻拉是在折制的过程中，将餐巾折、卷后的部位翻或拉成所需花样，如将餐巾的巾角从下端翻拉至上端、前面向后面翻拉等。

（5）捏。捏主要是做鸟或其他动物的头时所使用的方法。要求用拇指和食指将餐巾巾角的上端拉挺做头颈，然后用食指将巾角尖端向里压下，再用中指与拇指将压下的巾角捏紧成造型。

（6）穿。穿是指用工具从餐巾的夹层折缝中边穿边收，形成皱褶，使造型更加逼真美观的一种方法。穿时左手握住折好的餐巾；右手拿筷子，将筷子的一头穿进餐巾的夹层褶缝中；另一头顶在自己身上，然后用右手的拇指和食指将筷子上的餐巾一点一点往里拉，直至把筷子穿过去。皱褶要求拉得均匀，穿好后，要先将折花插进杯子，再把筷子抽掉，否则皱褶易松散。

四、餐巾花的摆放

（1）主花摆插在主人位，突出主人座位，和其他餐巾花一起要高低均匀，错落有致。

（2）一般的餐巾花摆插在其他宾客席上。

（3）不同品种的花形同桌摆放时要位置适当，将形状相似的花形错开并对称摆放。

（4）摆插餐巾花时，要将其观赏面朝向宾客席位。适合正面观赏的，要将头部朝向宾客，如花形孔雀开屏；适合侧面观赏的，要选择一个最佳观赏角度摆放，如花形金鱼。

（5）各种餐巾之间的距离要均匀，整齐一致。

（6）餐巾花不能遮挡台上用品，不要影响服务操作。

（7）插摆好餐巾花后，要仔细检查一遍，发现问题及时给予纠正。

五、餐巾花的选择与应用

（1）根据宴会的性质来选择花形。如以欢迎答谢表示友好为目的的宴会餐巾花可设计成友谊花篮及和平鸽等。

（2）根据宴会的规模来选择花形。一般大型宴会可选用简单、快捷、挺拔、美观的花形。小型宴会可以同一桌上使用各种不同的花形，形成既多样又协调的布局。

（3）根据花式冷拼选用与之相配的花形。如冷拼是“游鱼戏水”，餐巾花则可以选用“金鱼”造型。

（4）根据时令季节选择花形。用台面上的花形反映季节特色，使之富有时令感。

（5）根据宾客身份、宗教信仰、风俗习惯和爱好来选择花形。

（6）根据宾主席位的安排来选择花形。宴会主人座位上的餐巾花称为主花，主花要选择美观而醒目的花形，其目的是使宴会的主位更加突出。

小链接

餐巾折花图谱

一、盘花：香蕉

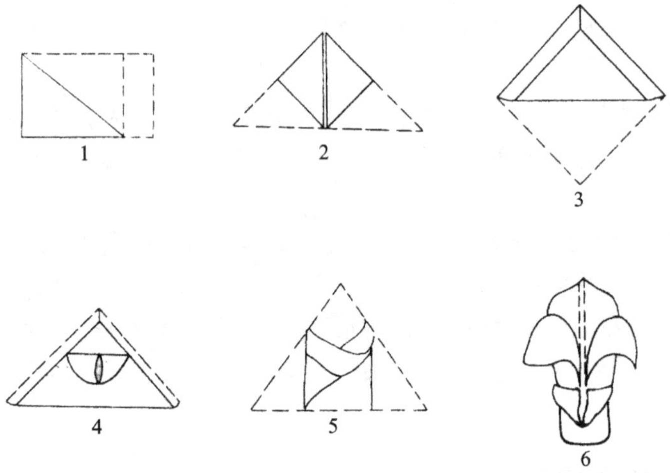

1. 将餐巾折成三角形。
2. 将两底角折向顶角成正方形。
3. 将正方形的下端折向原顶角成三角形。
4. 新折上的角再向下翻。
5. 将三角形的两底角插入夹层。
6. 翻拉成型，放入盘中。

二、杯花：蝴蝶

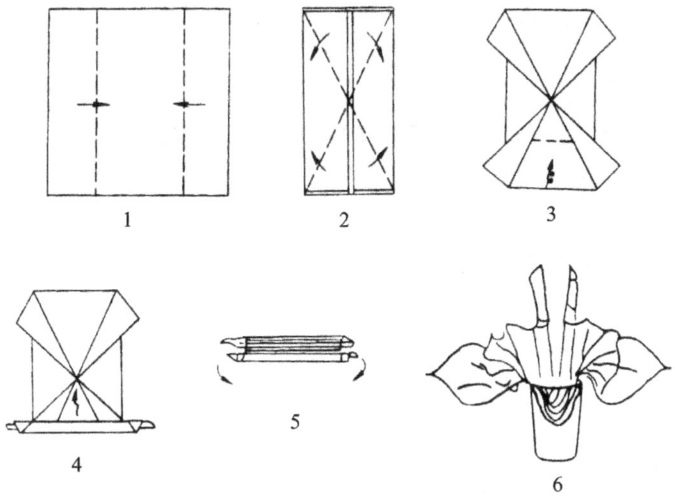

1. 将两边向中间对拢。
2. 按箭头指示分别拉开四角。
3. 从底边向上卷至 1/4 处。
4. 继续向上均匀推折。
5. 将两边向下对拢。
6. 放入杯中，整理成型。

三、书柬

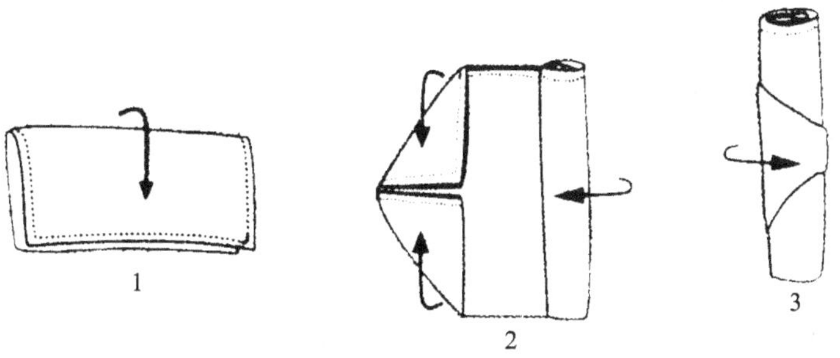

1. 将餐巾对折成长方形。
2. 将左侧两巾角向中间折。
3. 从右侧边向左平行卷，用餐巾环穿餐巾，置于中段。

第四节 酒水服务

一、酒水服务包括的内容

（一）各种杯具的认识

餐厅常见的杯具主要有以下几种（见图 2-6）。

1. 水杯

用于盛装饮用水。形状及容量都属特大号，所以常被称为大肚杯，在西餐场合常与红白酒杯同款式。

2. 红葡萄酒杯

用于盛装红葡萄酒和用红葡萄酒制成的鸡尾酒。高脚杯形状，既可避免手高温接触杯身影响酒的品质，又便于品酒时嗅觉及视觉的鉴赏。

3. 白葡萄酒杯

高脚杯，杯身细而长，用于盛装白葡萄酒、玫瑰红葡萄酒和白葡萄酒制成的鸡尾酒。

4. 香槟酒杯

用于盛装香槟酒、葡萄汽酒和用香槟酒配制的鸡尾酒。香槟酒杯有三种形状，碟形（Saucer）、笛形（Flute）和郁金香形（Tulip）。

5. 威士忌酒杯

还称为吉格杯，杯口宽，它不仅盛装威士忌酒，还作为烈性酒的纯饮杯。

6. 白兰地酒杯

是专业盛装白兰地的杯子。它是高脚杯，杯身较大，杯口较小，利于集中白兰地的香气，使饮酒人更好地品鉴酒中香气。白兰地杯还称为干邑杯和嗅杯。欧美人在饮用前，习惯用鼻子嗅一嗅酒中香气。

7. 爱尔兰咖啡杯

是调制爱尔兰咖啡的专用杯。从下至上第一道线内是爱尔兰威士忌，第二道线内为热咖啡，第二道线上倒入鲜奶油。

8. 啤酒杯

用于盛装啤酒。它主要有两种类型，平底玻璃杯和带脚的杯子。目前啤酒杯的造型和名称越来越多。

9. 古典酒杯

也称作洛克杯或老式杯。杯身宽而短，杯口大，在盛装加冰块的威士忌酒或特殊鸡尾酒时使用。

10. 雪利酒杯 / 波特酒杯

是容量较小的高脚杯，杯身细而窄，有时呈圆锥形。

11. 利口酒杯

也称甜酒杯和考地亚杯，是小型的高脚杯或平底杯。

12. 酸酒杯

用于调制鸡尾酒时盛装用。

13. 鸡尾酒杯

用于盛装鸡尾酒，具有多种造型，可与多变的鸡尾酒调酒艺术相配合，既美观又吸引人。

14. 果汁杯

是平底玻璃杯，与海波杯形状相同。用于盛装各式果汁、冰红茶、可乐等清凉饮料。

15. 热饮杯

盛装热饮饮料的杯子，带柄，有平底和高脚两种形状。

16. 海波杯

用于盛装各类碳酸饮料及鸡尾酒。海波是英语“Highball”的音译，海波杯还常被称作高球杯。

17. 马克杯

用于盛装生啤酒。

图 2-6 西餐厅常见的杯具

（二）酒水准备

1. 酒水品种的准备

餐厅所经营的酒水品种大体可分为常规品种和特殊品种两大类，常规品种是各餐厅常备的也是市场畅销的品种，特殊品种则是根据餐厅所经营的不同风格、特点而配用的酒水品种。

餐厅所经营的酒水品种一般均应摆放在餐厅较明显的位置，以方便顾客选用。酒水的陈列要讲究造型艺术，美观大方，并明码标价，方便取拿。

2. 选酒的准备

宾客用酒有时是提前预订的，在订餐时将酒水预订好；但大多数宾客是到餐厅后才点酒的。这时服务人员应主动、及时地向宾客提供酒水单，并向宾客介绍本餐厅所经营的酒水饮料的种类、口味、乙醇含量、产地、香型、瓶装容量、价格等情况。宾客选中的酒品，服务人员应立即除去外包装待用。

3. 准备服务用具（酒具、开瓶器）

酒具是斟酒服务的必备用品。餐厅应该准备的酒具种类、规格，要与其经营的酒品种类相配。一般中餐常备的酒水杯具有水杯（饮料杯）、红酒杯、白酒杯、黄酒碗等。

餐厅酒水服务中常用的服务用具包括酒钻、扳手、多用起塞器、钳子、小刀等。

以上这些酒具和服务用具均应放在餐厅随时可以取到的地方。无论宾客选中哪款酒水，服务人员都应及时将适用的杯具送到宾客面前，并及时开启所需的酒水。

4. 调温

宾客在选用酒品时，有时一餐中同时选用几种不同品种，如啤酒、白酒、葡萄酒、黄酒等。服务人员要了解各种酒品的最佳奉客温度，并采取升温或降温的方法使酒品适合饮用。

（1）冰镇（降温）。许多酒的最佳饮用温度要求低于室温。啤酒最佳饮用温度为 8 ～ 10℃，高级啤酒的饮用温度在 12℃左右，白葡萄酒的最佳饮用温度为 8 ～ 12℃，红葡萄酒的最佳饮用温度为 15 ～ 18℃，香槟酒和有汽葡萄酒的最佳饮用温度为 4 ～ 8℃。服务人员应视自然温度的高低确定酒水是否需要冰镇。

酒水降温的方法如下。

① 冰桶冰镇。准备好需要冰镇的酒水和冰桶，并用冰桶架放在餐桌的一侧。桶中放入冰块，冰块不宜过大或过碎，将酒瓶斜插入冰块中。

② 冰箱冷藏。提前将酒品放入冷藏柜内，使其缓缓降至饮用温度。

③ 溜杯。除了对饮用酒进行降温处理外，对盛酒用的杯具也可进行降温处理，称为溜杯。将冰块放入杯中，用手捉杯底，轻摇酒杯，让冰块顺杯壁滑动，为杯具降温。

（2）温酒（升温）。白酒，大多数宾客习惯冷饮，但有些宾客则喜欢温饮，即酒温在 30 ～ 35℃。黄酒，一年四季人们都喜欢热饮，并用具有保温性能的陶瓷酒具，酒温要达到 40 ～ 50℃。

温烫的方法如下。

① 水烫。将酒倒入温酒壶，然后放入热水中升温。

② 火烤。将酒倒入耐热器皿，置于火上升温。

③ 燃烧。将酒倒入杯后，将杯置于酒精内，点燃酒精升温。

④ 冲入。将滚烫的饮料（水、茶、咖啡）冲入酒液或将酒液注入热饮料中升温。

水烫和燃烧一般是当着客人的面操作的。

（三）酒水开瓶

宾客选定的酒水，在开启之前，服务员应先请宾客确认此酒水的品牌，即示瓶，之后方可开启斟用，这是服务工作中不可忽视的重要环节。请宾客确认酒水品牌的方法是：服务员右手握住酒瓶的颈部，左手持一块干净餐巾托住瓶底，将酒瓶上的商标朝向客人请其确认。这样既能表示对客人的尊重，又可证明酒品的可靠性。

世界上酒的品种繁多，故形成了多种多样的酒类包装，常见的有瓶装、罐装和坛装。开启瓶塞、瓶盖和打开罐口、坛口时，应选配适用的开酒工具，并注意动作要规范、优美。

1. 正确选用开酒器

常用的开酒器有两大类，一是专门开启木瓶塞的螺丝拔，又名酒钻；另一种是专门开启瓶盖的扳手，又名酒起子。

目前，酒钻和酒起子的式样很多，选用的原则是开启方便又耐用。因此，选用的酒钻要螺旋部分长、钻头尖而不带刃，最好带有一个起拔杠杆，以便使用时可使瓶塞垂直拔起，从而提高开酒速度。

2. 开酒动作

开酒一般都由服务员在操作台上进行，服务员要注意站立姿势、握拿开酒器时的手法动作都应正确、规范、优美。开酒后，应注意酒品卫生、酒容整洁。

3. 开酒应备的辅助用品

开酒除了应备有酒钻、酒起子外，还应备有小钳子、小刀、盛装瓶塞瓶盖的盒子以及包或垫酒瓶的巾布等。

4. 不同酒类的开启方法

由于酒的特点不同和包封形式不同，其开启方法也不相同。

（1）白酒。白酒的瓶封一般有三种，冲压式盖封、螺口金属或塑料旋式盖封、软木或塑料塞封。

开启冲压式酒封时，将酒瓶放在操作台上，左手扶酒瓶颈部，右手握酒起子压于酒封处扳启即可。

开启螺口酒封时，左手握扶酒瓶中间略上部位，右手用巾布盖于酒封上旋转拧开即可。

开启软木塞封时，应先将塞封外面的包装去掉，然后用酒钻钻入或挑起塞封即可。开启这类酒封时，酒瓶底部平放于操作台上使酒瓶呈直立状。

（2）啤酒。啤酒的包装一般有瓶装和罐装两种。瓶装啤酒均采用冲压式盖封，开启这类酒封时，要尽量减少酒瓶的晃动，左手握酒瓶，瓶颈略成倾斜状，右手握起子一次将酒瓶盖起开；如有酒液溢出时，应用干净的餐巾将瓶口压住以防止更多的酒液溢出。酒封开启后，要用洁净巾布揩擦瓶口。开启葡萄汽酒或其他果类汽酒均可采用此种方法。开启罐装啤酒时，同样在开启前尽量减少晃动，开启时先将盖的拉环轻轻拉开，慢慢扩大直至全部拉开。这种方法可使罐中的二氧化碳有少量的溢出，避免因罐中二氧化碳含量过大而造成酒液冲冒。

（3）葡萄酒、老酒、香槟酒多采用软木塞封。葡萄酒和老酒启封时，先用小刀将瓶口上的铅封箍切开剥掉，并用洁净的巾布将酒瓶口上的污迹擦净（有些陈酒往往在铅封下存有陈腐污迹），外封开启后再用酒钻对准瓶塞的中心沿顺时针方向轻轻地钻下去，直至将螺旋部分全部钻入，这时再次用巾布擦净瓶口。开启这类酒时要尽量减少酒瓶的晃动，以免有沉淀物的酒由于晃动造成酒液浑浊。如酒开启后（尤其是红葡萄酒）发现有沉淀物，应用滤酒器过滤一下再斟用。

香槟酒的开启方法与其他酒的开启方法不同。此酒瓶内有压力，而瓶塞又大部分被压入瓶口，只留有一段帽形塞子露在外面，并由金属箔盖做顶封及铅丝绕扎固定住。因此在开瓶时，用左手斜拿（呈 45°）瓶颈处，大拇指压紧塞顶，用右手转动瓶颈上的金属小环使之完全松动，然后去掉金属丝和金属箔，右手拿一块干净的餐巾布紧捏住瓶塞的上段，左手轻轻地转动酒瓶，让瓶内的压力把瓶塞慢慢地顶出来。当瓶塞脱离瓶口时会发出清脆的响声。瓶塞拔出后要继续使酒瓶保持 45°，以防酒从瓶内溢出。开香槟酒时，瓶口始终不能朝向宾客或天花板，以防酒水喷到宾客身上或天花板上。正确的方法是：将瓶口朝向自己的手掌方，使手掌起到遮挡的作用；同时注意不要采用拧瓶塞或拔瓶塞的开启方法，以免瓶塞碎裂后爆出来。当酒打开后，用干净的巾布仔细擦拭瓶口，将积垢等脏物擦去，注意不要让污垢落入瓶内。

在开启塞封酒时，对露出来的瓶塞须进行检查，看看瓶中酒是否变质。原汁酒的开瓶检查尤为重要。检查的方法主要是嗅辨，嗅嗅瓶塞插入瓶内的部分，是否有酸败、霉腐的气味。

5. 开酒时间与开瓶后的清洁工作

不同品种的酒的开启时间要求不同。甜葡萄酒、白酒应在宾客到齐后入座前打开并为宾客斟上；啤酒、香槟酒和各种汽酒，应在宾客入座的同时将酒封打开。这样能更好地保持不同酒品原有的风味特色。

开封后的铅封、木塞、瓶盖及外包装等杂物，不要直接放在操作台上，应放在专门的杂物盒或待用的盘子内，做到随时操作随时清理。切忌将这些杂物留在宾客就餐的餐台上。

（四）斟倒酒水

1. 方法

斟酒方法一般有两种：一种是托盘端托斟酒，即将宾客选定的几种酒放于托盘内，左手端托，右手取送，根据宾客的需要依次将所需酒品斟入杯中，这种斟倒方法能方便宾客选用；另一种是徒手斟酒，即左手持巾布，右手握酒瓶，按宾客所需的酒水依次斟入宾客杯中。

2. 斟酒量

斟酒的标准应视酒品的种类而定，同时各种酒品饮用时使用的杯具不同，斟酒标准也不尽相同。

中餐常用的酒水杯斟酒标准为：白酒、红葡萄酒、黄酒入杯应为八分满。给每位宾客斟倒第一杯啤酒时，应使酒液顺杯壁滑入杯中，八成酒液，两成泡沫。斟倒各种饮料（即不含酒精的饮料）时均以八分满为宜。

3. 斟酒顺序

高级宴会常规的斟酒顺序是：先斟主宾位后斟主人位，再斟其他宾客位。如果同一桌宴会由两个服务员同时为宾客斟酒时，则应一位服务员从第一宾客位开始，另一位服务员从第二宾客位开始沿顺时针方向依次绕台进行斟酒服务。在实际服务时和普通宴会的服务中一般从主宾位开始沿顺时针方向绕台斟倒。

酒席宴会上常有主宾祝酒、讲话的场面，当主宾离位祝酒时，餐厅服务员应持酒跟随祝酒者身后，以便及时为宾客斟酒、续酒。当主宾离位讲话时，服务员应另备酒杯斟满酒，待讲完话时，供讲话者祝酒用。

由于宴会的规格不同、服务的对象不同、民族风俗习惯不同，加之国籍不同，斟酒顺序也应灵活多样。为亚洲地区的宾客斟酒时，如主宾是男士，则应先斟男主宾位，再斟女主宾位，对主人及其他宾客则可沿顺时针方向绕台依次斟倒；或视宾客要求，先为来宾斟倒，最后为主人斟倒，以此更加表示主人对来宾的尊重。如为欧美宾客斟酒服务时，则应先斟女主宾位，再斟男主宾位。宾客选用了不同种类的酒水时，应按酒水的不同进行排序，如，宾客选用了白酒、红葡萄酒、啤酒，则斟酒的顺序应为：在宾客入座前，先为宾客斟好红葡萄酒，再斟白酒，待宾客入座后方可斟啤酒。

4. 试酒

欧美人在宴请宾客时非常讲究斟酒仪式，其中最主要的一项便是试酒。其程序如下。

（1）开瓶后，服务员要先闻一下瓶塞的味道，以检查酒质。如葡萄酒有醋味则说明已经变质。

（2）用干净的餐巾擦一下瓶口，先向主人酒杯中斟少许酒，请主人尝一下。注意提起瓶口时，瓶口应内旋收酒，以防酒液外滴，并用餐巾接住瓶口。

（3）待主人满意点头之后，准备为其他宾客倒酒。

5. 斟酒时机

斟酒时机是指宴会斟酒的两个不同阶段，一个是指宴会开始前的斟酒，另一个阶段是指宴会进行中的斟酒。宾客在进餐前选定其所用酒水，如有白酒、红葡萄酒、啤酒和其他饮料时，一般在宴会开始前 5 分钟将葡萄酒和白酒依次斟好（斟好这两种酒后就可以请宾客入座了）。待宾客入座后，再依次为宾客斟倒啤酒及其他饮料。

宴会进行中的斟酒，包括在宾客干杯前后应及时为宾客添斟酒水；每上一道新菜要添斟酒水；当宾客杯中酒液不足一半时要及时添斟；在宾客互相敬酒时，要随敬酒的宾客及时添斟。

6. 斟酒要领

（1）持瓶。持瓶姿势是服务员斟酒服务时持酒瓶的手法，即拿酒瓶的姿势。为宾客斟酒水时，持瓶姿势是否正确是保证斟酒准确、规范的关键。持瓶姿势有两种：直握和横握。横握的持瓶姿势应是：右手拇指叉开，四指并拢，掌心贴于瓶身中部，将酒瓶商标朝向客人。四指用力均匀，使酒瓶稳握手中。采用这种方法，可避免酒液晃动，防止手颤。如服务员手腕力度不够，可采用直握姿势：将右手拇指叉开，食指搭在瓶身上，酒瓶商标朝向宾客，酒瓶和小臂方向保持一致。

（2）斟酒时的用力。斟酒时的用力要活而巧。正确的用力应是右侧大臂与身体呈 90°，小臂弯曲呈 45°，以肩为轴，小臂用力，利用手腕的转动，将酒斟至杯中。斟酒及起瓶均应利用手腕的转动来掌握，切忌大臂用力及大臂与身体之间角度过大。角度过大会影响宾客的视线，并迫使宾客躲闪。

（3）斟酒服务操作。服务员应呈直立式持瓶站立，左手下垂；右手持瓶，大臂自然下垂，大小臂呈 45°。斟酒服务时，服务员站在宾客右侧身后，右腿在前，插站在两位宾客的座椅之间，脚掌落地；左腿在后，左脚尖呈后蹬式，使身体向左前方略倾斜；服务员面向宾客，右臂伸出，瓶口与杯口保持一定距离（一般酒品瓶口离杯口 1 ～ 2 厘米左右为宜，斟汽酒或冰镇酒时，二者相距 5 厘米左右为宜），手腕用力为宾客斟酒。当酒液斟至适量时，右手利用腕部的旋转将酒瓶顺时针方向转动 45° ，使最后一滴酒液均匀分布在瓶口上。退时先使左脚掌落地，右腿撤回与左腿并齐，同时左手迅速、自然地将餐巾盖住瓶口，将瓶口擦净。

再次斟酒时，左脚先向前跨一步，右脚跟上跨半步，形成规律性的进退，使斟酒服务的过程潇洒大方。

服务员斟酒时，忌讳将身体贴靠宾客，但也不要离得太远，更不可一次为左右两位宾客斟酒，也就是说不可反手斟酒。

7. 斟酒的注意事项

（1）在斟酒前，须将酒瓶揩干净，特别要将塞子和瓶口部位擦净。

（2）检查酒水质量，若发现瓶子破裂或酒水有变质现象，如有悬浮、浑浊、沉淀物时，要及时更换。

（3）各种酒席、宴会预定的酒品，应事先备齐。准备齐全的酒水要摆放整齐。注意要将矮瓶、高瓶分放前后，既美观又要便于使用。

（4）斟酒服务时，服务员要确保斟酒安全，这是宴会服务水平高低的一种体现。例如，端托斟酒服务时，要做到端平走稳，不倒不洒，在斟酒过程中，不滴不洒，切忌将酒水滴落在宾客的身上或衣物上。

二、各种酒水服务

（一）白葡萄酒服务

1. 准备工作

（1）宾客订完酒后，立即去酒吧取酒，时间不超过 5 分钟。

（2）在冰桶中放入 1/3 桶冰块，再放入 1/2 桶的水后，将冰桶放在冰桶架上，并配一条叠成 8 厘米宽的条状餐巾。

（3）白葡萄酒取回后，放入冰桶中，商标朝上。

2. 展示商标

（1）将准备好的白葡萄酒与冰桶架等一同拿到主人座位的右侧，将小碟放在主人餐具的右侧。

（2）用餐巾裹住酒瓶，只露出商标。具体方法是左手持餐巾，右手持葡萄酒，将酒瓶底部放在条状餐巾的中间部位，再将条状餐巾两端拉起至酒瓶商标以上部位，使商标全部露出。

（3）右手持包好的酒，左手四个手指轻托住酒瓶底部，送到主人面前，请主人看清商标，并询问主人现在是否可以进行服务。

3. 开启酒瓶

（1）得到主人允许后，将酒瓶放回冰桶中，左手扶住酒瓶，右手用开塞器开启木塞。

（2）木塞出瓶时不应有声音。

（3）将木塞放入小碟中，放在主人白葡萄酒杯的右侧。

4. 酒水服务

（1）服务员右手持用餐巾包好的酒瓶，商标朝向宾客，从主人右侧倒入 1/5 杯的白葡萄酒，请主人品评酒质。

（2）得到主人认可后，按照先宾后主、女士优先的原则，依次为宾客倒酒。服务员应站在宾客右侧，倒入杯中 3/4 即可。

（3）每倒完一杯酒，须将酒瓶按顺时针方向轻轻转一下，避免瓶口的酒滴落在台面上；倒酒时，商标始终面向宾客，瓶口不可贴着杯口，以免发出声响。

（4）斟酒完毕，把白葡萄酒放回冰桶，商标朝上。

（5）随时为宾客添加白葡萄酒。

（6）当整瓶酒将要倒完时，询问主人是否需要再加一瓶。如果主人表示不再加酒，即观察宾客，待其喝完酒后，立即将空杯撤掉。

（二）红葡萄酒服务

1. 准备工作

（1）宾客订好酒后，服务员立即去酒吧取酒，时间不超过 5 分钟。

（2）准备好红酒篮，将一块干净的餐巾铺在红酒篮中。

（3）将取回的红葡萄酒放在酒篮中，商标朝上。

2. 展示商标

（1）将小碟放在主人餐具右侧。

（2）服务员右手持篮，左手轻托住酒篮底部，呈 45° 倾斜，商标向上，请主人看清，并询问主人是否可以进行服务。

3. 开启酒瓶

（1）用开塞器开启酒瓶。

（2）将小木塞放在小碟中，请主人过目。

4. 酒水服务

（1）服务员将打开的红葡萄酒放回酒篮，商标朝上，同时用右手拿起酒篮，从主人右侧为主人斟倒 1/5 杯红葡萄酒，请主人品评酒质。

（2）主人认可后，按照先宾后主、女士优先的原则，依次为宾客倒酒，倒酒时须站在宾客右侧，倒入杯中 1/2 即可。

（3）每倒完一杯酒，轻轻转一下酒篮，避免瓶口的酒滴落在台面上；倒酒时，商标始终面向宾客，瓶口不可贴着杯口，以免发出声响。

（4）倒完酒后，把酒篮放在宾客餐具的右侧，注意不能将瓶口对着宾客。

（5）随时为宾客添加红葡萄酒。

（6）当整瓶酒将要倒完时，询问主人是否需要再加一瓶。如果主人表示不再加酒，即观察宾客，待其喝完酒后，立即将空杯撤掉。

第五节　菜肴服务

一、上菜

上菜是服务员将菜肴按规格和一定程序托送上桌的一种服务方式。

（一）中餐上菜

中餐便餐的上菜比较简单，服务员根据宾客点菜的品种和数量逐一送上并报菜名。宾客若点酒水饮料，则按先冷后热、先菜后饭的顺序上。

中餐宴会对于上菜程序、上菜位置、上菜节奏和菜肴台面图案等均有讲究，服务员需按照上菜规则进行，并根据客人的要求和进餐速度灵活掌握上菜时机，依上菜顺序操作，其要点如下。

1. 上菜的程序

先冷后热，先咸后甜，先炒后烧，先菜后点，先清淡后肥厚，先优质后一般。

上菜顺序一般是先冷菜后热菜，之后是汤、点心，最后是水果（但粤菜则与西餐上菜顺序相似，先汤后菜）。

冷菜一般在开宴前几分钟送上餐桌为宜，宾客入席后，冷菜食至一半左右时，上第一道热菜，之后根据就餐的速度，掌握好上菜的时机。

热菜上桌的顺序一般是先上海鲜、名贵菜肴，再上肉类、禽类、整形鱼、蔬菜、汤、面/饭、点心、水果。

由于中国地域广博，饮食习惯差别较大，菜系不同，宴会席面不同，其菜肴设计安排也会有所差别，在上菜程序上也不会完全相同。例如，全鸭席的主菜，北京烤鸭就不作为头菜上，而是作为最后一道大菜上的，人们称其为“千呼万唤始出来”。

2. 上菜位置和方法

上菜要正确选择操作位置。宴会上菜选择翻译和陪同之间或副主人右侧进行。

（1）上菜前，服务员需事先了解宾客用餐的菜单，仔细核对，以免出差错。

（2）核对无误后先清理台面，空出新菜的位置。

（3）上菜前提醒宾客。

（4）在菜盘中放一副大号的叉、匙，将菜放在转台的边缘，以方便宾客食用。

（5）转动转盘，将新菜转至主宾面前，服务叉、匙的柄朝主人。

（6）躬身后退半步，立正，报上菜名，简要介绍菜肴特色，然后请宾客品尝。

每上一道新菜，都先放在主宾、主人前面，而将上一道菜移至副主人一侧，以示对主宾、主人的尊重。

3. 特殊菜肴的上菜方法

（1）上拔丝菜，如拔丝鱼条、拔丝苹果等，要托热水上，即用汤碗盛装热水，将装有拔丝菜的盘子放在汤碗上用托盘端送上席，并跟凉开水数碗。托热水上拔丝菜，可防止糖汁凝固，保持拔丝菜的风味。

（2）如果有的热菜配有佐料，应先上佐料后上菜，上菜时可略作说明。

（3）上易变形的炸、爆、炒菜肴，一出锅须立即端上餐桌。上菜时要轻稳，以保持菜肴的形状和风味。

（4）上有声响的菜，如锅巴海参、锅巴肉片等，这些菜一出锅就要以最快的速度上台，随即把汤汁浇在锅巴上，使之发出响声，动作要连贯、要快。

（5）上原盅炖品菜，如冬瓜盅，上台后要当着客人的面启盖，以保持炖品的原味，并使香气在席上散发。揭盖时要翻转移开，以免汤水滴落在宾客身上。

（6）上泥包、纸包、荷叶包的菜，如叫花鸡、纸包鸡、荷香鸡，要先上台让宾客观赏后，再拿到操作台上，当着宾客的面打破或启封，以保持菜肴的香味和特色。

4. 中餐摆菜

在上菜的过程中要注意菜的摆放，服务员应根据桌面菜肴的数量摆放美观，一般为：一中心、二平放、三三角、四四方、五梅花。即上一个菜时将其摆放在餐桌中心位置，二个菜时将其并排摆放，三个菜时将其摆成三角形，四个菜时将其摆成四方形，五个菜时将其摆成梅花形（见图 2-7）。

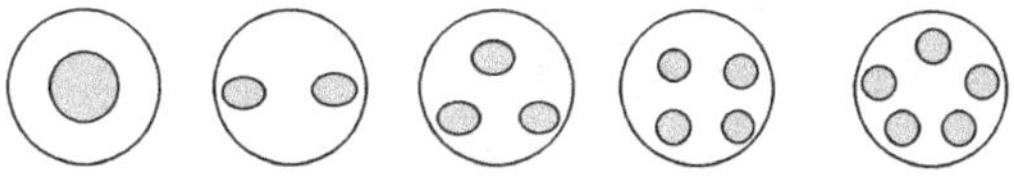

图 2-7　中餐菜肴摆放位置

冷菜按其荤素、颜色、口味的搭配摆放在转台边缘。主冷菜如工艺冷菜、攒盒、拼盘等应摆放在转台中央，摆放时注意造型，将图案面朝主人。

摆放热菜之前，应将转台上的冷菜做调整，将热菜中的主菜摆放在转台中央，高档的或有特殊风味的菜，要先摆在主宾前面。

中餐菜肴中整形菜、造型菜一般摆在转盘的中央，整形菜肴中整鸡、整鸭、整鱼的摆放要求鸡不献头、鸭不献掌、鱼不献脊。

小链接

中国八大菜系

中国菜肴在烹饪中有许多流派。其中最有影响和代表的也为社会所公认的有：鲁、川、粤、苏、闽、浙、湘、徽菜系，即人们常说的中国“八大菜系”。菜系的形成是和它的悠久历史与独到的烹饪特色分不开的。同时也受到该地区的自然地理、气候条件、资源特产、饮食习惯等影响。有人把“八大菜系”用拟人化的手法描绘为：苏、浙菜好比清秀素丽的江南女子；鲁、徽菜犹如古拙朴实的北方健汉；粤、闽菜宛如风流典雅的公子；川、湘菜就像内涵丰富充实的名士。中国“八大菜系”的烹调技艺各具风韵，其菜肴之特色也各有千秋。

（二）西餐上菜

1. 上菜次序

西餐的上菜次序，指西餐用餐的先后顺序。由于东西方饮食习惯的不同，西餐的菜序与中餐的菜序差异较大。因此，要吃饱吃好，做到合理搭配，必须对西餐菜序有清晰的了解。

西餐按照规模大小和正式程度分为正餐和便餐两种，两者在菜序上差异很大。

（1）正餐菜序。西餐正餐，尤其是在正式场合所用的正餐，其菜序复杂多样，一般由八道菜肴构成，一顿内容完整的正餐须耗时 1 ～ 2 小时。

① 开胃品。开胃品即用来打开胃口的菜肴，又称西餐的头盘。有时它不被列入正式的菜序，而仅作为正餐的“前奏曲”。一般情况下，开胃菜是由蔬菜、水果、海

鲜、肉食等组成的拼盘，这些菜一般色彩美观，容易引起食欲。宜搭配低度、干型白葡萄酒。

② 汤。汤是西餐的“开路先锋”，其口感芬芳浓郁，具有较好的开胃作用。开始喝汤标志着西餐正餐的正式开始。西餐中常见的汤有白汤、红汤、清汤等。一般不搭配酒，但也可配较深色的雪利酒或玛德拉酒。

③ 副菜。副菜品种包括各种鱼类、贝类及软体动物类，以及蛋类、面包类、酥盒菜肴。西餐吃鱼类菜肴讲究使用专用的调味汁，如鞑靼汁、荷兰汁、白奶油汁等。宜选用干白葡萄酒、玫瑰露酒或低度干红葡萄酒。

④ 主菜。作为西餐的“主旋律”，西餐的主菜分为冷菜和热菜。正规的西餐中，一般上一道冷菜，包括各类泥子、冻子；热菜则一般有两道，一道为鱼菜，另一道为肉菜。肉菜可谓重中之重，它标志着本餐的档次与水平。海鲜类选用 12° ～ 14° 的干白葡萄酒；小牛肉、猪肉和鸡肉等较浅色肉类最好选用酒度不太高的（如 11° ～ 13° ）干红葡萄酒；牛肉、羊肉、火鸡等红色肉类最好选用酒度较高的（13° 以上）红葡萄酒。

⑤ 点心。点心放在主菜之后，意在使没有吃饱的人填饱肚子，一般包括蛋糕、饼干、馅儿饼、三明治等。跟配的饮品可继续用主菜的酒品。

⑥ 甜品。常见的有布丁、冰激凌等。宜选用甜葡萄酒或葡萄汽酒。

⑦ 果品。果品有干、鲜果之分。常用的干果有核桃、榛子、腰果、开心果等；常用的鲜果则包括草莓、菠萝、苹果、橙子、葡萄等。

⑧ 热饮。西餐通常将热饮放于最后，帮助消化。最正规的热饮是红茶或什么都不加的黑咖啡。西餐的热饮就餐地点灵活，可以是餐桌、客厅或休息厅等。

此外，开餐伊始可选用鸡尾酒、味美思、比特酒或雪利酒等具有开胃功能的酒品作开胃酒。就餐结束可选用甜食酒、白兰地、利口酒或鸡尾酒等作餐后酒。

（2）便餐菜序。一般场合中，出于节约时间方面的考虑，人们也习惯采用便餐的形式。西餐便餐菜序从简，但每一道菜都是有代表性的，一般由五道菜肴构成：开胃菜、汤、主菜、甜品、咖啡。

2. 上菜位置和方法

上菜时，要严格遵循宾主顺序，按先宾后主、女士优先、从客人右侧上菜的原则进行服务。

（1）先宾后主的上菜原则。以一字形长台为例，上菜时，要先给第一主宾上，然后第二主宾、第三主宾依次排列，最后给副主人、主人上菜［见图 2-8（a)］。

这种上菜顺序由于餐厅服务员不断走动，有时会给宾客造成环境过乱的感觉，因此，只适合于非正式的或宾客有特殊要求的情况。在一般情况下，可遵循先宾后主的原则，给第一主宾和第二主宾上完菜后，就可以按顺时针方向依次服务，最后给主人上菜［见图 2-8（b)］。

（2）先女士、后男士的上菜原则。严格地说，西餐宴会一定要遵循先女士、后男士的服务顺序，但如果女主人没做任何示意，则应按先给主宾，然后主人，最后给男士宾客的上菜原则［见图 2-8（c)］。

如果是东南亚顾客享用西餐，最好在宴会开始前，婉转地询问主人服务顺序，然后按主人的要求提供服务。如日本客人，他们比较注意就餐宾客的身份，而相应忽视女士第一的服务原则。所以西餐宴会上菜顺序一定要灵活掌握，根据顾客的具体需要决定服务的先后顺序。

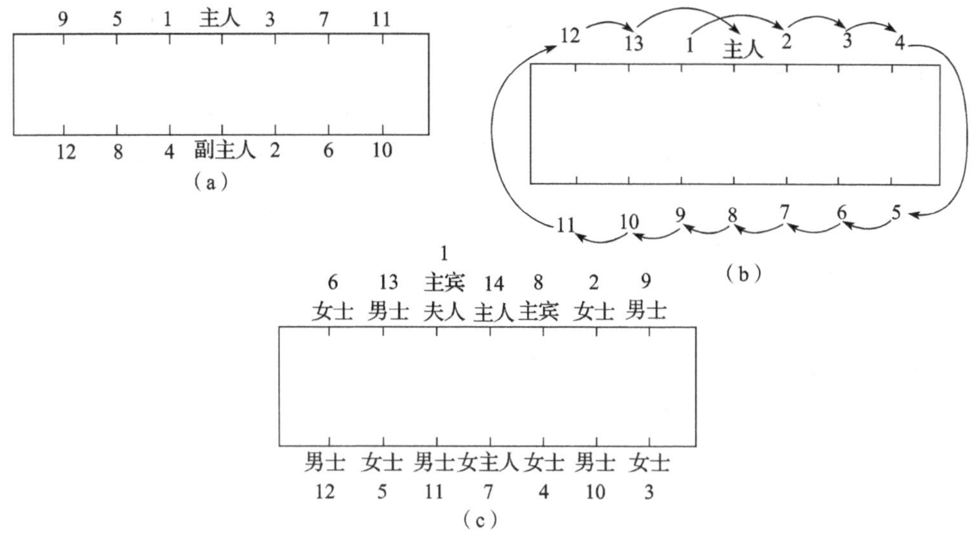

图 2-8　西餐上菜位置

（3）上菜时盘中的主料应摆在靠近宾客的一侧，盘中配菜应朝向餐桌里侧。

（4）每上一道新菜之前，应先为宾客斟倒相应的酒水，并撤下上一道菜的空盘和刀叉。撤餐具时，一定要先征得宾客的允许。

3. 菜肴服务

西餐菜肴常见的方式有法式服务、俄式服务、美式服务、英式服务和自助式服务等。

（1）法式服务。法式服务是由西查·理兹于 20 世纪初发明的一种适用于豪华饭店的服务方式，故又称“理兹服务”。法式服务是一种周到的服务方式，由两名服务员共同为一桌宾客服务。其中一名为经验丰富的专业服务员，另一名为服务员助手。两人一组，每人各有职责，但必须相互帮助。

① 服务员的职责。迎宾员不在时，请宾客入座；接受宾客点菜；服务酒水；客前烹制或切割装盘；结账。

② 服务员助手的主要职责。倒冰水；将服务员的点菜单送入厨房叫菜；把装好菜肴的餐盘送到宾客面前；撤餐具和收台；尽可能帮助服务员为宾客提供服务。

法式服务上菜主要用手推车，服务员当宾客面进行烹制表演或切割装盘，服务员助手用右手从宾客右侧送上每一道菜。黄油、面包、汁酱和配菜应从宾客左侧送上，等一桌的宾客都用完后，从宾客右侧用右手撤盘。

法式服务的特点是讲究礼节，注重在宾客面前进行切割和燃焰表演，能吸引宾客的注意力和烘托餐厅气氛，服务周到，每位宾客都能得到充分的照顾。但服务节奏缓慢，需配备足够的人力，用餐费用较贵，且空间利用率和餐位周转率比较低。

（2）俄式服务。俄式服务起源于俄罗斯，欧洲早期以英式服务和法式服务为主，俄式服务因其简单、速度快的优越性，被欧洲皇室所接受。如今，在一些豪华饭店中也有采用这种服务方式的。

俄式服务通常由一名服务员为一桌宾客服务。厨房出菜前，服务员先用右手从宾客右侧沿顺时针送上空盘，冷菜用冷盘子，热菜用加温过的餐盘；然后从厨房中将装好菜肴的大银盘托到宾客餐桌旁，站立于宾客左侧，用右手从宾客左侧沿逆时针分菜。服务酒水和撤盘都在宾客右侧操作。

俄式服务的特点是讲究优美文雅的风度，服务效率和空间利用率都较高，节省人力，大量使用银盘能增添餐桌的气氛，且每位宾客都能得到较周到的服务。俄式服务主要用于西餐宴会服务。

（3）美式服务。又称盘子服务，食物在厨房由厨师按宾客人数分别装盘，每人一份，服务员直接端着送给宾客。上菜时在宾客右侧进行操作，用右手从宾客右侧送上，撤盘时也从右侧进行。特点是服务便捷、效率高、餐具成本低、用工少、空间利用率及餐位周转率都十分高。由于各项成本费用降低，用餐费用也相对较低。除了缺乏表演性和烘托气氛外，美式服务是最理想的服务方式。

（4）英式服务。又称家庭式服务。服务员先将加温后的空盘放在主人面前，再将装着整块食物的大盘从厨房中拿到餐桌旁，放在主人面前，由主人亲自动手切肉装盘并配上蔬菜。服务员把装好的菜肴依次端送给每一位宾客。调味品和配菜都摆放在餐桌上，由宾客自取或相互传递。英式服务的特点是家庭味很浓，许多工作由宾客自己动手，且节奏缓慢，不适合饭店西餐厅使用，因此在欧美各旅游饭店已不再使用。

（5）自助式服务。自助式服务是近些年才在中国广泛流行的一种服务方式。自助式服务是指把事先准备好的食物陈列在食品台上，宾客进入餐厅后支付一定的餐费，便可自己动手选择符合自己口味的菜点，然后拿到餐桌上用餐。自助式服务以宾客自我服务为主，故又称为自助餐。

自助式服务的特点是宾客不必等候，菜肴品种丰富，餐位周转率高，节省人力和开支。价格适中，效率高，但给宾客的个别照顾较少。自助式服务多用于饭店、咖啡厅早餐和午餐高峰。

二、分菜

分菜又称让菜，是服务员将已上桌的菜肴分派给每位宾客。在中餐宴会服务中，分菜是一项技术难度较大的工作，对名贵菜、特殊菜、整形菜、汤菜等皆要进行分菜，尤其是较高级的宴会更是如此。因此，分菜亦是餐饮服务员必须掌握的基本技能。目前我国的西式宴会多采用美式服务，不需要餐厅服务员在宾客面前分让菜肴，而是由厨师在厨房将菜肴按每份装盘，餐厅服务员只提供上菜服务即可。

（一）分菜工具的使用

不同的菜肴分菜时使用的工具不同。一般分鱼、禽类整形菜时，使用一刀、一叉、一匙；分炒菜时，使用匙、叉各一把，或一双筷子、一把长柄汤匙；分汤菜时，使用筷子和长柄汤匙。

服务叉、勺的拿法，右手握住叉和勺把的后部，勺心向上，叉的底部向勺心。在夹菜肴和点心时，主要依靠手指来控制：右手食指插在叉和勺把之间，与拇指配合捏住叉把；其中三指控制勺把，无名指和小指起到稳定作用，中指支撑勺把中部。分带汁的菜时，由位置在下的服务勺盛汁。

（二）分菜的方法

分菜有三种方法：餐桌分菜、服务桌分菜、厨房分菜。餐桌分菜和服务桌分菜，在分菜前服务员要先把菜送上桌，让客人观赏后再开始分菜。

1. 餐桌分菜

（1）两人分让式。分菜服务员站在翻译和陪同之间，右手执叉、匙夹菜，左手执长柄汤匙接住下方，以防菜汁滴落在桌面上。另一位服务员将各位宾客的餐盘依次递给分菜服务员，待菜肴分好后按主宾、副主宾、主人的顺序沿顺时针方向依次放回客人面前。

（2）派菜。分菜服务员将菜肴上桌让宾客观赏后，将菜盘撤下餐台，左手垫上干净餐巾将热盘托起，右手拿服务叉、勺进行分菜。分菜时，服务员站在宾客左侧，左腿在前，站在两位宾客座椅中间，身体略前倾，脸斜侧与菜盘成一直线，腰部稍弯，菜盘和宾客的吃碟边缘上下相接。分菜时呼吸要均匀，可以边分边向宾客介绍菜点的名称、特色、风味、营养作用、典故等方面的内容，但要注意讲话时头部不要距离宾客太近。分菜时服务员按主宾、副主宾、主人的顺序沿顺时针方向依次为宾客派让。

2. 服务桌分菜

服务员在服务桌上准备好分菜工具及餐盘，当菜肴从厨房送来后，将菜放在餐桌上向宾客介绍名称、特色，然后再送回服务桌上分菜。服务员将菜迅速均匀地分到餐盘中，然后用托盘托送，按主宾、副主宾、主人的顺序沿顺时针方向依次从宾客右侧送上。

3. 厨房分菜

在厨房由厨师分好，由服务员直接端送上桌即可。

（三）分菜注意事项

（1）分菜要掌握好数量，做到邻座一个样，先分后分一个样。要一匙准、一叉准，一勺一位，切不可将一勺分给两位宾客，也要避免一位宾客两勺。

（2）有卤汁的菜肴，分菜要带卤汁。有配料的菜，要先将配料放入餐盘。

（3）给每位宾客分菜后，菜盘要留下 1/10 左右的菜肴，以示菜的宽裕和方便宾客添加。但现在分菜有一种趋势是一次分完，给宾客分菜时将菜盘内的菜肴全部分给宾客，以减少浪费。

（四）特殊菜肴的分菜方法

1. 特殊宴会的分菜方法

宴会服务中，常会遇到一些特殊情况的宴会，如商业往来举办的洽谈宴会。在这类宴会进行中，往往会出现宾客只顾谈话而冷淡了菜肴的现象。宴会中出现这种情况时，往往会影响菜肴的质量。遇到这种情况时，服务员应在宾客谈话出现短暂的停顿间隙抓住时机，向宾客介绍菜肴，并以最快的速度将菜肴分给宾客。

遇有主要宾客带儿童参加宴会时，服务员分菜时应先分给儿童，然后再按先后顺序进行常规的分菜。

为老年人多的宴会进行分菜服务时，服务员应采取快分慢撤的方法进行服务，分菜步骤分为两步，即先少分再添分。

政府间会晤式宴会，出席此种宴会的宾主往往沉浸于洽谈当中，而翻译人员也很忙碌。在分菜服务时，服务员除了照顾好宾主外，也要照顾好翻译人员，应将易食或骨、刺少的部位分给翻译，以保证翻译工作的正常进行。

2. 特殊菜肴的分菜方法

（1）分鱼类菜。分整条鱼时，服务员左手执匙将鱼头按住，右手执刀顺着鱼脊从头向尾划，把鱼肉剖开，剔去中间鱼骨刺，然后将鱼肉切块蘸上鱼汁分送入宾客餐盘。

（2）分汤。

① 餐台分汤。根据人数摆上相应的汤碗和汤匙于转盘上，服务员站于上菜宾客的右边，右手拿分汤勺，将汤和料均匀地分在宾客的汤碗中；然后站在主宾的右边，转动转盘，将汤送至主宾面前。依顺时针方向进行每位宾客的送汤服务，注意分汤勺不可在汤盆边缘刮出声响，不要将宾客汤碗中的汤匙柄沾上菜肴，汤一般盛八成满。当宾客喝完汤后，应主动询问是否需要续汤。

② 服务桌分汤。端汤上桌后，报菜名，介绍菜品的特色，然后将汤盆端到服务桌上，将汤和料均匀分到每个碗中，最后用托盘托上汤碗及汤匙站于宾客的右边，每人一份，送至宾客面前。

（3）分拔丝类甜菜。上拔丝类甜菜前，服务员应把台面上的餐具收走，然后上冷开水、木筷子。上此类甜菜时动作要特别迅速，以防糖胶变硬。分菜时用筷子将甜菜夹起，立即放在冷开水中冷却后分给宾客。

（4）分冬瓜盅。分冬瓜盅时要特别小心。首先用汤匙轻轻地把冬瓜盅面上的火腿茸刮到汤里；其次用汤匙轻轻地刮下部分瓜肉，将汤料、瓜、肉均匀地分给宾客；最后用刀叉将冬瓜上半部约 3 厘米左右的瓜皮削去，便于第二次分。削瓜皮时，先用餐叉叉住冬瓜皮，后用餐刀从上切下约 3 厘米左右，再转刀横削。要求刀口整齐，一般分 4 刀切削为宜，削后瓜皮放在餐碟上。

（5）分蛇羹。分蛇羹前应先上菊花瓣、柠檬叶丝、炸薄脆。分羹时，取适量菊花瓣、柠檬叶丝放在汤碗里，用汤匙压住；然后把汤均匀地分到汤碗里，以八成满为宜；最后把炸薄脆撒在上面。

第六节　其他技能

一、客前烹制

客前烹制，就是在就餐宾客面前进行的一种烹饪表演，是一种能够渲染就餐气氛、体现服务水准、吸引宾客注意力，以促进销售的服务方式。无论在中餐服务还是西餐服务中，许多菜肴、甜品和饮料，都可以在餐厅切割、烧制、燃焰，通过现场烹制，让客人看到烹调的过程，闻其香、观其色、看其形，增加了就餐的情趣性和观赏性，使顾客产生浓厚的购买兴趣和冲动，以达到烘托气氛和吸引消费的效果。成功的客前烹制，会成为宾客本次就餐时的谈资和关注焦点，会使宾客对餐厅的档次刮目相看，成为招徕回头客的重要因素。

（一）客前烹制的种类

客前烹制的种类有：客前烹制、拌制菜肴，客前燃焰和客前切割。客前烹制、拌制菜肴如西餐中的色拉、主菜、甜品等。客前燃焰是将菜肴、甜品等在厨房里先制成半成品，再由服务员在宾客面前进行燃焰，或者将某些热饮在宾客面前进行燃焰，如火焰冰激凌、苏珊煎饼、爱尔兰咖啡等。客前切割则是将某些整形菜肴在宾客面前的服务车、边桌或服务台上进行现场切割分让，如在宾客面前剔除鱼刺，切割烤羊、火鸡、奶酪等。一般饭店常见的客前烹制有以下几种。

1. 凯撒色拉

（1）原料。

凯撒色拉的原料有洗净的生菜、炸面包屑、芥末、蒜茸、鲜柠檬、橄榄油、红酒醋、凤尾鱼柳、鲜鸡蛋、奶酪粉、辣椒油、炸腌肉沫、胡椒粉、盐粉。

（2）设备用具。

凯撒色拉的设备用具有服务车、口布、色拉大木盆、木勺、木叉、色拉小木碗。

（3）制作步骤。

① 将凤尾鱼柳放在色拉木盆内捣成糊状，再放入芥末、橄榄油，搅拌均匀。

② 放入蛋黄、蒜茸、辣椒油和红酒醋搅拌。

③ 放入生菜搅拌均匀。

④ 撒入奶酪粉、盐粉、胡椒粉、炸面包屑、炸腌肉沫后，搅拌均匀。

⑤ 用木勺、木叉将拌好的色拉盛入色拉小木碗内，再在上面撒少许炸面包屑和炸腌肉沫，最后用鲜柠檬装饰，即可呈递上桌。

2. 燃焰煎饼

（1）原料。

燃焰煎饼的原料有煎饼四块、柠檬汁、白兰地酒、金万利酒、君度酒、砂糖、黄油。

（2）设备用具。

燃焰煎饼的设备用具有燃焰车、平底锅、备用盘。

（3）制作步骤。

① 点火后，将砂糖放入锅内熔化，加入黄油搅拌，使其变稠。

② 将柠檬汁倒入锅内空处，加热浓缩后再加入金万利酒和君度酒提味。

③ 改用小火，将煎饼放入锅内并折叠成 1/4 大小。

④ 当饼热透后，加入白兰地酒，并将锅拉向自己一边，以便酒液与火接触，进行燃焰。将火熄灭，把饼分别摆放在盘内，再将锅内的汁浇在饼上，即可呈上餐桌。

3. 切割火鸡

（1）原料。

切割火鸡的原料是整只火鸡。

（2）设备用具。

切割火鸡的设备用具有服务车、服务巾、切肉刀、服务叉、菜盘。

（3）切割步骤。

① 将火鸡腿部切下，再将大腿与小腿的关节部位切割分离。

② 用左手握叉将火鸡大腿部固定在盘子里，右手用刀将腿肉切成片。

③ 左手用服务巾包住火鸡小腿下部，另一头着盘底，右手持刀将其切片，并力求每片大小均匀。

④ 从翅膀处起，向火鸡胸部横切；再从翅膀与胸部之间，逐片进行薄切。

⑤ 将切好的火鸡肉整理装盘即可。

4. 火焰黄桃

（1）原料。

火焰黄桃的原料有黄桃 4 片、白糖、黄油、橙汁 100 毫升、柠檬汁 50 毫升、君度酒、金万利酒、白兰地酒、柠檬半个、削成螺旋状的橙皮。

（2）设备用具。

火焰黄桃的设备用具有燃焰车、平底锅、服务叉、服务勺、备用的甜品盘碟、沙司盅和清洁抹布。

（3）燃焰步骤。

① 点火，加热平底锅，撒入少量细糖，使之熔化成金黄色。

② 加入黄油，并用叉按住半个鲜柠檬搅拌。

③ 加入橙汁和柠檬汁，边煮边搅拌均匀。

④ 将黄桃放入平底锅内，边煮边用服务勺将汁浇在黄桃上。

⑤ 在沙司盅里倒入三种酒点燃，顺着螺旋状橙皮倒入平底锅内，形成蓝色火环。

⑥ 用叉和勺把黄桃移至热甜品盘中，并将锅内剩下的汁浇在黄桃上，端给客人食用。

（二）客前烹制注意事项

（1）准备服务车时，其摆放的位置应与餐桌保持一定的距离，应至少距餐桌有一个餐车的宽度，这样既可以避免伤害宾客又便于服务员拿取食物。

（2）对服务车的餐前准备应充分，以避免在宾客面前制作表演时出现疏漏和失误，其准备工作包括所有餐具、食物原料及其他配料的准备。

（3）食品选择上，尽量选择容易准备且制作过程较为简单的食品。

（4）制作肉类菜肴时，应注意选择上乘原料并去掉脂肪和筋，将其均分并冷藏，每份的量以能在一分钟左右成熟为宜。

（5）制作色拉等拌菜时，可将部分原料作为装饰品摆放在服务车上，将预先加工过的半成品加上汁酱或甜酒搅拌即可。

（6）制作热菜时，应先准备好黄油或色拉油，并尽量在最短的时间内完成制作。

（7）在进行燃焰制作时，应使烈酒瓶远离明火，等锅中的烈酒稍微加热后，先将煎锅拉向自己一边，煎锅向外倾斜，使烈酒溢向锅边，让火苗点燃烈酒后，提起并轻轻转动煎锅，使火苗沿着锅边旋转；烈酒点燃后，操作人员应保持直立，以防意外发生。

二、小毛巾服务

（一）准备工作

（1）小毛巾折叠整齐摆放在毛巾篮中，温度在 40 ～ 50℃。

（2）小毛巾数量是宾客人数的数倍。

（二）顺序

先宾后主，先主宾然后副主宾再主位，然后按顺时针的方向逐位派发。

（三）派小毛巾的数量

（1）一般宴会接待在用餐过程中提供 3 ～ 4 次小毛巾，即当宾客入席后送第一次；当宾客吃完带骨或带壳类食物后送第二次；当宾客吃完海鲜后送第三次；上水果之前送第四次。

（2）贵宾接待要更换 5 次以上的小毛巾，除上述几次外，另加两次：当宾客吃完主菜后送上小毛巾；当宾客吃完甜品后更换小毛巾。

（四）方法

（1）主动询问宾客是否需要分派小毛巾，得到宾客许可后进行分派，一般散客冬天上热小毛巾，夏天上冷小毛巾；贵宾接待要准备冷热两种小毛巾。

（2）站在两座位之间，宾客后侧 0.5 米处，身体略向前倾，用毛巾夹夹住小毛巾的右角，把小毛巾递给宾客，并使用礼貌用语："先生 / 小姐，请用小毛巾（或小心烫手）。"

（3）如有小孩，上热毛巾时抖动时间稍长，等小毛巾充分散热后方可递上。

三、茶水服务

（一）准备工作

准备沏茶工具，主要有茶壶、茶杯、茶碟（茶托）、热水瓶等。准备原料：纯净开水、各式茶叶。

（二）沏茶

一般一壶茶放入 1 ～ 2 勺茶叶。当然，茶叶放入量应以宾客喜好为准，还应考虑茶叶的品种，比如普洱茶可少放些，龙井茶则可多放些。

（三）斟茶

从宾客右侧为宾客服务，女士优先。茶壶应垫用茶碟，还可垫用垫布，以防茶壶漏水，斟茶将停时可略旋壶身，让最后一滴沿于壶嘴不滴落。斟茶量一般以 2/3 为宜。当茶壶中剩 1/3 茶水时，应为宾客添加开水，切忌茶壶内茶水已空后再添加开水，这样会影响茶的味道和色泽。

四、撤换餐用具服务

（一）撤菜盘

中餐宴会由于菜肴品种较多，桌面上不可能一次性上完，需在上菜的过程中不断地撤换。宾客就餐时，服务员要注意观察动态，当宾客用完一道菜后，应先征求宾客的意见，待得到肯定的答复后才能撤换。撤换的位置与上菜的位置相同。撤时应注意轻拿轻放，不要将残菜或汤汁洒在地上或宾客身上，如洒落在桌上，应及时轻轻地收拾干净。

（二）撤换餐碟、小汤碗

中餐宴会中，为显示服务的优良和菜肴的名贵，突出菜肴的风味特色，保持台面卫生雅致，需要多次撤换餐碟或小汤碗。重要宴会要求每道菜换一次餐碟，一般宴会换碟次数不少于三次。

一般在下列情况下就可以撤换餐碟。

（1）上羹或汤之前，上一套小汤碗，待客人吃完后，送上毛巾，收回汤碗，换上干净餐碟。

（2）吃完带骨、带壳的食物之后。

（3）吃完带有糖醋汁、浓汁的食物之后。

（4）吃甜菜、甜品之前。

（5）上水果之前，换上干净餐碟和水果刀叉。

（6）餐碟内骨、渣及其他杂物太多，要随时更换。

（7）宾客失误，将餐具跌落在地上时，要立即更换。

（8）当餐碟内不慎洒落酒水时，应立即更换。

（9）当餐碟盛装过异味食物时，需要更换。

（10）品尝风味特殊、调味特别的菜肴时，需要更换。

（11）吃过冷菜换吃热菜时，需要更换餐碟。

撤换时按先主宾后其他宾客的顺序，站在宾客右侧操作。要边撤边换，注意卫生，将干净的餐碟和换下的餐碟分放在托盘两边，不可混淆。

（三）更换台布

当宾客就餐完毕离开餐桌，服务员收完餐具后，即需更换台布。饭店的咖啡厅或零点餐厅，每天接待的宾客批次多，一张餐桌要多次重复使用，更是需要不断地更换台布。快捷利落地更换台布是餐饮服务人员必须掌握的基本功之一。更换台布的具体做法如下。

（1）将脏台布的半面卷起露出餐桌，再将台面上的用品移到露出的餐桌上。

（2）将脏台布的另一半面卷起撤下，撤时注意不要将台布上的杂物撒在座位或地面上。

（3）在未放用品的桌面上铺上干净台布，铺时注意折缝与桌中线吻合，将用品移到干净台布上。

（4）将未铺台布的桌面全部铺上台布，注意台布四周下垂均匀，然后将台面用品按规定位置摆放好。

五、结账服务

结账是餐厅对客服务技能之一，它直接关系餐饮经营的经济效益。服务员应熟练掌握餐厅结账的形式和程序，了解本餐厅许可的结账方式。一般餐厅常见的结账方式有现金结账、银行卡结账、支票结账、签单结账和电子支付等。

（一）现金结账

（1）当宾客示意结账时，服务员应迅速到收银台取出账单，并用账单夹或收银托盘将账单递送给宾客。

（2）不要主动、大声报账单金额。

（3）宾客付现金后，应礼貌致谢，点清数量，注意辨别真伪并将现金用账单夹或收银盘送到收银台。然后，把找回的零钱和发票送交宾客，并让宾客当面点清。

（4）再次致谢。

（二）银行卡结账

（1）当宾客示意结账时，用账单夹或收银盘将账单递送给宾客。

（2）确认宾客的银行卡是本饭店接纳的，检查持卡人姓名、银行卡有效期，请持卡人出示本人身份证并致谢。

（3）将银行卡、身份证和账单送交收银台。

（4）收银员再次检查银行卡有效期、持卡人姓名、身份证，并核对银行卡公司的注销名册等。确认无误后，填写银行卡表格，刷卡。

（5）请宾客确认账单金额，并在银联卡签购单上签名。

（6）核对宾客签名是否与银行卡背后签名一致。

（7）将银行卡的“顾客副本”、银行卡、身份证交还宾客，正本由收银员保管。

（8）礼貌致谢。

（三）支票结账

（1）宾客示意结账时，服务员按规定将账单递送给宾客。

（2）核对支票的有效期，请宾客出示有效证件，检查支票的有关印章、支付密码等，并礼貌致谢。

（3）交收银员办理结账手续，如填写支票，抄下宾客的证件号码，并写在支票背面。

（4）将支票存根、有效证件和发票送还宾客，并礼貌致谢。

（四）签单结账

为方便住店宾客，饭店一般允许住店宾客在餐厅以签单方式结账。宾客在办理入住手续后，酒店会给宾客房卡。宾客每次到餐厅用餐后，可签账单，当宾客离店时一并结算。此外，与酒店有长期业务往来的一些单位、公司也可与酒店签订签单结账协议，酒店定期找协议单位结账。

（1）当宾客示意结账时，服务员按规定将账单递送给宾客。

（2）宾客签单时，服务员应递上笔，并核对。

（3）请宾客在账单上签名并填清房间号码或协议单位。

（4）宾客签完后须将账单的第一、二联交收银员核对。

（5）收银员将住店宾客的账单正本留存，第二联交总台，以便宾客离店时付清。协议单位账单的第二联交财务部，由财务部定期同消费单位结账。

（五）电子支付

电子支付是指消费者、商家和金融机构之间使用安全电子手段把支付信息通过信息网络安全地传送到银行或相应的处理机构，用来实现货币支付或资金流转的行为。

电子支付的类型按照电子支付指令发起方式分为网上支付、电话支付、移动支付、销售点终端交易、自动柜员机交易和其他电子支付。

（1）宾客示意结账时，服务员按规定将账单递送给宾客。

（2）请宾客扫码支付。

（3）请宾客在票据存根上签字，并礼貌致谢。

小知识

西餐礼仪之西餐中的“刀叉语言”

当你在正规的西餐厅用餐时，你可以不需话语，用进餐的举动就可以让服务员知道你的意图，服务员还会按照你的意愿去为你服务，并满足你的要求，这就是西餐中的“刀叉语言”。

1. 刀叉语言之继续用餐

把刀叉分开放，大约呈八字形，示意你要继续用餐，服务员不会把你的餐盘收走。

2. 刀叉语言之用餐结束

当你把餐具放在餐盘的边上，即便你的餐盘里还有东西，服务员也认为你已经用完餐了，会在适当的时候把盘子收走。

盘子已空，你也不想再用餐时，把刀叉平行斜着放好，那么服务员会在适当的时候把你的盘子收走。

3. 刀叉语言之添加饭菜

盘子已空，但你还想用餐，把刀叉交叉放，大约呈十字形，那么服务员会再给你添加饭菜。注意，只有在准许添加饭菜的宴会上或在食用有可能添加的那道菜时才适用。如果每道菜只有一盘的话，就没有必要把餐具放成这个样子。

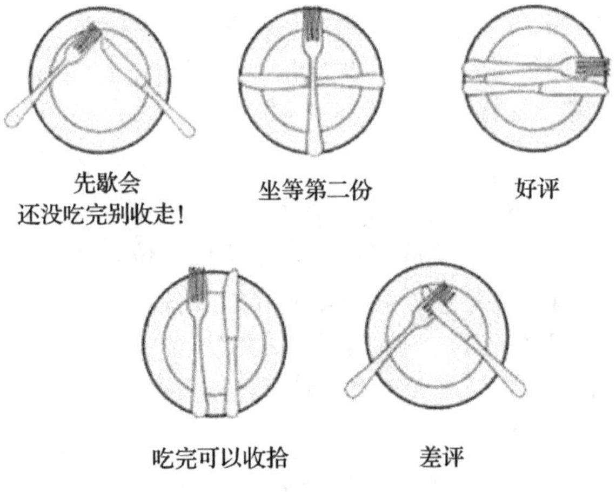

经典案例

先给谁倒酒

某公司举办商务宴请，宾客进入雅间后就座。由于宾客对用餐座次排位不熟悉，坐得比较随意，主要宾客没有坐到主宾的位子上，而服务员倒酒时，还在严格按照一般的服务程序从主宾位开始服务，引起宾客的不满。同时，酒水每次加量也与宾客的要求不符。如红酒按规定倒了1/2杯，而宾客要求每次加满；啤酒按规定倒八分满，而宾客要求倒二分满。最后宾客对服务员的服务很不满意，引起投诉。

案例分析

优秀的服务员会视宴会情况而灵活提供宾客所需的相关服务。让宾客满意和标准化服务之间有时存在一定的矛盾，因为宾客的用餐习惯不同，服务程序和服务标准相应的也应该不同。上述案例中的服务人员虽然很严格地遵守了各项服务技能标准，但却遗憾地导致投诉，就是因为他把“标准”放在了首位，坚持用饭店的标准去机械地服务宾客，而没有考虑宾客的习惯与喜好，宾客怎么能不投诉呢。

经验总结

（1）在任何情况下，宾客永远是第一位的。服务员在服务时，要顺应宾客千差万别的用餐要求，在宾客要求与服务标准有矛盾时，应以宾客要求为主，要将“让宾客完全满意”与坚持标准化服务有机地结合起来，使服务更到位，更得心应手。

（2）为宾客提供周到的服务，并不是说服务时就不注意各项标准了，在宾客没有提出特殊要求时，服务仍然要严格遵守操作程序。

（3）服务员在熟练掌握操作程序的基础上，应树立灵活的服务意识，视情况为宾客提供所需的个性化服务。

本章小节

本章系统介绍和总结了餐饮服务的基本技能，如托盘、摆台、餐巾花、酒水服务和菜肴服务以及其他相关技能等，这些均有特定的操作方法与标准，服务人员要在掌握操作要求的前提下刻苦训练，熟练掌握过硬的服务基本技能，并注意根据宾客的需求做灵活的调整，做到在操作标准化的基础上，向宾客提供优质的个性化服务。

走近餐厅

一、【实训名称】中餐宴会摆台

【实训内容】在规定时间内完成中餐宴会摆台

【实训步骤】

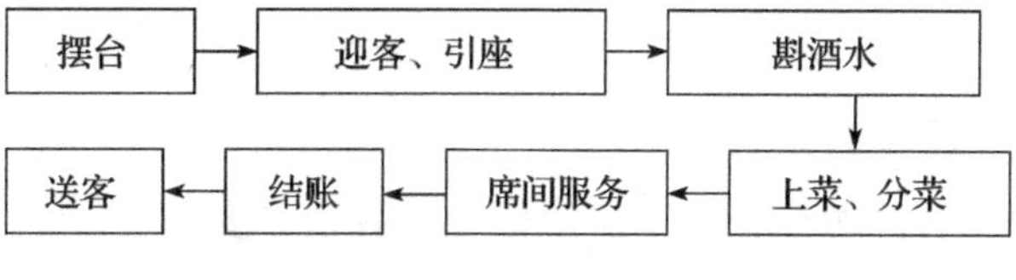

【实训点评】评分项目及标准

1. 时间：在规定时间内完成。
2. 操作：动作规范到位，符合操作标准。
3. 台布：铺正，中线对准主位、副主位，四周下垂均等。
4. 餐用具：位置正确，距离匀称、标准。
5. 餐巾花：折叠标准，摆放到位。
6. 餐椅：匀称，位置正确。

二、【实训名称】西餐宴会摆台

【实训内容】在规定时间内完成西餐宴会摆台

【实训步骤】

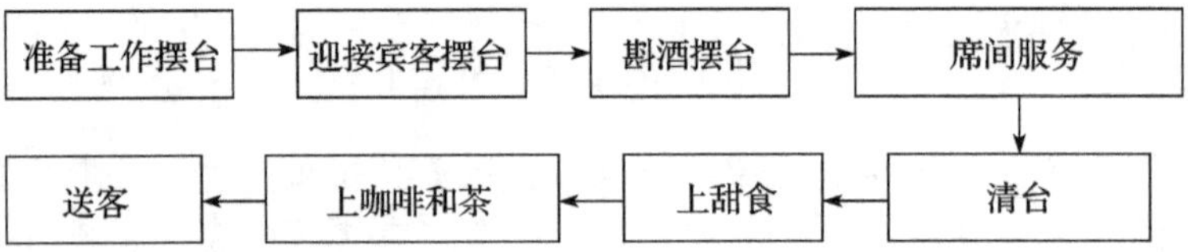

【实训点评】评分项目及标准

1. 时间：在规定时间内完成。
2. 操作：动作规范到位，符合操作标准。
3. 台布：铺正，中线对准主位、副主位，四周下垂均等。
4. 餐用具：位置正确，刀叉横竖成行，距离匀称、标准。
5. 餐巾花：折叠标准，符合摆放要求。
6. 餐椅：匀称，位置正确。

三、【实训名称】餐巾花

【实训内容】在10分钟内完成10个杯花（5个植物、5个动物），在5分钟内完成5个盘花

【实训步骤】

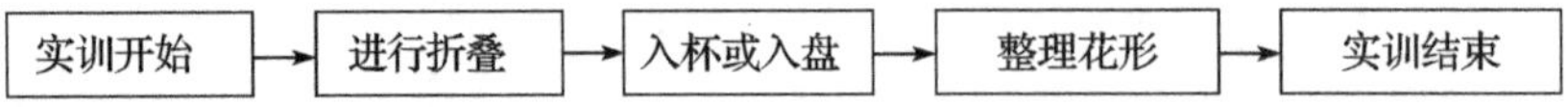

【实训点评】评分项目及标准

1. 时间：在规定时间内完成。
2. 仪容仪表：符合规范要求。
3. 操作：动作规范到位，符合卫生标准，手法熟练。
4. 摆放：观赏面正确、摆放位置正确。
5. 效果：花形效果及杯中效果佳。

四、【实训名称】斟倒香槟酒

【实训内容】模拟西餐宴会斟倒香槟酒的程序和动作要领

【实训步骤】

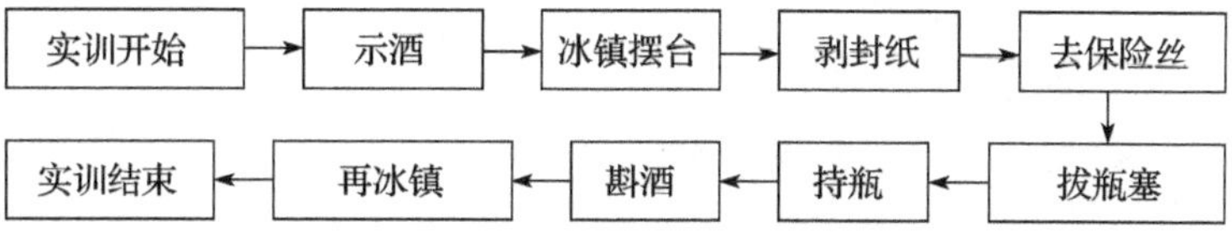

【实训点评】评分项目及标准

1. 仪容仪表：符合规范要求。

2. 操作：程序步骤无误，动作潇洒，开瓶规范。

3. 持瓶：手法及位置正确。

4. 斟倒方法及斟倒量：第一次斟至酒杯1/2处，待泡沫平缓后，再续斟至酒杯2/3处。

复习思考题

一、填空题

1. 根据所送物品重量的不同，使用托盘有________和________两种方式。物品重量在________以内一般采用轻托的方式。

2. 铺台布的常见方法有________、________和________。

3. 餐巾花按折叠方法与放置用具的不同可分为________、________和________。

4. 啤酒最佳饮用温度为________，白葡萄酒的最佳饮用温度为________，香槟酒和有汽葡萄酒的最佳饮用温度为________。

5. 高级宴会常规的斟酒顺序是：先斟________位，后斟________位，再斟________位。

二、选择题

1. 中餐宴会摆台就一个餐位而言，杯具的摆放从左至右依次为（　）。

A. 红葡萄酒杯、水杯、白酒杯　　B. 红葡萄酒杯、白酒杯、水杯、

C. 白酒杯、水杯、红葡萄酒杯　　D. 水杯、红葡萄酒杯、白酒杯

2. 通常当着宾客的面进行酒水升温操作的方法是（　）。

A. 水烫、火烤　　B. 火烤、燃烧

C. 水烫、燃烧　　D. 火烤、冲入

3. 在西餐斟酒服务中，白葡萄酒以斟倒（　）杯为宜，红葡萄酒以（　）杯为宜。

A. 3/4、1/2　　B. 1/2、3/4　　C. 2/3、1/2　　D. 3/4、2/3

4. 中餐服务中每上一道新菜，一般都先放在（　）前面

A. 翻译、陪同　　B. 主宾、主人

C. 副主人、副主宾　　D. 主人、副主人

5. 在常见的西餐菜肴服务方式中，讲究礼节，注重客前表演，每位宾客都能得到充分的照顾，但服务节奏缓慢，用餐费用较贵的是（　）。

A. 法式服务　　B. 俄式服务　　C. 美式服务　　D. 英式服务

三、简答题

1. 简述轻托托盘的操作方法。
2. 简述中、西餐宴会摆台。
3. 餐巾花选择和运用的总原则是什么?
4. 列举酒水升温和降温的常用方法。
5. 列举斟酒的时机。
6. 分别列举中、西餐上菜的顺序。
7. 上菜的原则是什么?
8. 摆菜的要求是什么?
9. 分别列举西餐菜肴各种服务方式的特点。
10. 试述分菜的方法有哪些。
11. 如何分让清蒸整鱼?如何分汤?
12. 列举更换餐碟的情况?
13. 如何更换台布?
14. 餐厅常见的结账方式有哪些?

第三章 CHAPTER 3

餐饮服务

动脑筋

又是一个忙乱的晚餐时间，小冉穿梭在自己所负责的区域里为宾客提供上菜、撤换餐具等工作……此时，坐在靠近角落的一桌宾客突然很生气地大声喊起来："服务员，你们的鲈鱼是不是要先从小鱼苗儿养大啊？都快吃完了，鱼还没上来！"小冉赶快到宾客的餐桌边，看到宾客桌上的菜肴已经只剩点儿盘底了，拿起点菜单，看到果然有清蒸鲈鱼还未上。这时宾客非常生气地说："不马上拿来，我们不要了，要结账了！"小冉非常抱歉地对宾客说："对不起，请稍等，我去厨房看一下。"到厨房询问才知道，鲈鱼被上错到其他餐桌上了，而另做一条则需要等候比较长的时间。小冉到宾客面前，很抱歉地对宾客说："清蒸鲈鱼可能还要一会儿才能做好，您看是不是加个可以烹制比较快的菜呢？"宾客摇了摇手说："算了，结账吧。"宾客带着不满结账离开了。小冉看着离去的宾客不免有几分愧疚。

请思考：中餐服务应该按照怎样的程序进行？

第一节　中式餐饮服务

中餐厅服务是一个复杂的程序，它是由备餐开始到把宾客送出餐厅的全过程。在这个过程中要经过餐前准备、迎宾领位、点菜、餐中服务、结账、送客、清理台面等环节，服务员要根据各环节的不同要求完成作业，既要和宾客进行语言沟通，又要进行形态沟通，还要为宾客提供必要的服务。因此只有熟练掌握中餐服务程序，才能更好地为宾客提供全方位的服务。

餐厅服务员为宾客提供服务的方式、方法受多种因素的影响。餐饮服务根据用餐方式的不同，大体可分为中式餐饮服务和西式餐饮服务。

中餐服务根据宾客用餐规格和标准不同，常分为便餐服务和宴会服务；而便餐又以零点餐厅服务和团体餐服务为主要服务形式。

零点餐厅是指宾客自行安排，随点随吃，餐后自行结账的餐厅。零点餐厅的主要任务是接待零星宾客就餐。其特点是宾客多而杂，人数不固定，口味需求不一，用餐时间交错，致使餐厅接待量不均衡，服务工作量较大，营业时间较长。依据宾客就餐时间的不同，零点餐厅服务又可细分为早餐和午、晚餐服务。

一、中式早餐服务

（一）餐前准备

1. 环境准备

餐台、餐椅摆放整齐美观；餐桌椅保持完好无损；台布铺放符合标准；餐厅的环境清洁卫生。

2. 备齐餐具、佐料和服务用品

将消毒好的碗筷、盘碟、茶具等整理备齐，放置有序。检查酱油、醋等佐料的容器，看是否清洁、装满，不足的要及时补上，还要根据当天的供应品种配制、备足其他辅助佐料。把牙签、火柴、热毛巾等备好。

3. 召集班前会

进行人员分工，检查服务人员个人卫生、仪容仪表和精神面貌，强调营业的注意事项。

4. 其他

了解当天的供应品种和其他原材料的情况，并将与平日不同的菜肴情况写于通知板上。

（二）问位开茶

餐前饮茶的习惯流行于我国南方，特别是“早茶”，更具有特定的含义。在东南沿海一带，问位开茶成为餐前必不可少的环节。在我国北方不太注意，但南方风味的餐厅不可忽视这一环节。问位开茶是餐厅服务开始的程序，具体做法如下。

1. 热情迎宾

见宾客到来时，迎宾员要面带笑容接待。为宾客拉门，并致问候。问清人数后，将宾客带到合适的餐台安排就餐。

2. 问需开茶

服务员主动为宾客拉椅让座，送上小毛巾后开茶。由于各人饮茶习惯不同，要向宾客问茶，征询意见，也可根据宾客的喜好介绍适宜的品种，然后按需开茶。

3. 开茶服务

开茶时注意卫生，不能手取茶叶往茶壶里放，应用茶勺按茶位放茶，茶量准确。斟茶时，在宾客的右侧斟倒第一杯礼貌茶，右手执壶，左手自然下垂或托托盘，杯中茶水一般斟八分满为宜，不宜太满。根据宾客的人数填写点心单，向宾客介绍品种，写清宾客要求的每一种点心的数量，记好台位、茶位。需要加位或撤去餐桌餐位的，要左手托盘，右手摆放或取走餐具。

以上所述是茶杯、餐具预先摆好的台式服务的餐厅服务程序。另一种是迎宾员把宾客人数告知服务员，由服务员把茶具、餐具按宾客人数摆上台，然后开茶。如果客多繁忙，无暇接待后到的顾客时，也要热情打招呼，做到“人未到声先到”，以稳定顾客。在北方，没有开茶这个环节时，更要对宾客热情地打招呼，这是接待宾客的第一个见面礼，使宾客一进门就感到亲切温暖。

（三）开餐服务

茶位开好后，向宾客介绍当天的点心品种时，要有意识地推销适当的品种。这要根据问位开茶时和宾客的接触，对宾客的要求和一般需要的了解，有针对性地介绍。

宾客确定点心品种后，要迅速开单。将一式三联的点心单，一联交账台结算，二联交点心台备货，三联存档。服务员给宾客送上点心时，要把专用的餐具、佐料等一同上台，使宾客便于用餐。

（四）餐间服务

在宾客进餐过程中，服务员须勤为宾客添水斟茶，更换茶叶、收点心笼、撤换餐具、更换小毛巾，并继续向宾客推销点心及提供相应服务。

（五）结账送客

宾客要结账时，服务员应迅速取回账单送到宾客餐台，小心提示宾客需付的金额，同时把账单给宾客过目，收款时要向宾客道谢。结账时，要注意同座有无搭台的宾客，如果有，就要分清账单，不可造成错单、漏单或跑单。

如果宾客需要，服务员要主动替宾客打包食品。客人离席时，帮助拉椅，再次致谢，提醒宾客带上自己的物品，并表示欢迎下次光临，道再见。

（六）清理台面

早餐服务中“翻台”是常事，及时清理台面是一项很重要的工作。宾客走时，服务员应先查看是否有宾客遗落的东西。如有，应立即交还宾客。如宾客已离去，应交服务台并告知值班经理，以免被损坏或被他人冒领。最好等宾客已离开餐厅再动手清理台面，以表示尊重宾客。撤就餐用具，撤台布，摆放桌椅，动作都要轻、稳，尽量不发出大的声响，以免影响邻座客人就餐。

清理台面应该按照毛巾、餐巾、饮具、盘碟、烟缸、牙签、佐料容器、筷子、刀叉的先后顺序专门收捡。对所有属于重复使用的餐具和物件，要及时清洗消毒，擦拭干净，分类保管，以备再用。将桌、椅摆放至原处，铺好台布，准备接待下一批宾客。如早餐饭时已结束，要把各种餐具和物件清洗消毒，分档存放。最后一名宾客走后，开始清洁餐厅，将桌椅排列整齐。

二、中式午餐、晚餐服务

（一）餐前准备

按中餐零点要求摆好台，工作台备足各种用品用具；熟悉当天菜品及酒水的供应品种和数量，准备好各种小票；整理好个人仪容仪表，做好自查，接受领班检查。

（二）入席服务

开餐前 30 分钟，值台员面带微笑地站在规定位置上迎候宾客；见到宾客到来，要主动迎上前问候，使用礼貌用语，同时接过宾客衣帽、物品依次放好，严禁将宾客的衣帽倒拿，注意宾客的包及物品应放在比较明显处，让宾客看得见的位置；拉椅让座，用礼貌用语“您请坐”(如有小孩，应立即送上儿童椅)。

（三）餐中服务

1. 递茶送巾

送上热毛巾，用语“请用毛巾”，在宾客的右面斟倒第一杯礼貌茶，用语“请用茶”，一般斟2/3为宜，不宜太满；为宾客去掉筷子套，并收回毛巾；同时进行自我介绍："先生/女士，中午（晚上）好，我是××号服务员，很高兴为大家服务，祝大家用餐愉快！"

2. 点菜服务

征询宾客是否可以点菜，主动介绍当天供应的新菜品。值台员站在点菜宾客的右后侧，接受点菜。身体保持站立姿势，略向前倾，认真清楚地记下宾客所点菜肴。如宾客请值台员代为点菜时，应根据宾客口味、爱好、饮食习惯、消费水平和就餐人数等考虑，妥善安排。在接受宾客点菜时应适当推荐中、高档菜品，但要注意语言要委婉；点菜完毕后，应向宾客复述一遍所点的菜，从而进一步确认"先生，您点的菜有××对吗？""还需要什么吗？"复述完后，服务员要收回菜单，并向宾客表示感谢，同时征询客人用什么酒水，向宾客介绍酒水，并按斟酒要求在宾客右边斟倒酒水，并说"这是您点的××酒"。

3. 传送菜单

填写完点菜单（一式四联），一联交收银员，二、三联交传菜员（二联给厨房配菜，三联供传菜员划菜），四联服务员自留（或放在宾客桌上）以备核查。

近年来，越来越多的餐厅开始使用无线PDA点菜系统（见图3-1）。服务员手持无线点菜机，只需输入菜品的代码或拼音简码，就可以完成点菜操作。该系统可同时支持多个餐台，还可以自动调出客户资料，如宾客口味爱好、历史消费。如果来电客户最近有预订，系统也可以自动调出其预订单据，从而便于修改、取消等操作。相对于传统的点菜服务，无线点菜系统具有提高工作效率、提升服务质量、降低运营成本、提升企业形象等优点。

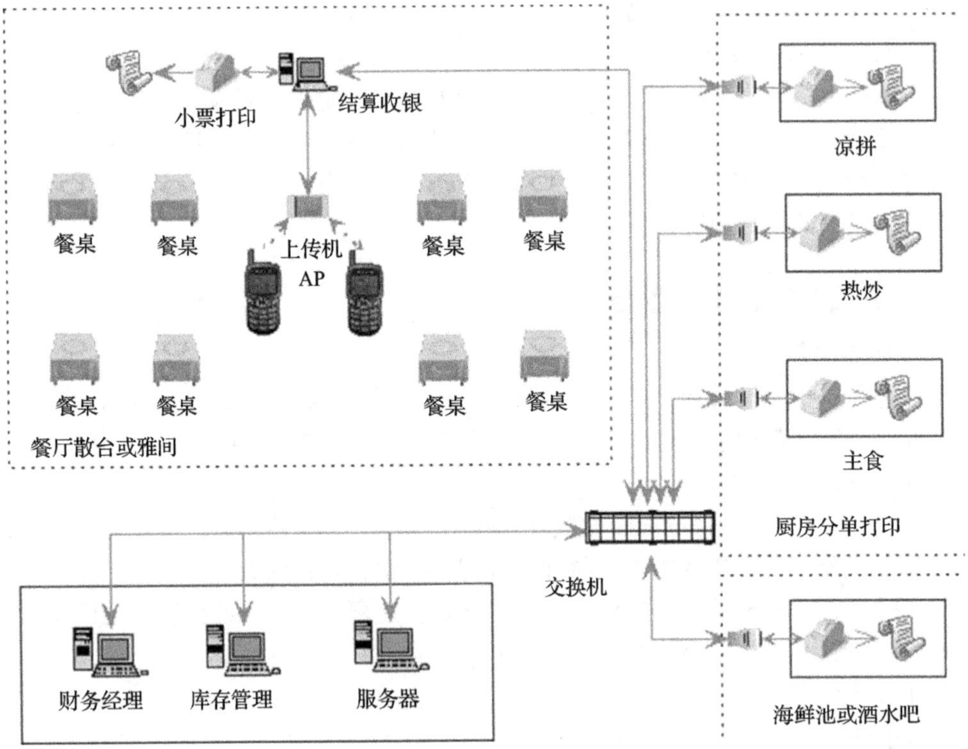

图3-1 无线点菜系统工作流程

4. 上菜服务

点菜后 10 分钟要出第一个热菜，热菜由传菜员送进餐厅，再由值台员把菜送上桌，并报菜名（按上菜服务要求进行操作）；每上一道菜，要在该台的菜单上划去此菜名；上第一道热菜时，在宾客只吃饭、不用酒的情况下，主动征询宾客是否上面点；上带壳的食品，要跟着上毛巾（或洗手盅）；上带汁的菜或大盘菜时，要加公勺。

5. 席间服务

服务员要严守自己的工作岗位，按站立要求站立，面带笑容，并在宾客的餐桌旁边巡视，以便随时为宾客服务；及时为宾客斟添酒水，更换餐碟，如宾客的餐碟有 1/3 杂物，要及时撤换；点菜后 30 分钟，应检查宾客的菜是否到齐；宾客进餐中，应主动征求宾客意见，是否需要加些什么；要经常为宾客加满茶水，饭后要换上热茶；宾客吃完饭，主动为宾客介绍水果和饭后甜点。

（四）餐后服务

1. 礼貌结账

宾客用餐完毕，应尽快收去餐台上不需要的餐具，但不要催促宾客；同时问清宾客不再需要什么时，可为宾客结账，先送上毛巾，并征求宾客意见。然后再用收银夹送上账单：“这是您的账单”（注意不要大声报出账单上的价格）；收款时要当面点清，“您给了 ××（钱数），谢谢！”；找的钱与给宾客的发票放置于收银夹内一起交还宾客，并致谢。

2. 热情送客

宾客离座，拉椅送客、道谢，向宾客道“再见”“欢迎下次光临”，送客到门口（按送客规范操作）；及时检查有无遗留物品，如有，要设法归还；餐厅若要翻台，注意操作要轻，尽量不影响就餐宾客。

中餐零点午、晚餐服务程序如图 3-2 所示。

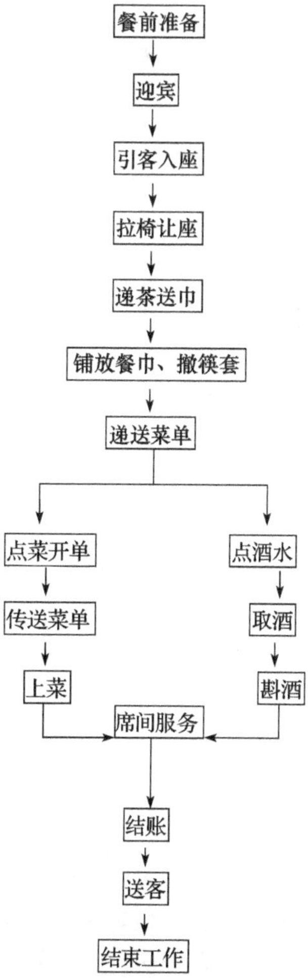

图 3-2　中餐零点午、晚餐服务程序图

三、团体用餐服务

团体餐是按固定的就餐标准提供餐食的用餐形式。适用于旅游团体和各种会议。

（一）团体餐的种类及特点

团体餐是在事先预订后，以统一标准、统一菜式、统一时间进行集体就餐的一种形式。

1. 团体包餐的种类

（1）会议包餐，如交易会、运动会、鉴定会、展览会、机关会议、节庆活动等。

（2）旅游包餐，如参观团、旅游团、考察团等。

2. 团体包餐的特点

（1）需事先预订。

（2）人多、面广、要求多。

（3）以便餐为主，但花样需翻新。

（4）集中开席，菜肴统一，就餐标准固定。

（5）进餐时间相对固定。

（二）团体包餐的服务程序

1. 早餐服务程序

团体包餐的早餐服务程序与午、晚餐不同，它在摆台及食品种类方面都比午、晚餐简单，因而服务程序也较为简单，主要应掌握以下环节。

（1）安排桌位。服务员根据包餐人数整理布置好餐厅，配备好相应的就餐桌椅，并在餐台上摆放台签，备齐各种物品，了解当天包餐供应的食品品种，配制好所需的各种佐料，整理好个人仪容。

（2）摆台。宾客用餐前，摆齐早餐所需的各种餐饮用具和佐料，早餐用具有：碟、碗、勺、筷子、茶具、餐巾（纸巾）、小毛巾（一般的早餐不配酒杯）；佐料是指各种小菜。

（3）恭候宾客，引客入座。恭候宾客，做到宾客一到立即有人提供引导服务，及时准确地将宾客引导到为其指定的座席上，便于顺利开餐。

（4）开餐。及时开餐，送餐上桌，合理摆放，按量供应。早餐包餐，往往人齐一桌开餐一桌，服务员按开餐人数，及时将准备好的早餐送至餐台上，并按食品内容的不同合理摆放。按人定量的食品，要保证供应数量。

（5）递送茶水、毛巾。一般的早餐用餐时间较短，因此当各种食品上齐后，应将茶水及毛巾送至客人面前。

（6）以礼相送，收拾餐台。早餐宾客用餐后往往是分散离台，这时服务员应随时送客，说相送语，以示服务热情。待宾客全部离开餐台后，方可撤台。

（7）核对就餐人数。早餐结束后，汇总就餐人数，为结账做好准备工作。

2. 午、晚餐服务程序

餐饮行业通常将午、晚餐叫作正餐。团体午、晚餐的包餐与早餐相比，无论是菜肴的种类还是数量，都更为丰富。其服务程序如下。

（1）核对菜单。团体包餐的菜单一般都是提前拟定好的。每次开餐前，服务员都要将本餐的菜单与台号、包餐单位、桌数、人数进行核对，做到准确无误。同时，将菜单上所安排的菜肴、食品与有关部门进行核对，如有错误及时更正，并告诉包餐单位，说明更改原因。

（2）布置好餐厅。根据包餐团体的数量，分配布置好每一个团体的就餐位置，并配好必要的标志及装饰（桌号牌、席称牌）等。同时大餐厅可写出告示牌，放在宾客进口处，以便客人辨认自己的就餐方位。

（3）摆好餐台。由于包餐标准不同，包餐菜肴的档次、菜品等也都不同，因此，摆放的餐饮用具就要有所区别。便餐包餐的档次较低，菜肴安排一般是四道或六道热菜，一个汤菜，不设冷荤，同时主食供应量较大而丰富。便餐包餐的餐具应配餐碟、汤碗、汤勺、筷子、牙签、调味碟、两套公用餐具，不摆酒水杯。餐后，为每位宾客送一杯热茶及一条毛巾。

（4）备好食品、酒水、饮料。中档标准包餐，食品、饮料准备的内容是：首先将包餐所配用的酒水、饮料的瓶罐擦净备好待用；冷盘可在开餐前5分钟摆放于摆好餐具的餐台上；热菜则在客人就餐后依次上桌；酒水饮料的开启应在客人陆续就位时进行，不可过早启封，以免影响其质量、效果。主食可自取的，用盘装好上桌；如果是米饭、面条等，则应由服务员分盛后，一一递与宾客。汤上桌后，由客人用汤碗自盛。酒水饮料则由服务员征询宾客同意后为宾客斟上。餐前、餐后应备有茶水及毛巾。午、晚餐所需的各种随菜调料、佐料，应在宾客到来之前准备完毕，并分装待用。

（5）恭候宾客，待客入座。一切准备工作，应在预定开餐时间前5分钟内做完。然后，服务员应按各自的工作岗位站立就位，恭候宾客到来。当宾客来到餐厅后，服务员要主动上前询问并准确迅速地将客人引到准备好的座位上，为顺利开餐做好准备，避免出现宾客坐错位的尴尬局面。

（6）清点人数，准时开餐。负责团体包餐的服务员，在开餐前核对好就座人数，做到心中有数。宾客到齐后应迅速通知厨房准备起菜。与此同时，组织好前台及时开餐。如规定的开餐时间已到，而个别顾客未到，服务员应主动征求主办单位的意见，在得到主办单位许可后方可开餐。

（7）看台、上菜专人负责。午、晚餐包餐服务，应设有专门看台的服务员，以保证及时为顾客提供有关方面的服务，如斟酒，更换餐用具，递送菜肴食品，及时整理餐台，并做到随时掌握客人的需要及进餐速度，以使服务工作更加完善。

（8）清点酒水饮料，结清账目。当本餐的各种菜肴上齐后，应告知包餐主办单位的负责人，使之心中有数，同时将本餐所用的各种酒水、饮料进行整理清点，并一一上账。

团体包餐的结账方式与其他形式就餐的结账方式不同。一般会议包餐，餐毕将其用餐账单整理好后请大会秘书处的负责人签字并交至收银台；使用餐券用餐的，则应将餐券整理、清点、汇总登记、封包后交收银台。旅游团队包餐，餐毕将其用餐账单整理好后请订餐单位的陪同人员或随团的地方负责人签字并交至收银台，收银台核对无误后转入该旅行社在饭店所设的总账中，以备定期的统一结账。总之，无论是以哪种签单方式，看台服务员在结账时应注意：物品上账清楚，数量准确，结账及时，不留单，不压单，以便及时汇总结账，防止出现错单、丢单。

（9）礼貌送客。宾客用餐完毕，服务员要站立恭候，随时送客。宾客离席后，要及时整理餐台，检查是否有遗留物或丢失物品，一经发现上述问题，做到及时、妥善处理。

（10）清理餐台。宾客离开餐台后，应及时将餐台上的餐用具清理干净。撤台顺序应是：先撤餐巾、毛巾，而后撤酒杯、小件餐具等；台面撤净后换铺台布；整理清扫餐厅卫生，为下一餐工作打下一个良好的基础。

四、中式宴会服务

宴会就是政府机关、社会团体、企事业单位或个人为了表示欢迎、答谢、祝贺等社交目的以及庆贺重大节日而举行的一种隆重、正式的饮食活动。现代社会生活中已离不开宴会，人们通过宴会，不仅获得饮食艺术的享受，而且可以增进人际交往。

（一）宴会的种类和特点

1. 宴会的种类

按规格分，有国宴、正式宴会和便宴；按消费标准分，有高档宴会、中档宴会和普通宴会；按宗教饮食习俗分，有素食宴会和清真宴会；按举办时间分，有午宴和晚宴；按民俗分，有婚宴、寿宴、家宴和生日宴会；按进餐形式分，有立式宴会和坐式宴会；按礼仪形式分，有欢迎宴会、答谢宴会和告别宴会；按餐别分，有中式宴会、西式宴会等。

（1）中式宴会。是中国传统的聚餐形式，宴会遵循中国的饮食习惯，以饮中国酒、摆中式台面、用中国餐具、吃中国菜肴、遵从中国习俗、行中国传统礼仪为主，其装饰布局及服务等无不体现中国的饮食文化特色。历代著名的宴会有乡饮酒礼、百官宴、大婚宴、千叟宴、定鼎宴等。中国传统宴会目前在宴会经营中占 90% 以上。

（2）西式宴会。是按照西方国家的礼仪习俗举办的宴会。其特点是遵循西方的饮食习惯、采取分食制、以西菜为主、用西式餐具、行西方礼节、遵从西方习俗、讲究酒水与菜肴的搭配，其布局、台面布置和服务都有鲜明的西方特色，突出西方民族文化传统。由于举办宴会的目的、宴请的对象、人数的不同，西式宴会的形式也有所不同，目前采用的形式主要有：正式宴会、冷餐酒会和鸡尾酒会。

① 正式宴会。通常是政府和团体等有关部门为欢迎应邀来访的宾客或来访的宾客为答谢主人而举行的宴会。由于不同国家和民族的生活习惯不同，在菜点内容的安排上也有所不同。正式宴会有时要安排乐队奏席间乐，宾主按身份排位就座。许多国家的正式宴会十分讲究排场，在请柬上注明对客人服饰的要求，往往从服饰规定上来体现宴会的隆重程度，这是西式宴会较突出的方面。另外，对餐具、酒水、菜肴道数、陈设以及服务员的装束、仪态都要求得很严格。

② 冷餐酒会。其特点是不排席位，既可在室内、院里，又可在花园里举行，菜点的品种丰富多彩，以冷食为主，可上热菜。菜肴提前摆在食品台上，供宾客自取，宾客可自由活动，多次取食，酒水陈放在桌上，亦可由服务员端送。可设小桌、椅子，供宾客自由入座；也可以不设座位，站立进餐。根据宾主双方的身份，冷餐酒会的规格和隆重程度可高可低，举办时间一般在 12：00—14：00，或 16：00—20：00。这种形式多为政府部门或企业界举行人数众多的盛大庆祝会、欢迎会、开业典礼等活动所采用。

③ 鸡尾酒会。是具欧美传统的集会交往形式。鸡尾酒会以酒水为主，略备小吃食品，形式较轻松，一般不设座位，没有主宾席，个人可随意走动，便于广泛接触交谈。食品主要是三明治、点心、小串烧、炸薯片等，宾客用牙签取食。鸡尾酒和小吃由服务员用托盘端上，或部分置于小桌上。酒会举行的时间较为灵活，中午、下午、晚上均可，可作为晚上举行大型中、西式宴会，婚、寿、庆功宴会、国宾宴会的前奏活动；或结合举办记者招待会、新闻发布会、签字仪式等活动。请柬往往注明整个活动延续的时间，宾客可在其间任何时候到达或退席，来去自由，不受约束。鸡尾酒会以饮为主，以吃为辅，除饮用各种鸡尾酒外，还备有其他饮料，但一般不上烈性酒。

（3）中西式结合宴会。中西式结合宴会取两种宴会之长，近年颇为流行，是中西饮食文化交流的产物。如我国举行的大型冷餐宴会，一般用大圆桌设座椅，主宾席排座位，其余各席不固定座位，食品和饮料均是先备好放置桌上，宴会开始后由宾客自助进餐。其他还有招待会、茶会、自助餐、鸡尾酒会等不同形式，其特点是：气氛活泼，宾客来去自由，时间可长可短；主人周旋于宾客之间，服务员巡回服务；以冷食为主，热菜、点心、水果为辅；充分尊重宾客的自由，不受席规酒礼约束，便于交流思想感情和广泛开展社交活动；食品利用率高，较之正规宴会节约。

（4）国宴。国宴是国家元首或政府首脑为国家庆典或为欢迎外国元首、政府首脑而举行的正式宴会。这种宴会规格最高，不仅由国家元首或政府首脑主持，还有国家其他领导人和有关部门的负责人以及各界名流出席，有时还邀请各国使团的负责人及各方面人士参加。国宴厅内悬挂国旗，安排乐队演奏两国国歌及席间乐，席间有致辞或祝酒。国宴的礼仪特别隆重，要求特别严格，安排特别细致周到。宴会厅布置体现庄重、热烈的气氛。

（5）茶话会。又叫茶会，是一种非常经济简便、轻松活泼的宴会形式，多为社会举行纪念和庆祝活动所采用。会上一般备有茶、点心和各种各样的风味小吃、水果等。茶话会所用的茶叶茶具要因时、因事、因地、因人而异，客厅也应布置得幽静、高雅、整洁，令人耳目一新。

2. 宴会的特点

现代宴会多众人共聚一堂，采用同一款菜单，饮用相同的饮料，服务要求高，讲究规格场面，有着区别于其他餐饮形式的显著特点。

（1）是一种重要的交际形式。

（2）内容讲究规格和气氛。

（3）是用酒菜来款待聚集到一起的众多来宾。

（4）注重接待礼仪。

（二）宴会设计

1. 中式宴会座次安排

宴会座次安排即根据宴会的性质、主办单位或主人的特殊要求，根据出席宴会的宾客身份确定其相应的座位。座次安排必须符合礼仪规格，尊重风俗习惯，便于席间服务。一般宴会，主人面对正厅门而坐，对面坐副主人，主人的右侧为上座，由首席宾客就座。其他人只排桌次或自由入座，但现场均要有人引导，一般有两种情况（见图 3-3）。

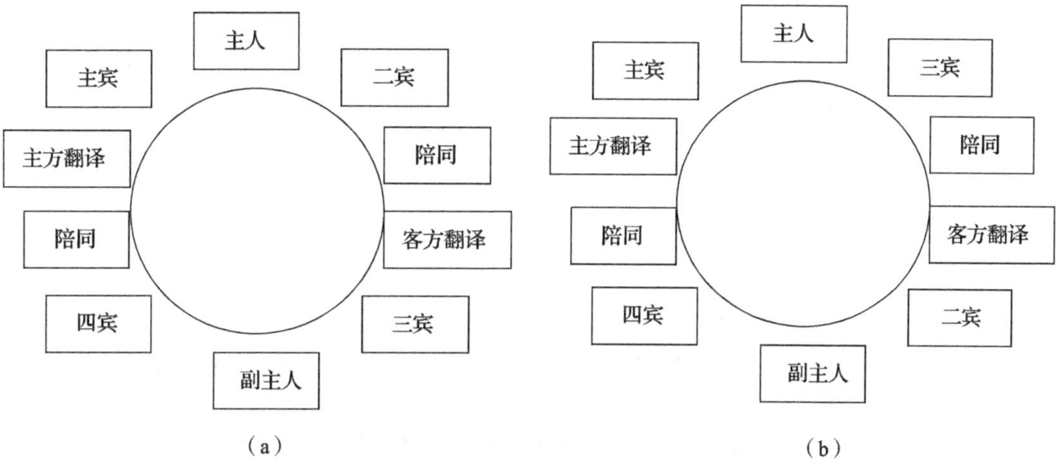

图 3-3 中式宴会座次安排图

举行一些民间传统宴会（如婚宴、寿宴）时，中式宴会的座次安排必须遵循中国传统的礼仪和风俗习惯。一般原则是“高位自上而下，自右而左，男左女右”。

多桌宴会座次安排的重点是确定各桌的主人位。以主桌主人为基准点，各桌主人位的安排有两种方式：一种是各桌主人位与主桌主人的位置和朝向相同；另一种是各桌主人位与主桌主人位置遥相呼应，具体地说，台形的左右边缘桌次的主人位相对并与主桌主人位形成 90° ，台形底部边缘桌次主人位与主桌主人位相对，其他桌次的主人位与主桌的主人位相对或朝向相同。

座次的具体安排通常由席次卡体现。席次卡即根据饭店总体形象而设计出的精美的宴会座次卡，一般为长方形，通常用毛笔、钢笔将出席宴会的宾客姓名书写或打印在席次卡上，字迹要清楚、整齐。一般中方宴请将中文写在上方，外文写在下方；外方宴请则将外文写在上方，中文写在下方。通常，由宴会主办单位负责人或主人根据赴宴者的身份、地位等将写有宾客名字的席次卡放置于相应的座位上。大型宴会一般预先将宾客座次打印在请柬上，以便宾客抵达时能迅速找到自己的座位。

宴会不止一桌时，要安排桌次。其具体原则如下。

（1）以右为上。当餐桌分为左右时，以面门为据，居右之桌为上（见图 3-4）。

（2）以远为上。当餐桌距离餐厅正门有远近之分时，以距门远者为上（见图 3-5）。

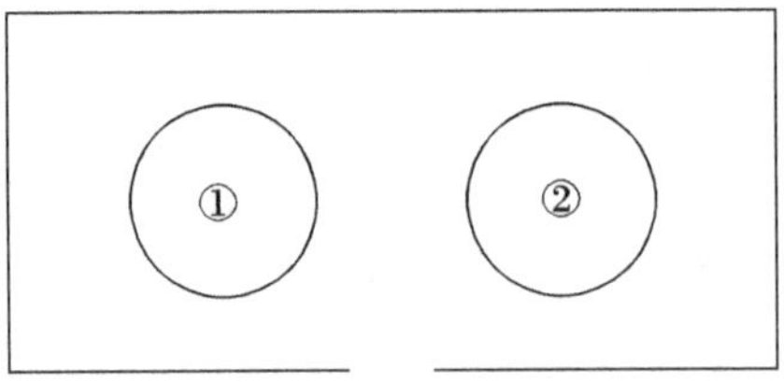

图 3-4　桌次安排（一）

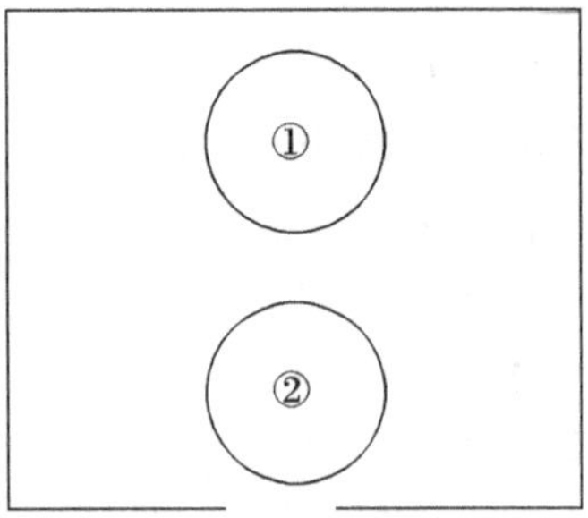

图 3-5　桌次安排（二）

（3）居中为上。多张餐桌并列时，以居于中央者为上（见图 3-6、图 3-7）。

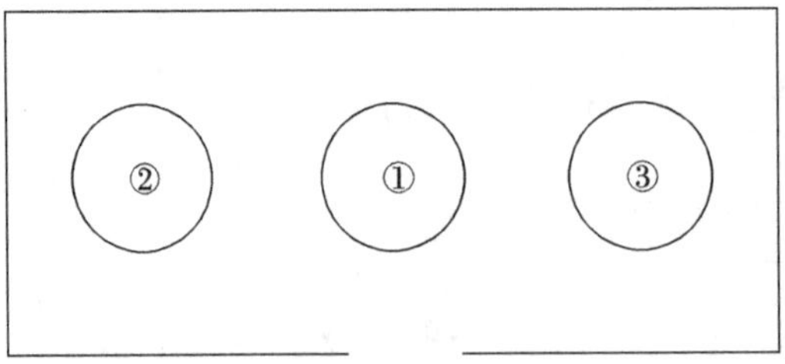

图 3-6　桌次安排（三）

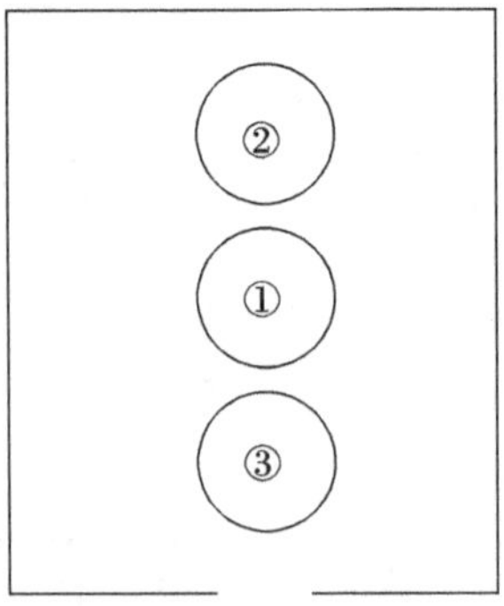

图 3-7　桌次安排（四）

（4）在桌次较多的情况下，上述排列常规往往交叉使用（见图 3-8、图 3-9）。

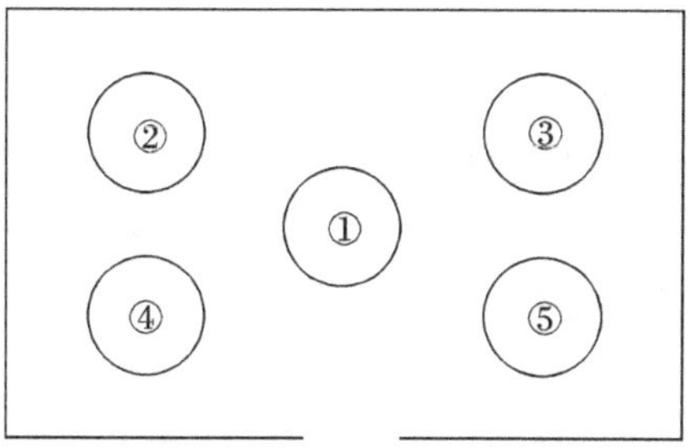

图 3-8 桌次安排（五）

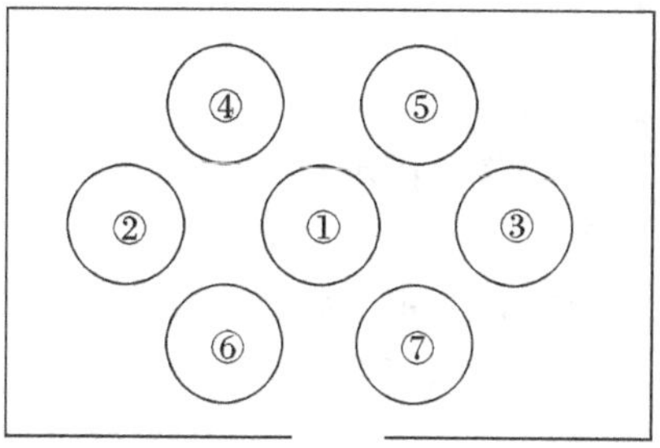

图 3-9 桌次安排（六）

2. 重视宴会酒水设计

酒联系着礼仪制度，不仅是社交的媒介、民俗的表现形式，还是可口的饮料，宴会的兴奋剂，体现出欢庆、友情与诗意，反映了社会生活与文学艺术，形成独具一格的“中国酒文化”。酒水在宴会上占有举足轻重的地位。因此，在宴会设计过程中，要特别重视酒水的运用。这就要对宴会用酒水的种类、酒水的服务方式进行合理设计。

宴会中使用的酒水主要是指酒类（含白酒、黄酒、果酒、药酒、啤酒、汽酒、洋酒）和清凉滋补的软饮料（一般包括能量型、矿物质补充型、维生素补充型、平衡营养型 4 种）。由于酒水类别繁多，客人喜好各异，因而配酒的随意性较大。现在宴会用酒，一是客人自带；二是在酒柜点取，其费用单列。根据这一情况，目前设计宴会酒水配套的问题难度较大。但是“菜跟酒走”是基本法则之一，酒水是宴会中的“兴奋剂”和“指挥棒”，开展社交活动的媒介物，不考虑酒水是否合适的宴会，收效总不好。因此，设计酒水时要注意以下几点。

（1）预定宴会时征求主办人的意见，由客人确定酒水的品种和数量。餐厅事先准备，按酒水的属性配菜，届时依据饮用的多少与菜品一并计价。

（2）按照夏、秋普遍爱饮啤酒，冬、春普遍爱饮白酒，四季搭配红酒与果汁的习惯，以及餐厅经常供应的酒水排菜。

（3）宾客自备酒水时，服务人员应为宾客当好参谋，主动介绍本次宴会饮用什么酒水比较合适，本地有何名酒、有何特色及补养功能，只要讲得有道理，通常客人会乐于采纳。

服务人员要掌握酒水选用的一般规则，宴会酒水的档次应与宴会的档次、规格协调一致。高档宴会选用的酒品应是高质量的，如在我国举办的许多国宴，往往选用茅台酒，普通宴会则选用档次一般的酒品。另外，配制酒、药酒、鸡尾酒的成分比较复杂，香气和口味往往比较浓烈，这一类酒在佐食时对菜肴的风味有干扰作用，一般不作为佐助酒品饮用。还有，甜型酒品单饮时具有适口感，但作为佐餐酒品，便显得不太协调。因此，甜酒也不适合作佐餐饮品。

3. 宴会的台面设计

宴会台面设计包括餐台、看台和花台的设计，其主要依据如下。

（1）根据宴会的菜单和酒水特点。

（2）根据宾客的用餐需要。

（3）根据民族风格和饮食习惯。

（4）根据宴会的主题。

4. 宴会厅的布置

宴会厅的布置应体现宴会的性质和档次，以营造隆重、热烈、美观、优雅的就餐环境，具体表现在以下几个方面。

（1）场景布置。根据宾客要求及宴请标准进行场景布置。举行大型隆重的正式宴会时，一般在宴会厅周围摆放盆景花草，或在主台后面用花坛、画屏、大型青枝翠树盆景装饰，用以增强宴会的隆重、热烈气氛。对于一般婚宴，则在靠近主台的墙壁上挂双喜字，贴对联；对于寿宴，则挂“寿”字等烘托喜庆的气氛。国宴活动要在宴会厅的正面并列悬挂两国国旗，正式宴会应根据外交部规定决定是否悬挂国旗。国旗的悬挂按国际惯例以右为上、左为下。由我国政府宴请来宾时，我国的国旗挂在左边，外国的国旗挂在右边；来访国举行答谢宴会时，则相互调换位置。

（2）气氛布置。中式宴会通常要求灯光明亮以示辉煌，但国宴和正式宴会则不要求张灯结彩或做过多的装饰，而要求突出严肃、庄重、大方的气氛。宴会厅的照明要有专人负责，宴会前必须认真检查一切照明设备及线路，以保证不发生事故。宴会期间要有专人值班，一旦发生故障即刻组织抢修。宴会厅的室温要注意保持恒定，且与室外气温相适应。

（3）设备布置。正式宴会设有致辞台。致辞台一般设在主台附近的后面或右侧，装有两个麦克风，台前用鲜花围住。扩音器应有专人负责，事前要检查并试用，防止发生故障或产生噪声；临时拉设的线路要用地毯盖好，以防发生意外。

（4）台型布置。台型不止要注意突出主桌，按照台型布置原则即“中心第一，先右后左，高近远疏”来设计。桌椅排列要整齐，并留有宾客行走和服务通道，既要方便就餐，又要便于服务员席间操作。酒吧台、礼品台、贵宾室、工作台等要根据宴会的需要和宴会厅的具体情况灵活安排。管理人员要根据宴会前掌握的情况，按宴会厅的面积和形状及宴会要求，设计好餐桌排列图。多采取品字形、梅花形、方形、菱形、六角形等形式。

（三）宴会预订程序

宴会预订是一项具有较强专业性而又有较大灵活性的工作。宴会预订过程既是产品推销过程，又是客源组织过程，所以，饭店应根据宴会举办者的要求，积极推销，受理预订，并组织为完成宴会而需要的各项服务工作。宴会预定方式最常见的是直接预订（面谈）和电话预订，此外宾客还可以通过信函、传真等方式来进行宴会预订。

1. 接受预订

（1）热情迎接。宴会预订员应热情，礼貌地接待每一位前来预订宴会的宾客。看到宾客前来，预订员应起身相迎，请宾客入座后奉上茶水和毛巾，自报姓名和职务后询问宾客姓名；如宾客是电话预订，应在电话铃响三声内接听，主动问好，自报身份后询问宾客如何称呼。在得知宾客姓名后，应以姓尊称宾客。

（2）仔细倾听。当宾客讲述宴会要求时，认真倾听，并做好必要的记录，不要随意打断宾客的谈话。同时，应主动向宾客介绍饭店的宴会设施和宴会菜单，做好推销工作，并回答宾客的所有提问。

（3）认真记录。预订员应与宾客详细讨论所有的宴会细节，将宾客要求认真填入宴会预订表。宴会预订表应根据本饭店实际来制订，其主要内容如下。

① 宴会的类型。

② 宴会的举办日期和时间。

③ 宴会的出席人数（包括最低保证人数）和餐桌数。又包括：宴会的名称、性质和客人身份等；宴会的举办单位或个人、联络人、联络地址和电话号码等；计划安排的宴会厅名称、厅堂布置和台形设计的要求；菜单的主要内容，酒水的种类和数量；收费标准和付款方式；宴会的其他要求，如休息室，请柬，席位卡，致辞台等；接受预订的日期和预订员的签名等。

宴会预订单填写好以后，应向宾客复述，并请预订宾客签名（见表 3-1）。

表 3-1　宴会预订单

编号 EVENT ORDER NO.:

公司名称 COMPANY		**日期 DATE**		**星期 DAY**	
组织者 ORGANIZER		电话 TEL			
地址 ADDRESS		预计人数 EXPECT		保证人数 GUARANTEED ATTENDANCE	
活动形式 TYPE OF FUNCTION		付款方式 PAYMENT			
预订员 RESERVED BY		预付款 DEPOSIT			
用餐安排 MEAL ARRANGMENT				价 格 PRICE	

人数 NO.PAX	时间 TIME	地点 VENUE	餐别 FUNCTION	食品 FOOD	
				饮料 BEVERAGE	
				场租 ROOM RENTAL	
				咖啡茶点 COFFEE BREAK	
				杂项 MISC	

特殊要求 SPECIAL REQUEST:

指示牌 SIGNBOARD		用花 / 公共区域 FLOWERS/PUBLIC AREA	
菜单 MENU:		乐队 BAND	
		酒水部 BEVERAGE	
		装饰 DECOR	
		美工 ARTIST	
		工程部 ENGINEERING	
发行日期 ISSUING DATE:		摆台 SET-UP	

抄送 DISTRIBUTION TO：餐饮部 F&B DEPT 酒水 BEVERAGE 宴会操作 BANQUET OPERATION
行政总厨 EXECUTIVE CHEF　管事部 STEWARD　工程部 ENGINEERING DEPT
管家部 HOUSE KEEPING DEPT　财务部 FINANCIAL DEPT 市场营销部 MARKET&SALE DEPT

（4）礼貌道别。待宾客要离开时，预订员应起身相送，礼貌地与宾客道别，预祝合作顺利和愉快，并随时与宾客保持联络。

2. 宴会预订的落实

（1）填写宴会活动记录簿。接受预订后，预订员应将本次宴会预订的内容记录在专用的宴会活动记录簿上，按日期、时间标明宴会的地点、人数、标准、厅堂布置、台形设计等内容，以免宴会厅发生重复安排的问题。宴会活动记录簿一般每日一页。

（2）签订宴会合同。如客人与饭店双方都认为举办宴会已没有问题时，双方就所有细节问题都已确定，认可后，就可签订宴会合同（见表 3-2）。

宴会合同一式二份。双方都必须遵守执行，如需变更，需双方协商解决。不同的饭店宴会部可根据设定地点的不同及地区特性斟酌制定适当的合同。

表 3-2 宴会合同书

宴会合同书

本合同是由____________饭店（地址）____________

与____________单位（地址）____________

为举办宴会活动所达成的，具体条款如下：

活动日期____________星期____________时间____________

活动地点____________

菜单计划____________饮料____________

娱乐设施____________其他____________

结账事宜____________预交定金____________

顾客签名____________饭店经手人签名____________

日期____________

注意事项：

1、宴会活动所有酒水在餐前购买

2、大型宴会预交 30% 定金

3、所有费用在宴会结束时一次付清

4、本宴会合同一式两联，一联客户签名后回收，二联预订部留存，经双方签字后生效。

另外酒店与设宴宾客之间可有若干规定或说明，附于合同背面。

① 宴会的确认桌（人）数应于一星期前予以确定，且确认的桌（人）数不得低于宴会预订单所确认的桌（人）数。若低于宴会预订单所确认的桌（人）数，则必须达到所订宴会厅级别限定的最低消费额。

② 宴会结束后，或者实际用餐的桌（人）数未达到确认桌（人）数时，本饭店仍按

确认桌（人）数收费。未消费的桌数，顾客可于两周内补消费，若未消费的桌数超出确认桌数的 1/10 时，则超出的桌数需按半价赔偿，且不得补消费。

③ 凡喜宴的账款，请于宴会结束当天以现金付清。原则上，结婚不接受信用卡签账，更不受理支票签收。这项规定出自宴会厅及顾客本身利益的考虑。因为喜宴当中，礼金势必带给宾客许多现金收入，饭店要求以现金收费，除了帮宾客分担携带大笔现金的风险，饭店也可免去收不到费用的风险。

④ 因故取消预订，所支付之订金不予退回；如于宴会举行日前一星期取消者，应按“保证消费额的一半”补偿本饭店的损失（这项规定在欧美国家有非常严格的时间及赔偿规定）。

⑤ 各种类型的宴会均严禁携带外食，自备酒类则酌情收取开瓶费。因为酒店本来便是经营餐饮生意的场所，制定此要求实属合理且必要。

⑥ 婚宴自备喜糖、签名簿及礼金簿。凡瓜子等有壳类食品，因会造成宴会厅地毯不易清理而严禁带入食用。

⑦ 布置花卉时，请将塑料布铺设在地毯上，以防水渍及花卉弄脏地毯。

⑧ 不得于宴会活动场地燃放爆竹、烟花等易燃物，且不得喷洒飘飘乐、金粉、亮光片等吸尘器无法清除的物品。

⑨ 布置会场时，严禁使用钉枪、双面胶、图钉、螺丝等任何可能损伤会场装潢设备的物品。活动结束以后，应保持会场的完整，如损坏本饭店的装潢或器材等设备，需负赔偿责任。

⑩ 因活动需要所运来的各项器材及物品，本酒店仅提供场地放置，恕不负看管责任。

⑪ 宴会所需的各项电器设备，请事先协商安装事项。电费依现场实际配线情况及用电量收费，会前进场布置及电路配置请于二周前告知，以便配合。一般小型电器可以直接使用宴会厅中所设置的插头，但耗电量较高者则必须与饭店协商，不可擅自安装，以免造成危险。

（3）收取订金。为保证宴会预定的落实，在签订宴会合同书后，酒店可要求宴会举办单位或个人支付一定数量的订金（一般为宴会预订总费用的 10% ～ 30%）。但对酒店的常客及一些资信较佳的宾客，可灵活掌握是否需要收取订金。

（4）建立宴会预订档案。预订员应将宴会预订单分成“待确认”和“已确认”两类存入档案，一般按时间顺序排列。有条件的饭店可输入电脑。对于已确认的宴会预订，应填写宴会通知单（见表 3-3）。送交与本次宴会有关的所有部门。宴会通知单的送达部门必须签收。

（5）宴会预订的更改或取消。如宾客在宴会前临时提出变动，预订员应迅速填写“宴会更改通知单”（见表 3-4），发送相关部门，并注明原宴会通知单的编号，写清更改的具体内容。如果客人取消预订，预订员应及时填写“取消宴会预订报告”（见表 3-5），迅速递交相关部门，同样也需注明原通知单的编号。同时为不能向宾客提供服务表示遗憾，希望下次有机会合作。“宴会更改通知单”和“取消宴会预订报告”的送达部门也须签收。

表 3-3 某酒店宴会通知单

宴会编号 BEO NO： 下单日期 DATE：

主办单位 Name of Organization：		
宴会名称 Nature of Function：		承办人及签单人：
电话 Phone：	传真 Fax：	酒店房号 On Site：
宴会负责人 In House Coordinator：		PM 号

用餐安排：

日 期 Date	时间 Time	性 质 Function	地 点 Venue	酒水 Beverage	预计人数 EXP	保证人数 GTD	价 格 Price

用房安排：

日期	房型	数量	价格	房含

茶歇安排：

日期 Date	时间 Time	地点 Venue	保证人数 GTD	价格 Price	备注 Remark

会议安排：

日期 Date	时间 Time	地点 Venue	摆放 Set-up	参加人数 EXP	价格 Price	备注 Remark

F&B 餐饮部			
签到台		明档	
讲台		席珍	
麦克风		植物	
鲜花		席位卡	
横幅		白板	
指示牌		矿泉水	
投影仪		背景板	
纸、笔		台布 / 口布	

宴会大纲 FUNCTION ARRANGEMENT	菜单 Menu
厨房 Kitchen： 请注意出品质量	前厅部 FRONT OFFICE： 注意客人的指引及问询
工程部 ENGINEERING： 请参看以上餐饮部麦克风要求：	保安部 SECURITY： 注意客人在店期间的安全保卫工作：
客房部 HOUSEKEEPING：	人事行政部 HUMAN RESOURCES：
美工 ARTIST：	
财务部 ACCOUNT：	
宴会销售经理 B.Q.Sales Manager	市场销售总监 Sales&Marketing Director

致：前厅部 餐饮部 厨房（中厨、西厨） 财务部 客房部 人事行政部 保安部 工程部

表 3-4 宴会更改通知单

发文日期＿＿＿＿＿＿＿＿ 宴会预订单编号＿＿＿＿＿＿＿＿
宴会名称＿＿＿＿＿＿＿＿ 场　地＿＿＿＿＿＿＿＿
宴会日期＿＿＿＿＿＿＿＿ 联络人＿＿＿＿＿＿＿＿

变更项目　原计划　变更为
日　期　＿＿＿＿＿＿　＿＿＿＿＿＿
时　间　＿＿＿＿＿＿　＿＿＿＿＿＿
人数 / 桌数　＿＿＿＿＿＿　＿＿＿＿＿＿
……　……　……

【新菜单附后】

□其他变更项目　□增加项目
＿＿＿＿＿＿　＿＿＿＿＿＿
宴会部经理签名：＿＿＿＿＿＿

发送部门	□总经理 □餐饮部 □宴会部 □财务部 □工程部 □业务部 □客房部 □保安部 □采购部 □中　厨 □西　厨 □花　房 □美工冰雕□其他

表 3-5 取消宴会预订报告

公司名称＿＿＿＿＿＿＿＿ 联系人＿＿＿＿＿＿＿＿
宴请或会议日期＿＿＿＿＿＿＿＿ 业务类型＿＿＿＿＿＿＿＿
预订的途径与日期
＿＿＿＿＿＿＿＿＿＿＿＿＿＿＿＿
失去生意的原因
＿＿＿＿＿＿＿＿＿＿＿＿＿＿＿＿
挽回生意的报告（简明扼要的步骤）
＿＿＿＿＿＿＿＿＿＿＿＿＿＿＿＿
进一步采取的措施
＿＿＿＿＿＿＿＿＿＿＿＿＿＿＿＿
宴会经理签名＿＿＿＿＿＿
日期＿＿＿＿＿＿

（四）中式宴会服务程序

中式宴会服务分为四个基本环节，即宴前会、宴会前迎宾、宴会就餐服务和宴会结束工作。

1. 宴前会

宴会前由经理召开宴前会，强调宴会注意事项，检查员工仪容仪表，对宴会准备工作宴会服务和宴会结束工作进行分工。

对于规模较大的宴会，要确定总指挥。在人员分工方面，根据宴会要求，对迎宾、值台、传菜、酒水供应、衣帽间及贵宾室等岗位进行具体分工，要求所有人员都有具体任务，将责任落实到人，做好人力、物力的充分准备，并保证宴会善始善终。

大型隆重的宴会活动，要求气氛热烈，为了保证活动万无一失，一般都在宴会开始前进行彩排。宴会常采用干冰、焰火或蜡烛等来烘托气氛，如上第一道菜时，服务员列队进场菜盘中间点燃焰火，同时将宴会厅灯光熄灭，伴以节奏感强烈的进行曲，等服务员走到规定位置后，打开宴会厅灯光，服务员全体向宾客鞠躬，再进行菜肴服务；或服务香槟时在香槟酒桶内放入干冰，列队入场，奏进行曲。

2. 宴会前迎宾

（1）宴前鸡尾酒会。大型隆重的宴会活动，根据宴会主办者的要求，常为先行到达的宾客准备餐前鸡尾酒服务。一般在大宴会厅接待区由服务员托送餐前开胃酒和开胃小食品，不设座位，宾客之间可以随意走动交流。

（2）迎宾。根据宴会的入场时间，宴会主管人员和咨宾提前在宴会厅门口迎接客人，值台服务员站在各自负责的餐桌旁准备服务。宾客到达时，要热情迎接，微笑问好。将宾客引入休息室就座休息。回答宾客问题和引领宾客时使用敬语，做到态度和蔼、语言亲切

3. 宴会就餐服务

（1）入席服务。当宾客来到席位前时，值台服务员要面带微笑，拉椅帮助宾客入座，要先宾后主、先女后男；待客人坐定后，帮助宾客打开餐巾、松筷套，拿走台号、席位卡、花瓶或花插，撤去冷菜的保鲜膜。

（2）斟酒服务。为宾客斟倒酒水时，要先征求宾客意见，根据宾客的要求倒各自喜欢的酒水。从主宾开始先斟葡萄酒，再问斟烈性酒，最后问斟饮料；葡萄酒斟七成，烈性酒和饮料八成。大型宴会为了保证宾主致辞和干杯的顺利进行，还可以提前斟倒酒水。

客人干杯或互相敬酒时，应迅速拿酒瓶到台前准备添酒；主人和主宾讲话前，要注意观察宾客杯中的酒水是否已准备好；在宾、主离席讲话时，服务员应提前备好酒杯、斟好酒水，按规范在致辞宾客身旁侍立，随时准备供宾客祝酒。

（3）菜肴服务。根据宴会的标准、规格，按照宴会上菜和分菜的规范进行菜肴服务。

菜肴服务的注意事项如下。

① 上菜位置一般要侧对着主人或主宾进行，也有的在副主人右边进行，这样有利于翻译和副主人向来宾介绍菜肴口味、名称，严禁从主人和主宾之间或来宾之间上菜。

② 在宴会开始前将冷盘端上餐桌；宴会开始，等客人将冷盘用到一半时，开始上热菜。服务员应注意观察宾客进餐情况，并控制上菜的节奏。

③ 上菜顺序应严格按照席面菜单顺序进行。

④ 要求手法卫生，动作利索，分量均匀，配好佐料。

（4）席间服务。宴会进行中，要勤巡视、勤斟酒，并细心观察宾客的表情及需求，主动提供服务。

① 保持转盘整洁。

② 宾客席间离座，应主动帮助拉椅、整理餐巾；待客人回座时应重新拉椅、递铺餐巾。

③ 宾客席间站起祝酒时，服务员应立即上前将椅子向外稍拉，坐下时向里稍推，以方便客人站立和入座。

④ 上甜品水果前，送上相应餐具和小毛巾；撤去酒杯、茶杯和牙签以外的全部餐具，

抹净转盘，服务甜点和水果。

⑤ 宾客用完水果后，撤去水果盘并摆上鲜花，以示宴会结束。

（5）送客服务

① 结账服务。上菜完毕后即可做结账准备。清点所有酒水、香烟等包括宴会菜单以外的加菜费用并累计总数。宾客示意结账后，按规定办理结账手续，注意向宾客致谢。大型宴会结账工作一般由管理人员负责。

② 热情送客。主人宣布宴会结束时，服务员要提醒宾客带齐自己的物品。当宾客起身离座时，服务员应主动为宾客拉椅，以方便宾客离席行走。视具体情况决定是否列队欢送或送宾客至门口或目送宾客。

衣帽间服务员应根据取衣牌号码，及时、准确地将衣帽取递给宾客。

4. 宴会结束工作

大型宴会的结束工作与准备工作同样重要，要求按宴会前的分工和规范进行，以提高效率降低损耗。

在宾客离席时，服务员要检查台面上是否有宾客遗留的物品。在宾客全部离去后，立即清理台面。先整理椅子，收餐巾和小毛巾，再按规范清理餐具用品并送往后台分类摆放。贵重物品要当场清点。

收尾工作结束后，领班要做检查。一般大型宴会结束后，主管要召开总结会。待全部收尾工作检查完毕后，全部工作人员方可离开。

5. 中式宴会服务注意事项

（1）服务操作时，注意轻拿轻放，严防打碎餐具和碰翻酒瓶、酒杯，以免影响场内气氛。

（2）宴会期间，两个服务员不应在宾客的左右同时服务，以免宾客左右为难，应有先后次序。

（3）宴会服务应注意节奏，不能过快或过慢，应以宾客进餐速度为标准。

（4）服务员之间要分工协作，讲求默契；服务出现漏洞时要互相弥补。

（5）当宾、主在席间讲话或举行国宴演奏国歌时，服务员要停止操作，迅速退至工作台两侧，姿势要端正，排列要整齐，餐厅内要保持安静。

（6）席间若有宾客突感身体不适，应立即请医务室协助并向领导汇报；将食物原样保存，留待化验。

（7）宴会结束后，应主动征求宾、主及陪同人员对服务和菜点的意见，礼貌地与宾客道别。

（8）宴会主管要对完成任务的情况进行小结，以利不断提高服务质量和服务水平。

第二节　西式餐饮服务

一、西式早餐服务

旅游涉外酒店西餐厅主要是指咖啡厅和高级西餐厅，西式早餐用餐场所主要在咖啡厅，可以采用自助式或零点服务。高级西餐厅主要提供午餐和晚餐，有些高级西餐厅只提供晚餐。

（一）早餐的分类

西餐早餐按传统可分为英式早餐和欧陆式早餐两类。

1. 英式早餐

英式早餐内容丰富，供宾客零点时自由选择，主要有以下几种。

（1）咖啡、茶或可可。

（2）各种果汁、蔬菜汁。

（3）各式面包配黄油和果酱。

（4）冷或热的谷物，如玉米片、燕麦粥等。

（5）鸡蛋类。

（6）火腿、香肠和腌肉等肉类。

2. 欧陆式早餐（大陆式早餐）

欧陆式早餐内容简单，无蛋无肉，主要有以下几种。

（1）咖啡、茶或可可。

（2）果汁、蔬菜汁。

（3）面包配黄油或果酱。

（二）早餐食品与餐具搭配

1. 蛋类菜肴

早餐鸡蛋的制作方法很多，主要有以下几种做法。

（1）煮蛋。一般分 3 分钟、5 分钟、10 分钟三类，宾客点用时应问清时间要求。服务时用蛋盅或蛋杯送上，配茶匙或咖啡匙、餐刀、胡椒和盐。

（2）煎蛋。煎蛋分单面煎和双面煎两类。服务时，服务员要向宾客问清煎蛋的老嫩程度，问配肉类。服务时用餐盘盛装，配以餐刀和餐叉进食。

（3）炒蛋，又称溜糊蛋。服务时，服务员要向宾客问清炒蛋配何种肉类，用餐刀和餐叉进餐。炒蛋一般是放在烤面包片上提供给客人的。

（4）水波蛋。用餐刀和餐叉进食，可以问配肉类，通常放在烤面包上提供给宾客。

（5）奄列蛋。奄列蛋种类较多，常见的有火腿奄列蛋、腌肉奄列蛋、香肠奄列蛋、洋葱奄列蛋、蘑菇奄列蛋、西班牙奄列蛋等。点单时问清客人需求，用餐盘和餐叉食用。

2. 谷类食品

（1）热的谷类食品。主要有燕麦片、麦片粥等。食用时配加热牛奶和糖，用甜品勺食用。

（2）干的谷类食品。主要有玉米片、爆麦圈、麦糠片等。食用时配加冷牛奶和糖，用甜品勺食用。

3. 水果

（1）草莓。加入鲜奶油，以水果刀和水果叉食用，也可以用茶勺。另外，还可以加牛奶和砂糖食用。

（2）葡萄柚。将葡萄柚拦腰切一半放入柚杯中，食用时可根据客人需求配糖或不配糖，用柚子勺或茶勺挖取食用。

（3）其他水果。早餐常用的水果有香蕉、苹果、西瓜和蜜瓜等。食用时由厨师切好，配水果刀和水果叉。

（三）早餐服务程序

早餐是每天的第一餐，宾客用餐感受好坏往往影响全天的情绪。要求环境优美、台面整洁、食物可口新鲜、服务规范和效率高。

1. 餐前摆台

西餐早餐摆台通常讲究效率，不铺台布，只在餐桌上摆放餐具垫布、餐具垫纸或“十”字布巾，便于翻台。

西餐早餐摆台主要用具有餐巾、餐刀、餐叉、甜品勺、面包盘、黄油刀、黄油盅、咖啡具、果汁杯、胡椒瓶、盐瓶、糖缸、烟灰缸或禁烟标志和花瓶等。

2. 准备工作

备好咖啡、茶、黄油、果酱、面包、果汁和蜂蜜，检查服务用具和环境卫生。

3. 迎宾

热情欢迎来宾，询问是用自助餐还是零点。按规范问候和引领宾客，拉椅让座，女士优先。如果零点则递送菜单。

4. 值台服务

（1）站在宾客右侧，为客人铺餐巾。

（2）询问宾客是用咖啡还是茶，并主动介绍当日新鲜果蔬汁。

（3）服务咖啡或茶。

（4）按规范为宾客点菜，询问宾客需求，如宾客点鸡蛋则应问清烹制方法和特殊要求等。

（5）根据宾客所点的早餐食品，依照女士优先的原则，按热饮、果蔬汁、面包、谷物类食物、蛋类食物和水果的顺序依次提供相应的服务。

5. 结账并送客

（1）提前检查账单，保证准确无误，准备好笔和账单夹。

（2）等宾客示意结账后，按照结账的规范为宾客结账。

（3）宾客离座时，主动为客人拉椅，及时检查是否有遗留物品，同时致谢并欢迎客人下次光临。

6. 结束工作

（1）整理餐椅，收餐巾。

（2）收拾台面并将脏餐具送至后台分类摆放。

（3）为下批客人或下一餐摆台。

二、西式午餐、晚餐服务

高级西餐厅午餐和晚餐服务考究。我国饭店通常以美式服务为主，个别菜肴结合法式服务，体现了饭店西餐服务的最高水准。

（一）接受预订

高级西餐厅因进餐节奏较慢，就餐时间长，所以餐座周转率很低，为保证餐位，宾客一般都提前订座。

一般由迎宾员或预订部负责接受宾客的电话预订或面谈预订，填写预订单，并根据宾客要求预留座位，以便准确提供服务。

（二）准备工作

1. 环境卫生

保证地面、家具、餐具和棉织品的清洁卫生。确保餐厅设施设备完好、音响、照明等一切设备运转正常。

2. 餐台准备

按餐厅规范和预订情况摆台，并放上留座卡。

3. 服务用具

准备和检查菜单、点菜单、托盘、服务手推车、保温盖和笔等。

4. 准备冰水、咖啡和茶

准备冰水，并做好煮咖啡和泡红茶的准备工作。

5. 调味品

准备芥末、胡椒瓶、盐瓶、柠檬角、辣椒汁、番茄酱、奶酪粉以及各种色拉酱等。

6. 班前会

开餐前半小时由餐厅经理主持短会，进行任务分工，介绍当日特色菜肴和服务方式，强调 VIP 宾客接待注意事项，检查员工仪表仪容等。

（三）热情迎宾

（1）了解预订，热情引领到预留座位和适当的餐桌。

（2）先为女士拉椅，安排到最佳位置。

（3）为每人递送一份菜单。

（4）为宾客介绍开胃酒或鸡尾酒，并记下每位宾客所点的酒水，开出酒水单。

（四）值台服务

（1）介绍餐前酒水，上热毛巾。

（2）倒冰水，递铺餐巾。

（3）按照女士优先的原则，为宾客服务餐前酒水。

（五）接受点菜

因西餐是分食制，每位宾客所点的菜都可能不同，所以应用座位示意图记录每位宾客所点的菜肴，然后根据示意图安排送入厨房的正式点菜单，并控制上菜顺序。

（1）当宾客看完菜单后，立即上前征求主人是否可以点菜。得到同意后，从女宾开始依次点菜，最后为主人点菜。

（2）推荐菜肴，提供信息和建议。

（3）记录内容，分别记下不同宾客所点的菜肴，询问特殊需求。如牛排需几成熟，色拉配何种色拉酱等。避免混淆。

（4）复述宾客所点的菜肴，以便确认。

（5）礼貌致谢，收回菜单。

（6）填写送厨房的点菜单。

（六）服务黄油和面包

服务员按女士优先的原则，依次在左侧为宾客先上黄油，再在面包盘里分派面包或用面包篮派送。

（七）推销佐餐酒

领班或调酒师根据宾客所点菜肴，递送葡萄酒单，介绍推销与其相配的佐餐酒。

（八）重新安排餐桌

服务员根据宾客订单和示意图，为每位客人按点菜内容和上菜顺序摆放餐具。最先食用的菜肴使用的餐具放在最外侧，其余餐具根据菜肴内容和服务顺序依次由外向里摆放。

（九）服务佐餐酒

（1）根据客人所点的佐餐酒，按服务规范提供酒水服务。

（2）白葡萄酒、玫瑰露酒和葡萄汽酒应冰镇，红葡萄酒用酒篮。

（3）展示商标，当众开瓶，请主人品尝到认可后，按照先女士后男士的顺序为宾客斟倒。

（4）根据佐餐酒与菜肴的搭配规律，一般先饮白葡萄酒，配主菜时才饮用红葡萄酒。

（十）服务头盆

根据订单和座位示意图，按餐厅规定提供不同的服务方式。一般采用美式服务，每位宾客所点的菜肴在厨房里装盘直接端至餐厅，从宾客的右侧送上，并报菜名。

（十一）席间服务

（1）撤下空的饮料杯。

（2）在吸烟区帮助宾客点烟和随时撤换烟灰缸。

（3）添加冰水和佐餐酒。

（4）添加面包和黄油。

（5）宾客席间离座，帮助拉椅和整理餐巾；回座时，再帮助拉椅和递铺餐巾。

（十二）撤走头盆

用完头盆后，征求宾客意见撤盘，在客人右侧，徒手用右手将头盆、刀和叉一同撤下。

（十三）服务第二道菜

（1）服务员根据不同的服务方式，服务第二道菜，并报菜名。汤盅可垫用餐巾折的荷花，既美观大方又可保温。调味汁一律从宾客的左侧送上。

（2）第二道菜用完后，空盘连同装饰盘一起撤下，餐位上只留下用主菜的餐具、面包盘、黄油刀等餐具。

（十四）服务主菜

（1）为烘托用餐气氛，有些餐厅的主菜采用法式服务，由领班在宾客面前进行烹制或切割装盘表演。

（2）菜肴装盘时要注意布局。蔬菜配菜放在主菜上方，汁酱不挂盘边。由服务员从客人右侧上菜并报菜名，配菜在上方，跟配菜的色拉可用木碗或小碟盛放，并放在主菜盘的左上方。

（3）牛、羊排应告知几成熟；放盘时主菜靠近宾客。

（4）当宾客全部用完主菜后，依次撤走主菜盘和刀叉，将桌上的面包屑清扫干净，并征求客人对主菜的意见。

（十五）服务奶酪和甜点

（1）先展示放有各式奶酪的展示木板或手推车，将宾客所点的奶酪当场切割装盘并摆位。

（2）服务时配胡椒瓶、盐瓶，重新问派黄油、面包和克力架，跟配冰镇蔬菜。

（3）待宾客用完奶酪后，用托盘撤下用过的餐具，只留下甜品叉和甜品勺及有酒水的杯子、烟灰缸、花瓶和烛台等。

（4）展示甜品车或甜品单，服务甜品。

（5）摆好相应的甜品餐具，从宾客右侧送上甜品。

如宾客不用奶酪，则直接服务甜品。

（十六）服务咖啡或茶

（1）问清宾客喝咖啡或茶。随后根据需要送上糖缸、奶壶或柠檬片，摆咖啡具或茶具，再用咖啡壶或茶壶斟倒。

（2）有些西餐厅还可以在宾客面前制作咖啡，以渲染用餐气氛。

（3）服务员用托盘撤下用完的甜品餐具，将咖啡或茶杯移至宾客面前，并随时添加。

（十七）服务餐后酒

（1）展示餐后酒车，询问宾客是否饮用利口酒或白兰地。

（2）为宾客斟倒利口酒或白兰地，并随后开列订单。

（十八）结账

（1）准备账单。当宾客示意结账时，按规范和宾客的要求办理结账手续。

（2）当宾客要求分单结账时，应迅速、准确地为各位宾客办理结账手续。

（3）真诚致谢。

（4）如宾客结账完毕后未马上离开餐厅，而继续交谈时，服务员应继续提供服务，为宾客添加茶水。

（十九）热情送客

（1）宾客起身离座时，要帮助拉椅、穿外套，并提醒宾客带上自己的物品，礼貌致谢。

（2）送宾客至餐厅大门外，鞠躬道“再见”或“晚安”。

（二十）清理台面

（1）整理餐椅，清点餐巾。

（2）用托盘将用过的餐具送至洗碗间。

（3）换上干净台布，准备迎接下一批宾客，或做好餐厅结束工作。

三、西式宴会服务

西式宴会服务是高星级饭店为宾客提供的一种较为高级的餐饮服务，是人们在交往时一种隆重的礼仪活动。西式宴会主要的形式有正式宴会、冷餐会和鸡尾酒会等。

（一）宴会的组织与管理

各种主要的宴会、鸡尾酒会等活动归宴会部承接，宴会部的直属上级是餐饮部，宴会部经理要对餐饮部经理负责，直接向其汇报工作。

在酒店中，营销部向住店和有住店倾向的宾客宣传、介绍酒店的宴会、会议等一系列的活动设施，将在本酒店的宾客介绍给宴会的销售经理或宴会销售部门的职员。宴会部从前厅部得到住店客情和客情预报。宴会活动是否能够圆满地完成，关键还在于宴会部门与厨房部的密切配合，宴会部要提前三天甚至更长的时间将宴会通知单送到厨房，厨房可以根据宴会的通知单准备相应的食品，为宴会服务做好准备，在宴会预定的过程中，宴会的预定员必要的时候要与厨房经理进行沟通，商议菜单的一些具体的事宜。宴会部与其他各部门的信息关系（见图 3-10）。

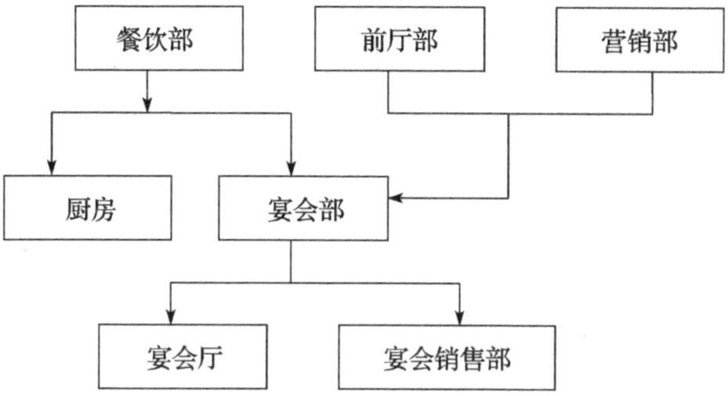

图 3-10 宴会部与其他各部门的关系

宴会部下设的销售部主要负责接待预定、指定接待计划、写出宴会通知单的内容、落实安排接待、建立宾客档案、对外促销等。宴会厅负责根据宴会通知单的内容以及要求，准备宴会活动的场所和具体的服务设施。

（二）宴会预订

在宴会的销售部，销售员和宴会的销售主任以及销售副经理主要负责承接宴会的预订。宴会预订的主要联络方式及预定程序参见中式宴会预定。

（三）西式宴会准备工作

西式宴会服务是高星级酒店为宾客提供的一种较为高级的餐饮服务。有关宴会预订等内容与中式宴会服务的要求基本相同。西式宴会具体服务要求如下。

1. 掌握宴会情况

宴会前，各岗位服务员应详细了解参加宴会的人数、标准、台形设计、宾主身份、举办单位或个人、付款方式、特殊要求、菜单内容和服务要求等。

2. 宴会厅布置

（1）休息室布置。西式宴会厅休息室的布置与中式宴会大致相同，但根据西餐习惯，最好分设男宾休息室和女宾休息室，以方便不同性别的客人交谈（因话题不一样）。

（2）宴会厅布置。西式宴会厅的环境布置应具有欧美文化、艺术特色，如油画、壁炉等。宴会厅所有灯具的亮度均应是可以调节的。在餐桌上还必须放上烛台，最好在烛台下放一面圆形或方形的镜子（可映射烛光以增添情趣）。

3. 台形设计

西式宴会的台形主要有以下几种常见形式：

（1）“一”字形长台。“一”字形长台通常设在宴会厅的正中央，与宴会厅四周的距离大致相等，但应留有较充分的余地（一般应大于 2 米），以便于服务员操作。

（2）“U”形台。“U”形台又称马踏形台，一般要求横向长度应比竖向长度短一些。

（3）“E”形台。“E”形台的三翼长度应相等，竖向长度应比横向长度长一些。

（4）正方形台。正方形台又称“回”形台，一般设在宴会厅的中央，是一个中空的台形。

除上述基本台形外，还有“T”形台、鱼骨形台、星形台等。现在，许多西式宴会也使用中餐的圆桌来设计台形。总之，西式宴会的台形应根据宴会规模、宴会厅形状及宴会主办者的要求灵活设计。

4. 席位安排

西式宴会的席位安排也应遵循“高近低远”的原则。

（1）“一”字形台的席位安排。“一”字形台的席位安排有两种方式，分别如图 3-11 所示。

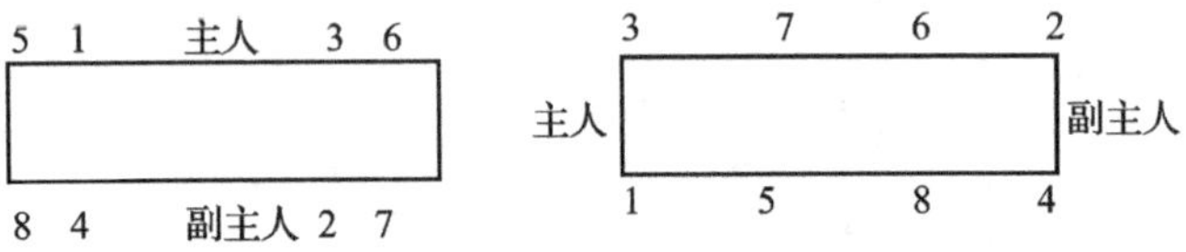

图 3-11 西式宴会座次安排图

（2）其他台形的席位安排。大都是主人在餐台中央，主宾在主人右侧，他们面对其他来宾而坐，距主人越近，则表示其身份地位越高。

5. 熟悉菜单

西式宴会菜单形式一般是中英文对照，居中对称打印，由头盆、汤、副盆（有些宴会没有副盆），主盆、甜点和咖啡或茶组成。

6. 准备餐饮用具

西式宴会餐饮用具准备的依据是宴会菜单和宴会通知单。常见的用具主要如下：

（1）不锈钢用具。主要有头盆刀、叉，汤匙，鱼刀、叉，餐刀、叉，牛排刀，黄油刀，点心叉、匙，水果刀、叉，咖啡匙，服务叉、匙等。

（2）瓷器用具。主要有装饰盘、面包盘、黄油碟、咖啡杯、垫碟、盐椒盅、牙签筒、烟灰缸等。

（3）杯具。主要有水杯、红葡萄酒杯、白葡萄酒杯、香槟杯、鸡尾酒杯、利口杯、雪利杯、白兰地杯、威士忌杯等。

（4）棉织品。主要有台布、桌裙、餐布、服务餐巾和托盘垫巾等。

（5）服务用具。主要有托盘、花盆、花泥、鲜花、宴会菜单、开瓶器、开塞钻、席位卡、冰桶、烛台、蜡烛、火柴、洗手盅等。

此外，高级西式宴会厅还应使用桌垫，以防止台布滑动并减少金属餐具与桌面的碰撞噪声。桌垫通常用毡片或橡胶片等材料制成，又称消音垫。

7. 西式宴会摆台

8. 准备酒水饮料

（1）一般在休息室或宴会厅一侧设置吧台。吧台内备齐本次宴会所需的各种酒类饮料和调酒用具。

（2）根据酒水的供应温度提前降温，并备好酒篮、冰桶、开瓶器、开塞钻等用具。吧台应有调酒师在岗，以便为宾客调制鸡尾酒。

（3）备好果仁、虾条、面包等小食品。

9. 面包、黄油服务

（1）在宴会开始前 5 分钟，将面包、黄油摆放在宾客的面包盘和黄油碟内，所有宾客的面包、黄油的种类和数量都应是一致的。

（2）为宾客斟好冰水或矿泉水。

10. 宴前检查

宴前检查的内容和方法与中式宴会相同。

（四）西式宴会服务程序

1. 引领服务

宾客到达宴会厅门口时，咨宾应主动上前表示欢迎。礼貌问候后，将宾客引领至休息室，并根据需要接挂衣帽。

2. 休息室鸡尾酒服务

宾客进入休息室后，休息室服务员应向宾客问候，并及时向宾客送上各式餐前酒。在宾客喝酒时，休息室服务员应托送果仁、虾条等佐酒小食品巡回向宾客提供。

3. 拉椅让座

当宾客到达本服务区域时，值台员必须主动上前欢迎、问好，然后按先女后男、先宾后主的顺序为客人拉椅让座（方法与中式宴会相同），并点燃蜡烛以示欢迎。待宾客坐下后，为宾客铺餐巾，倒冰水和派黄油、面包。

4. 头盆服务

根据头盆配用的酒类，先为宾客斟酒，再上头盘。如是冷头盘，则可在宴前 10 分钟事先上好。当宾客用完头盆后应从客人右侧撤盘，撤盘时应连同头盆刀、叉一起撤下。

5 汤服务

服务汤时应加垫盘，从宾客右侧送上。喝汤时一般不喝酒；但如安排了酒类，则应先斟酒，再上汤。当宾客用完汤后，即可从宾客右侧连同汤匙一起撤下汤盘。

6. 鱼类菜服务

如在主菜前多用一道鱼类菜着，可以继续喝配头盆的白葡萄酒，再从宾客右侧上鱼类肴。当宾客吃完鱼类菜着后，即可从客人右侧撤下鱼盘及鱼刀、鱼叉。

7. 主菜服务

主菜大多是肉类菜肴，一般盛放在大菜盘中由值台员为宾客分派，并配有蔬菜和沙司有时还配有色拉。上菜前，应先斟好红葡萄酒（斟酒方法与西餐正餐服务相同），并视情况为宾客补充面包和黄油。

肉类菜肴的服务程序如下。

（1）从宾客右侧撤下装饰盘，摆上餐盘。

（2）值台员托着菜盘从左侧为宾客分派主菜和蔬菜，菜肴的主要部分应靠近宾客。

（3）另一名值台员随后从客人左侧为宾客分派沙司。

（4）如配有色拉，也应从左侧为客人依次送上。

待宾客开始吃主菜后，值台员应礼貌询问宾客对主菜的意见。当肯定宾客都感到满意后，才可礼貌离去。如宾客有不满，则应及时反馈至厨房处理。

8. 甜点服务

待宾客用完主菜后，值台员应及时撤走主菜盘、刀、叉、色拉盘、黄油碟、面包盘和黄油刀，摆上干净的点心盘。然后，托送奶酪及配食的饼干等至宾客面前，待宾客选定后，用服务叉、匙，从宾客左侧分派。上奶酪前应先斟酒。此时，可继续饮用配主菜的酒类，也可用甜葡萄酒或波特酒（Port）。

用过奶酪后开始上甜品，此时一般安排宾主致词，因此，值台员在撤去吃奶酪的餐具后应先为宾客斟好香槟酒或有汽葡萄酒（Sparkling Wine），摆上甜品餐具，然后上甜品。香槟酒或有汽葡萄酒一定要在致词前全部斟好，以便宾客举杯祝酒。

上水果前应撤去桌面除酒杯外的所有餐具，摆好餐盘和水果刀、叉，再托着水果盘从左侧分派水果。然后，从宾客左侧上洗手盅，盅内放温水、一片柠檬和数片花瓣。

9. 咖茶和餐后酒服务

当主人请宾客去休息室休息时，值台员应主动拉椅，引领宾客去休息室入座。

待宾客坐下后，休息室服务员应及时为宾客送上咖啡或红茶，糖缸和淡奶壶放在茶几上（一般每四人配一套），服务方法与西餐早餐服务相同。

在宾客饮咖啡或红茶时，休息室服务员（或调酒师）应向宾客推销餐后酒，主要是各种利口酒和白兰地，待宾客选定后斟好送上。高级西式宴会厅备有酒水车提供此项服务；如无酒水车，则应用托盘服务。

当宾客享用餐后饮料及餐后酒时，值台员应将汇总好的账单递给主人或其代表（经办人）结账，结账方法与中式宴会服务相同。

10. 送客服务

主要是拉椅送客和取递衣帽，具体要求与中式宴会服务相同。

11. 结束工作

主要有检查、收台、整理宴会厅与休息室，具体要求与中式宴会服务相同。

（五）西式宴会服务注意事项

（1）服务过程中应遵循先宾后主、女士优先的服务原则。

（2）在上每一道菜之前，应先撤去上一道菜肴的餐具，斟好相应的酒水，再上菜。

（3）如餐桌上的餐具已用完，应先摆好相应的餐用具，再上菜。

（4）服务操作时，要轻拿轻放。

（5）当宾、主讲话时，服务员要停止操作，迅速退至工作台两侧肃立。

（6）宴会结束时，要主动征求宾客意见，礼貌与宾客道别。

小知识

扒房的基本知识

扒房（Grill Room）是酒店为体现餐饮菜肴与服务的特色与水准、满足一部分宾客的需求，并根据宾客的收入而开设的高级西餐厅。扒房的装饰与布置大都采用法式装潢与设计，映射出欧洲文化的经典与辉煌，气氛、情调洋溢着神秘、浪漫、富丽的色彩，其主题选择与设计一般反映欧美传统或新潮艺术文化。在主题色调的选择与意境中，多采用暖色，尤以金色、古铜色配深红、枣红、咖啡色为传统色调，对豪华、宝贵、高雅、浪漫的气氛非常重要。扒房的餐桌光源主要来自烛光，镀金、镀银的烛台是餐桌上必备的饰物。古典的法式家具是扒房的家具陈列风格。西洋绘画、雕塑作品渲染就餐主题。扒房的餐厅服务员打领结，着燕领衬衫、腰带和西裤。专侍酒水的服务生着深色马甲背心、西裤，打领结。燕尾服是夜间正式的礼服，为渲染进餐的气氛，服务员经常穿燕尾服，打蝶领。

四、鸡尾酒会服务

鸡尾酒会是一种以饮用酒水为主，略备小吃的西式招待会，是各种社交和聚会流行的宴请方式。举办鸡尾酒会时间较为灵活，可在任何时候举行。宾客达到可早可迟，来去自由，不受约束，适用于不同场合，多是欢聚、庆典、纪念、告别、开业典礼等。

鸡尾酒多采用立式就餐，只准备临时酒吧。在餐厅四周设小圆桌，桌上放置餐巾纸等物品。

鸡尾酒会供应的鸡尾酒品种较多，有鸡尾酒、各种混合饮料以及果汽水、矿泉水等。一般不用或少用烈性酒。食品多为三明治、面包、小香肠、炸春卷等各种小吃和少量的热菜。鸡尾酒会的服务程序如下。

（一）准备工作

根据宴会通知单的具体要求安排台型、桌椅，准备所需各种设备。

1. 酒吧

（1）吧台的数量、位置要根据来宾人数、场地大小而决定。同时要考虑方便宾客点取鸡尾酒和方便服务员为客送饮料。

（2）一般 50 人以上的鸡尾酒会设两个吧台，分别置于餐厅的一侧或两侧。

2. 陈列台

（1）在陈列台上准备的餐用具的数量一般是参会人数的三倍，主要包括甜品盘、小叉、小勺等。

（2）将餐具放置在陈列台的两端，在陈列台的中间放置小吃或菜肴。

3. 餐桌、桌椅

（1）餐厅中摆放一定数量的小圆桌或小方桌，桌间距离以方便宾客自由走动为宜。

（2）餐厅四周可摆放少量的座椅，供需要者使用。

（3）小桌上铺好台布，摆上餐巾纸，饮料杯、牙签筒、花瓶等。根据宴会的具体情况或宾客的要求，在周围可放置少量的小椅子。

（4）酒会开始前半个小时将各种干果摆在小桌上。开始前将各式面包摆在小桌上。

4. 分工

主管根据酒会规模配备一定数量的服务员，以一位服务员为 10 ～ 15 位宾客服务的比例配置。在举行宴会前要进行明确的分工，要有专人托送酒水、照管和托送菜肴以及调制鸡尾酒、提供各种饮料，而且要把收费的办法向所有的服务人员讲明。哪些是零杯卖的酒。

（二）服务工作

1. 酒水服务员

（1）用托盘托送斟好酒水的杯子，在服务区内巡回，由宾客自己选择托盘上的酒水或另点订鸡尾酒。托盘上需放餐巾纸，每杯饮料附上一张。

（2）对于宾客点订的鸡尾酒及时到吧台领取，并尽快送给宾客。

（3）将宾客放在小桌上的空杯、空盘送至洗涤间，收集用过的餐巾纸，并将小桌重新布置。

（4）对离吧台较远的客人和坐在餐厅四周的宾客，要及时送上酒水饮料。

2. 吧台服务员

（1）负责斟倒酒水和调配宾客所点的鸡尾酒，为送酒服务做好准备。

（2）宾客前来吧台取酒时，要有礼貌地请客人挑选，并主动为宾客介绍所供应的品种。

（3）严格按要求调制酒水饮料，在收费标准内保证供应。

3. 菜点服务员

（1）鸡尾酒会开始后，保证有足够的盘、碟、叉、勺等餐具，随时添加菜点。

（2）随时收回空盘，清理桌面，保持桌面清洁。

（3）酒会结束前，给每张小桌送上一盘多于该桌客人的小毛巾，以备宾客取用。

（三）结束工作

（1）宾客全部离去后，撤掉所有的物品。

（2）将余下的食品送回厨房，余下的酒品送回酒吧存放，脏餐具送洗涤间，并撤下台布。

（3）清扫场地，将桌椅摆放整齐。

（四）注意事项

（1）鸡尾酒会的标准餐有时是不含饮料酒水的。

（2）超出的酒水或由主办单位一次付清，或由宾客自负。

（3）在提供服务的同时，要及时结账，以免出错。

五、冷餐酒会服务

冷餐酒会是当今流行的一种宴请形式，适用于会议用餐、团体用餐和各种大型活动。它与正式宴会不同之处是宾客在专门的菜台上自取食品，所以又称自助餐会。

（一）自助餐台的设计

1. 设计原则

自助餐台也叫食品陈列台，可以安排在餐厅中央、靠墙或餐厅角落；可以摆成完整的大台或由一个主台和几个小台组成。自助餐厅的食品台往往都精心设计要求与餐厅整体布局相呼应，可用大理石砌成固定食品台或用餐台搭成，要体现如下原则。

（1）美观醒目。自助餐台要布置在餐厅显眼的位置，灯光直射，使宾客一进餐厅就能看见。食品摆放要有立体感，色彩搭配合理，装饰美观大方。

（2）方便宾客。自助餐食品台摆设的高度和空间要方便取用，同时照顾宾客取菜的习惯流向，避免拥挤堵塞。

（3）主题装饰。自助餐台装饰应与餐厅主题交相辉映，可以摆设黄油雕塑、冰雕、工艺品等美化食品台，突出餐厅主题，烘托气氛，体现饮食文化。

2. 食品台布置。食品台台面布置要求立体感强、方便取菜和主题鲜明。

（1）客人取菜用的餐盘摆放在取菜流向的开始处，即自助餐台最前端，一般 20 个一叠，放整齐，不要堆得太高；冷菜用冷盘，取热菜的盘子应加热保温。

（2）以色拉、开胃菜、汤、热菜、烤肉、甜点和水果等宾客取用习惯为顺序摆放食品，冷菜、热菜和甜点可以分开设台或集中摆放。其中，特色菜肴和成本较高的食品还可以单独陈列，为宾客现场烹制、切割或分派等，体现特别服务。

（3）热菜用保温锅盛放保温，客人取菜时由服务员揭开盖子或宾客自揭保温锅盖取菜。

（4）每样菜肴都要摆放取菜的公共用具、中英文对照的菜牌和配菜用的调味品。

（5）摆放菜肴时注意色彩搭配、立体感强和美观诱人。

（6）食品台中央最高处、背景处或醒目位置还可以摆放黄油雕、冰雕工艺品和装饰物点缀烘托气氛。设计与布置

（二）冷餐酒会服务程序

冷餐酒会有坐式和立式两种形式，坐式冷餐酒会规格高于立式冷餐酒会。冷餐酒会服务程序如下。

1. 餐前准备

（1）会场的布置。从宴会通知单上了解参加人数、酒会形式、台型设计、菜肴品种、布置主题等事项。环境布置要围绕主题。

（2）菜台的布置。

（3）菜肴和物品的摆放。菜台上食品应方便宾客取用。一般可按冷菜部分、热菜部分、点心水果分段放置。各段分别放上公用叉、牙签等方便客人取用食品。

摆放时注意荤素、颜色、口味的搭配。同时将点心、水果摆放在事先划分的位置。

在菜台上的最前端整齐地选放好各种餐具，并随时补充。

（4）餐桌、服务桌的设计与布置。立式冷餐酒会在菜台的四周设立少量的小圆桌或小方桌，桌上摆放各种服务用具。在宴会厅四周也可摆放一些座椅以供客人使用。

坐式冷餐酒会要根据宾客的数量安排餐桌和座椅。餐桌上按要求摆放餐刀、餐叉、汤勺、甜品叉、面包碟、黄油刀等就餐用具。

根据冷餐酒会所用酒品和工作方便来决定酒水服务桌的数量和摆放位置，并将所用酒品整齐置于服务桌上。同时备好酒水服务用具。

2. 餐中服务

（1）餐桌服务员。宾客到达餐厅时，服务人员应向客人表示欢迎。宾客入座后马上

为其斟倒酒水，服务员应巡视服务区，勤斟酒水饮料，勤撤送空盘，勤清理桌面，保持桌面和地面整洁；结束前为宾客送上小毛巾。

（2）菜台服务员。冷餐酒会开始后，主动为前来取菜的宾客递送餐盘，并回答宾客询问；热菜上台之前，点燃或打开保温设施，为上热菜做好准备。上热菜之后，注意保温；随时整理菜台，撤掉空菜盘，适时增加餐盘；整理添加菜肴，保持菜台的整齐、美观和丰盛。

（3）取菜服务员。按照菜单的顺序，把热菜、汤菜等食品陆续送至菜台；掌握每道菜的名称及风味特色，以便回答宾客有关询问；与菜台服务员密切合作，随时将菜台上撤下的菜盘送至洗涤间。

3. 餐后结束工作

（1）结账。一般实行宾客进餐厅现付费的制度。饮料含在餐费里，如用规定以外的酒水现付或者最后付费。

（2）冷餐酒会结束后，厨师负责将余下的菜肴分别处理。

（3）服务员负责清理菜台、餐桌。

（4）服务员应负责清理打扫餐厅卫生，将桌椅摆放整齐。

（5）关好空调、灯、门等。

六、自助餐服务

自助餐服务是当前较流行的一种服务方式，是由宾客在餐台上自由取用食品的一种形式。主要接待对象为零散宾客或团体宾客。人们很容易将自助餐与冷餐酒会混为一谈，冷餐酒会的接待对象为宴会宾客，相对于自助餐来说具有菜肴丰盛、气氛热烈、档次较高的特点。但两者的服务方式相近。

（一）自助餐的特点

（1）品种丰富，价格便宜，节省时间。

（2）没有过多的礼节，随到随吃。

（3）降低成本，提高餐位周转率。

（二）自助餐台设计与食品台布置

自助餐也叫食品陈列台，可以安排在餐厅中央、靠墙或餐厅角落。在设计中要求与餐厅整体布局相呼应。

（三）餐具摆放

按零点餐厅摆放，主要用具有：头盆刀、头盆叉、汤勺、餐刀、餐叉、甜品叉、甜品勺、面包盘、黄油刀、餐巾、冰水杯、胡椒瓶、盐瓶和花瓶等。

（四）服务程序

1. 餐前准备

（1）按要求着装。

（2）按要求和规范做好环境卫生。

（3）备好各类餐具和器具，备足开餐时所需的调味品。

（4）装饰、布置自助餐台。

（5）按要求摆放食品和摆台。

（6）餐前会明确服务要求。

（7）以站立的姿态恭候宾客光临。

2. 开餐服务

（1）主动问候宾客，拉椅让座。

（2）询问宾客喝何种酒水。有些自助餐厅餐费含规定的软饮料，如果想喝规定以外的酒水则另付费；有些自助餐厅费不含任何饮料。

（3）开单取饮料，提供酒水服务。

（4）提示客人取菜，遇行动不便的宾客，征求意见并为其取食物。

（5）巡视服务区域，随时为客人提供服务。

（6）宾客用完甜点后，询问客人是否需要咖啡或茶，并提供服务。

（7）撤空盘、空瓶，随时清理台面。

3. 自助餐食品台值台服务

（1）保持台面清洁卫生。

（2）不断补充食品，保证用餐过程中食品不短缺。

（3）检查食品的温度，保证热菜要烫，冷菜要凉。

（4）介绍推荐菜肴，回答客人提问。

（5）帮助客人取递食品，分切大块烤肉或现场烹制等。

4. 结账

一般社会自助餐厅实行客人进餐厅先付费的制度。旅游饭店通常是等宾客用完餐后再付费。

5. 热情送客

宾客离座，迅速帮助拉椅，提醒带好物品，致谢，欢迎下次光临。

6. 结束工作

（1）将食品台上的食品清理、整理好，撤回厨房。

（2）用托盘撤走自主餐台的瓷器、服务用具等。

（3）擦净餐台，整理餐桌。

小知识

海盗餐厅

自助餐的真正起源是 8 ～ 11 世纪北欧的斯堪的纳维亚半岛。当时的海盗们每有所猎获的时候，就要由海盗头头出面，大宴群盗，以示庆贺。但海盗们不熟悉也不习惯当时中西欧吃西餐的繁文缛节，于是便独出心裁，发明了这种自己到餐台上自选、自取食品及饮料的吃法。以后的西餐业者将其正名、规范化，并丰富了吃食的内容，就成了现代的自助餐。很多西方专业的自助餐厅现在还冠以“海盗餐厅”的名字。

七、酒吧服务

（一）酒吧概述

酒吧是提供宾客享用酒水、休憩、聚会等的场所。根据宾客的不同需要和酒店的规模，可在不同场所设多个酒吧，如可在大堂内、屋顶上、西餐厅、宴会厅。

1. 设置要求

（1）环境清静、舒适、高雅别致。

（2）家具的颜色、灯光的强弱要协调配套，并配以音乐，让宾客有舒适优美的感觉。

（3）有一定数量和种类齐全的酒水和各类不同的酒杯，有供应酒水必需的设备和调酒工具，以展示其酒吧的特点。

2. 酒吧的分类

酒吧可根据服务方式分为主酒吧、酒廊、服务酒吧和宴会酒吧四种类型。

（1）主酒吧（吧台酒吧）。也称鸡尾酒吧和英式酒吧，在国外称作 English Pub or Cash Bar。主酒吧的装修一般都非常注意个性的表现，为突出酒吧的主题，常常会装饰一些特有的设施设备，如台球、飞镖等。

主酒吧的特点是设有吧凳，这样，给宾客与调酒师面对面交流的机会，使宾客得到充分的放松，并且调酒师富有艺术性的表演，宾客也可尽收眼底。在此类酒吧中，经营的品种全，即葡萄酒、开胃酒、烈性酒、餐后甜酒、啤酒、软饮料、茶、果汁和鸡尾酒等。

主酒吧对调酒师的基本要求较高，既要有良好的仪容仪表，又要有和蔼的服务态度，还要有熟练的调酒技术，推销技巧及接待宾客的多种能力。

（2）酒廊。通常位于酒店的行政楼层（也称作 VIP floor，意为非常重要人士的楼层）。由于在这个楼层住店的宾客通常是政府官员、白领阶层或社会焦点人物，所以要求这里的调酒师不仅具有较好的社交能力、礼仪知识，还要了解各国的风俗习惯，以便为宾客提供优质、准确到位的服务。

酒廊的经营范围、服务特点、装饰格调与咖啡厅很接近，在经营品种上多以碳酸饮料、较为知名且流行的烈酒、中西式小点心为主。在一些酒店吧台前有时也会安置几把吧凳，或一些高档的西式家具，以满足宾客的不同要求。

（3）服务酒吧。设置在中（西）餐厅中，为在餐厅就餐的宾客提供酒水服务。调酒师不与宾客直接接触，而是由餐厅服务员接受宾客点酒，将订单送至酒吧后取出酒水饮料，再将对应的酒水送到宾客就餐的桌上。

（4）宴会酒吧。专为宴会、冷餐酒会、鸡尾酒会提供服务。其服务方式既可以采用统一付款、随意引用的方式，也可以采用宾客为其所饮酒水自行付款的方式。宴会酒吧要求服务员熟练而有经验，反应灵敏，手脚勤快，组织性强。

3. 酒吧经营特点

（1）消费人流分散，经营时间长。

（2）销售单位小，服务随机性强。

（3）规模小，服务要求高。

（4）现金结账，资金回笼快。

（5）中间环节少，销售利润高。

（6）经营、成本控制难度大。

（二）酒吧服务程序

1. 引领服务

（1）宾客来到酒吧门口，迎宾员应主动上前微笑问候，问清人数后引入酒吧。

（2）如是一位宾客，可引领至吧台前的吧椅上。

（3）如是两位以上的宾客，可引领到小圆（方）桌。

（4）如是需要等人的宾客，则可引领至能看到门口的小圆（方）桌。

（5）引领时应遵从宾客的意愿和喜好不可强行安排座位。

（6）拉椅让座，待宾客入座后递上打开的酒单，并对客人说："请看酒单。"

（7）迎宾员与酒吧服务员（或调酒师）交接后，返回引领区域，记录引领的宾客人数。

2. 点酒服务

（1）递上酒单稍候片刻后，酒吧服务员（或调酒师）应询问宾客想要喝点什么。

（2）向宾客介绍酒水品种，并回答宾客有关提问。

（3）填写酒水点单，点酒完毕应复述一遍以获确认。

（4）记住每位宾客各自所点酒水，以免送酒时混淆。

（5）点酒单一式三联，一联留底，其余二联及时分送吧台和收款台。

（6）坐在吧台前吧椅上的宾客可由调酒师负责点酒（也应填写点酒单）。

3. 调酒服务

（1）调酒师接到点酒单后应及时调酒，正常营业时一般要求 3 分钟内调制好宾客所点的酒水，营业高峰时 5 分钟内备好。

（2）调酒姿势要端正，应始终面对宾客，去陈列柜取酒时应侧身而不要转身。

（3）调酒动作应潇洒、自然（平时应勤学多练，以免实际操作时紧张）。

（4）严格按配方要求调制，如客人所点酒水是酒单上没有的，可向宾客请教，按宾客要求调制。

（5）调酒时应注意卫生，取用冰块、装饰物等时应使用各种工具，而不应用手直接抓取，拿酒杯时应握其底部，而不能碰杯口。

（6）调制好的酒水应尽快倒入杯中。吧台前的宾客应倒满一杯，其他宾客斟倒八分满即可。

（7）如一次调制一杯以上的酒水时，应将酒杯在吧台上整齐排列，分二三次来回依次倒满，而不应一次斟满一杯后再另一杯（以免浓度不一）。

（8）随时保持吧台及操作台卫生，用过的瓶酒应及时放回原处，调酒工具应及时清洗。

（9）当吧台前的宾客杯中酒水不足 1/3 时，可建议宾客再来一杯，以促进销售。

4. 送酒服务

（1）服务员应将调制好的酒水及时用托盘从宾客右侧送上。

（2）送酒时应先放好杯垫和免费的佐酒小食品，递上纸巾，再上酒，并说："这是您的 ××，请慢用。"

（3）巡视自己负责的服务区域，及时撤走桌面的空杯、空瓶（罐）。

（4）适时向宾客推销酒水，以提高酒吧营业收入。如宾客喝茶，则应随时添加开水。

（5）宾客结账离开后，应及时清理桌面上脏的用具，用湿布擦净桌面后重新摆上干净的用具，以便接待下一位（批）客人。

（6）送酒服务过程中应养成良好的卫生习惯，时时处处轻拿轻放，手指不触及杯口。

（7）如宾客点了整瓶酒，则按示瓶、开瓶、试酒、倒酒的服务程序服务。

5. 结账、送客服务

酒吧结账、送客的服务方法和要求与餐厅服务相同。

（三）酒吧服务注意事项

（1）应随时注意检查酒水、配料是否符合质量要求，如有变质应及时处理。

（2）应坚持使用量杯量取酒水，严格控制酒水成本。

（3）注意观察宾客的饮酒情况，如发现宾客醉酒，应停止供应含酒精饮料。

（4）为醉酒宾客结账时应特别注意，最好请其同伴协助。

（5）记住常客的姓名及其饮酒爱好，主动、热情地为其提供优质服务。

（6）认真对待并处理宾客对酒水和服务的意见或投诉。如宾客对某种酒水不满，应设法补救或重新调制一杯。

（7）任何时候都不得有不耐烦的语言、表情或动作，不可催促宾客点酒、饮酒（在临近下班时更应注意）。

第三节　宾客投诉处理

随着社会的发展，人民生活水平越来越高，餐饮业必须不断完善自身的产品，不断提高服务质量，方可满足宾客对菜肴质量和餐饮服务日益提高的要求。餐饮生产与服务环节多存在诸多安全隐患，为了杜绝安全事故的发生，所有餐饮从业人员必须充分认识安全生产的重要性，严格遵守餐饮安全操作规程。安全生产、安全服务是餐饮生存与发展的重要基础。

一、处理投诉的指导思想

在餐厅服务中处理各种矛盾和投诉，要树立“想宾客之所想，急宾客之所急”的服务观念，掌握处理问题所必须具备的技能和素质。

（一）宾客至上的思想

服务员要正确认识自己在餐厅服务工作中的定位，必须坚持“宾客第一”的原则，树立主人翁的思想。从某种意义上讲，每位服务员都是餐厅的主人。宾客对于餐厅工作和就餐的意见总是向服务员直接提出，一般不会直接去找餐厅经理，因而服务员就应当以主人翁的姿态去对待宾客意见，有义务满足宾客提出的合理要求，而不能不理不睬或敷衍推诿。例如，宾客反映菜肴口味咸淡、上菜速度快慢等问题，这是常见的事，服务员在遇到此类问题时，必须首先表示虚心接受意见，并耐心做出解释，及时向厨师转达意见。树立主人翁的意识，还表现在坚持把宾客置于首要位置，处处为宾客着想，千方百计为宾客做好服务工作。

（二）具备良好的职业道德和公关意识

餐厅服务员的职业道德，主要表现在诚实经营、礼貌待人。餐厅服务员在服务规则中要坚持实事求是，决不可弄虚作假欺诈宾客，切实维护消费者的合法权益，这样就可避免很多矛盾。

（三）注重语言艺术

服务语言是餐厅服务员为宾客服务的工具。礼貌服务用语伴随着主动、热情、耐心、周到的服务，显示了服务员良好的文明素质和餐厅的服务水平。注意服务用语的艺术性，一要注意言辞的礼貌性、措辞的修饰性、语言的生动性和表达的灵活性。

（四）掌握丰富的社会及业务知识

餐厅服务员面对各种各样的宾客，在服务过程中也会遇到各式各样的问题，处理好服务员与宾客之间的关系，解决这些问题，需要服务员掌握丰富的社会知识和业务知识，这样有助于积极预防和正确处理服务工作中可能发生或已经发生各种矛盾。

二、处理宾客投诉

（一）客人投诉时的一般心理

每一位餐饮从业人员都希望向宾客提供完美的服务，但是也难免因为某些工作上的差错或者宾客的误解而使宾客产生不满情绪甚至引起投诉。如果处理投诉不当，将影响酒店的声誉。那么如何妥善处理投诉呢？需要了解宾客投诉时的一般心理。

1. 求尊重的心理

宾客在采取了投诉行动之后，都希望别人认为他的投诉是对的，他是有道理的。他们希望得到同情、尊重，希望有关人员、有关部门重视他的意见，向他表示歉意，并立即采取相应的措施。

2. 求发泄的心理

宾客在碰到他们烦恼的事情之后，或者被讽刺挖苦甚至被辱骂之后，心中充满了怨气、怒火，要利用投诉的机会发泄出来，以维持他们的心理平衡。

3. 求补偿的心理

宾客在受了一定的损失而向有关部门投诉时，希望能补偿他们的损失，这是普遍的心理。如食物不洁希望换一碟，弄脏了衣物希望能免费洗干净等。

（二）处理宾客投诉的原则

对于宾客投诉的处理，一定要慎重，应做到：耐心倾听，弄清真相；同情宾客，诚恳道歉；征得同意，恰当处理。

第一，对宾客的投诉要耐心倾听、弄清真相、同情宾客，绝对不要急于辩解反驳或埋怨别的部门。宾客来投诉时，应当礼貌地接待，有可能的话可以倒一杯茶给他，请他坐下，慢慢地讲；要耐心地听他们把话讲完，因为宾客心中有怨愤，不发泄出来，他们的心里是不舒服的。听取宾客投诉时，在适当的时候应表示对宾客的同情，这样也容易使宾客平静下来。耐心地听其投诉，也是为了能弄清事情的真相，以便恰当处理。

第二，以诚恳的态度向宾客道歉。当宾客投诉时，切忌置之不理或与之发生争吵。有些服务员认为宾客投诉是他们“多事”或有意“找碴儿”，这是不应该的。当宾客前来投诉时，应当热情地以诚恳的态度，以自己是酒店代表的身份去接待，欢迎他们的投诉，尊重他们的意见，向他们表达歉意。有时请职位高的经理或主管向宾客道歉也是一种诚意的表示。这样做使宾客觉得饭店重视他们的投诉，满足了他们的自尊心，为圆满处理他们的投诉铺平了道路。

第三，区别不同的情况，在征得宾客同意后做出恰当的处理。对一些明显是餐厅服务工作的过错，应当马上道歉，在征得宾客同意后做出补偿等处理。征得宾客同意是为了避免处理时不合宾客的意愿，反而使问题更复杂化。应当有礼、有理，在宾客同意的基础上做出处理。有礼就是要有礼貌，不能对这类宾客失礼；有理就是清楚明白地列出充分的理由说服宾客，并在征得宾客同意的基础上做出恰如其分的处理。有的宾客吃完饭之后才抱怨其菜质量不好，为了改变宾客的情绪，管理人员可以免费向宾客提供一杯饮料，以表歉意。

三、处理订餐服务中的投诉

（一）订餐服务

订餐服务是宾客事先向酒店提出要求，需要酒店在某时某地（即某个餐厅）给予提供食品、饮料及服务，而酒店在力所能及的情况下对宾客的要求予以承诺的一个服务项目。

一旦酒店对宾客的要求予以承诺，宾客与酒店之间的这张订餐单便是宾客与酒店之间的一份合同，双方都有义务去履行这份合同，即酒店有权要求宾客预交订金，酒店有义务为宾客提供宾客所要求的就餐场所、食品、饮料和服务。当宾客没有履行合同，没有按合同所定的时间去就餐，酒店有权收取宾客预付的订金作为对饭店餐位使用率损失的补偿；当酒店没有履行合同为宾客提供相应的就餐场所、食品、饮料和服务时，宾客有权向酒店提出赔偿。因此，“订餐服务”是一项既复杂又细心的工作，每个细小环节都不能出现差错。做好这项工作要求服务员要有高度的工作责任心、较强的业务能力和较好的综合应变能力，另外还要有较好的语言表达能力和推销技艺。

（二）订餐服务中常出现的投诉

1. 所订菜单与当天能供应的菜单有所出入

这是由餐饮产品的不可储存性所决定的。餐饮产品必须当场生产、当场销售、当场消费，因此，产品的许多原料尤其海鲜原料必须当天采购，但订餐与就餐又是先后两个不同时间，原料又受季节与市场货源因素的限制，因此常常会出现宾客要求供给的产品原料采购不到的情况。遇到这种情况，饭店决不能擅自做主，给宾客换一道别的菜肴，而应及时与宾客联系，征求宾客意见协商解决。

2. 预订单位另有宾客来重复预订

一旦发生这种情况，酒店就会遭受损失，一是座位使用率的损失；二是产品原材料的损失。因此要求服务员在接受预订时一定要问清宾客名称，如是宴请，要弄清宴请人与被宴请人的单位名称及他们的身份，预订员或餐厅经理应及时汇总预订单，一旦发现有重复预订，应及时与宾客取得联系，避免给饭店造成损失和双方的不愉快。

3. 服务员遗忘了宾客的预订

服务员遗忘宾客预订的情况，通常发生在电话预订时。服务员接完电话又先去忙别的事情，别的事情忙完了就忘了宾客的预订，因而严重地影响饭店的声誉，同时也使饭店失去经济利益。遇到这样的情况，要勇于承认错误，真诚地期望客人的谅解，同时也可以通过对餐品打折、优惠券等方式来补偿。因此要求在订餐服务中要有强烈的责任心和科学完善的程序。

四、处理就餐服务中的投诉

（一）宾客对菜肴口味不满而提出退菜

菜肴质量的好坏，从某种角度上说，很难有个标准。同样一道菜肴，有的人说好吃，有的人说不好吃，这完全以适口者为准。因此服务员必须学习民俗风情方面的知识，掌握不同宾客的不同饮食习惯和口味要求，还要掌握就餐宾客的心理，不同的就餐目的，有着不同的就餐需求。如以宴请为目的，应突出菜肴丰盛的特点；以品尝为目的，应突出风味菜点的特点；以改善生活为目的，应突出菜肴鲜香的特点；以团聚为目的，应突出菜肴整齐的特点；以约会为目的，应突出菜点香甜的特点；以便餐为目的，应突出菜点实惠的特点。当宾客在进餐过程中提出退减菜点时，服务员应马上与厨房联系，如厨房还未下料制作，可予退菜；如已出菜上桌，就要弄清事由，具体对待。

（1）属质量问题，如原料变质、不卫生、烹调质量低劣，应无条件给予退菜，并向宾客表示歉意。

（2）客人对价格不满，应耐心向宾客解释，若是服务员多算金额应予退款。

（3）宾客吃不了或来不及吃，服务员应提供食品盒让其打包回家。

（二）宾客对上菜速度的快慢提出意见

这要求服务员在上菜服务时，要细心观察，了解就餐对象目的，掌握进餐情况，及时与厨房取得联系，较好地把握上菜速度，避免宾客的不满。

（三）宾客对服务员语言提出意见

餐厅即使为宾客提供了美味佳肴，但服务员的措辞不当和语调生硬，也会引起宾客的不满甚至投诉。这就需要服务员在工作中巧妙运用语言，比如餐厅生意较忙，而有些宾客吃完了仍坐在那儿闲谈休息，使得后来的宾客无座位而离去，给餐厅的经济带来损失。如果服务员上前直截了当地表示希望宾客离席，会使宾客极为不满，认为服务员在赶客，不但使服务员所做的一切前功尽弃，可能还会因宾客的投诉受到处罚。如果服务员换一种方式，通过婉言解释和周到的服务，会使宾客体谅餐厅和其他宾客的情况。对已吃完仍在休息的宾客，可先递上热毛巾，主动询问“吃得如何”“多提意见”等；若宾客表示满意，服务员可顺便提醒“请您结账”。对一些酒、菜、饭快吃完，正在漫谈闲聊的宾客，则应主动送杯热水，然后询问需不需要加菜、饭、酒等，若不需要，可提醒一句“是现在结账，还是再另等一会儿？”总之，要根据具体情况、具体对象礼貌服务，让宾客理解，并主动餐毕，迅速离座。

五、处理餐厅安全方面的投诉

处理餐厅安全方面的问题主要有以下四个方面。

（一）餐厅电器方面的安全

餐厅的每一位服务员都要懂得餐厅电器的安全使用方面的知识，如正确使用空调、吸尘器、电火锅、电饭煲、电水壶等。

（二）餐具、餐桌椅的安全投诉

服务员在摆台时要严格检查餐桌椅的安全问题，如餐桌席面有否坚硬物暴露、餐椅榫头有否松动。在检查餐具卫生等的同时，还应仔细检查餐具有否裂缝和缺口，以免宾客使用破损餐具而割破嘴唇或手。

（三）宾客在就餐过程中，拎包、钱包，甚至挂在餐椅背上的高档衣服被盗

餐厅是公共场所，进出来往的人多而杂，难免有不良分子出入，餐厅里发生宾客的拎包和钱包及其他物品被盗事件，有时宾客挂在餐椅背上的西服、大衣等也会被人顺手牵羊。发生这类事件，对宾客来说是个损失；对餐厅来说也确实尴尬，因为宾客多少会对餐厅抱怨，总认为到餐厅这儿才造成损失。为避免这类事件的发生，服务员从宾客一进入餐厅就要细心观察，如有的小姐手上拿着漂亮的钱包，或肩上挂着漂亮的包，当她们入座后就应提醒她们放好这些物品；如有的宾客在就餐过程中热了，就脱下西装、外套、大衣，挂在餐椅背上，服务员应马上提醒他们注意自己的衣服，套一个椅子罩。在整个就餐过程中，应经常提醒宾客保管好自己的物品。如有宾客遗忘物品，服务员应马上收拣后，妥善保管以防被不良分子顺手牵羊。如有认领者，要认真仔细核对证件、特征、数量，然后办理认领手续；无人认领时，要及时上交餐厅领导。

（四）食品安全方面的投诉

若发现或获知有客人或员工出现食物中毒症状，发现人应首先了解中毒者人数、国籍和症状程度等基本情况，然后向饭店总机或危机应急中心报警。总机或其危机应急中心应立即向饭店总经理等高层领导报告，按指示启动应急联络程序，同时向急救中心求援，并视情况决定是否报警。在现场的饭店工作人员应妥善安置中毒者，保护好现场并留食物样。

酒店及时安排医务室医生携带急救药品和器材赶往现场，实施必要的紧急抢救，并根据具体情况决定是否将中毒者送往医院抢救，或等待急救中心专业人员处理。酒店应安排食品化验员了解详细情况，找出可能污染的食品及食品盛放工具，对病人的呕吐物等加以封存，对食物取样化验。如涉及外籍人员，应视需要向外事主管部门报告。

酒店保安部应派人做好现场保护工作，协助医护人员抢救中毒者，验明中毒者身份，做好询问记录。如怀疑有人投毒，安保部负责人需请示饭店总经理决定是否向公安机关报告，并视情况决定是否划定警戒区，及对相关厨房、餐具、食品进行封存。

经典案例

谁动了我的咖啡

在某星级酒店西餐厅的营业时间，忽然传来一声惊呼："谁动了我的咖啡？"服务员闻声急忙上前询问，只见一位已十分不满的女士又大声喊道："有人动了我的咖啡！"服务员有些不知所措，小心翼翼地问："您是指……"宾客急不可耐地打断她："你看咖啡里这些细小的东西是什么？"服务员仔细一看，忙松了口气耐心地说道："您点的是意大利奶油咖啡，这杯咖啡里细小如沙的物体正是这款咖啡标准配料之一的玉桂粉，咖啡绝对没问题，您尽可放心饮用！"闻听此言，宾客反而更生气了，把咖啡往前一推，表示拒绝饮用。服务员越解释，宾客火气越大，最后宾客愤愤地说："我长这么大还需要你教我喝咖啡！"随之提出投诉。而服务员更是一肚子委屈，宾客明明点的是意大利特浓咖啡，自己没做错呀！

案例分析

宾客"出洋相"——这也是酒店对客服务中经常遇到的情况。本案例中，宾客缺乏咖啡方面的专业知识，误把配料当成异物。而服务员没有顾及客人的自尊心，当众指出这位宾客的错误，让宾客下不了台，最终导致投诉。

经验总结

在对客服务中，服务员应时刻注意到不能伤害宾客的自尊心。在餐饮服务中，类似这样宾客出洋相的情况时有发生，如误将洗手水当作茶水饮等。遇到这种情况，无论宾客出什么错，服务员都不能当面揭穿，伤其自尊，而应巧妙地为宾客解围，保全宾客的面子。

本章小节

本章系统介绍了中西餐的早餐和午、晚餐服务以及团体餐服务、宴会服务、自助餐服务、酒吧服务等。它们均有自身的特点，学习中注意区分，要分别掌握不同服务方式的工作程序、方法及注意事项。此外，还详细阐述了在餐饮工作中如何妥善处理就餐宾客的各种投诉。

一、【实训名称】中式宴会服务

【实训内容】中式宴会的服务程序。

1. 熟练掌握中式宴会的服务程序。

2. 能够将所学技能运用到服务当中。

【实训步骤】

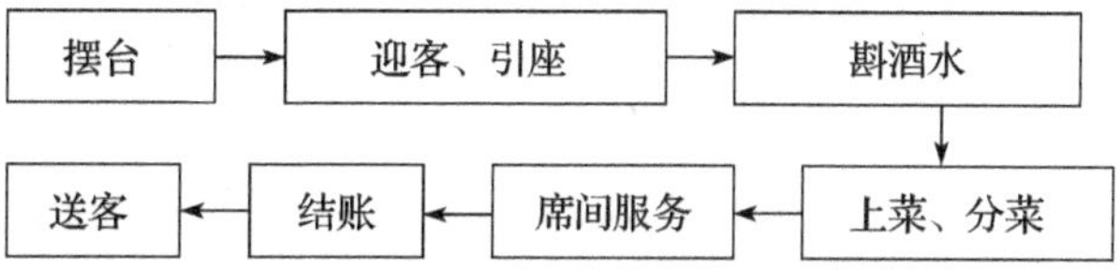

【实训点评】评分项目及标准

1. 仪容仪表：礼貌，微笑。

2. 语言：规范、亲切自然。

3. 程序：标准，无漏项。
4. 操作：动作规范到位，符合操作标准。
二、【实训名称】西式宴会服务
【实训内容】西式宴会的服务程序。
1. 熟练掌握中式宴会的服务程序。
2. 能够将所学技能运用到服务当中。
【实训步骤】

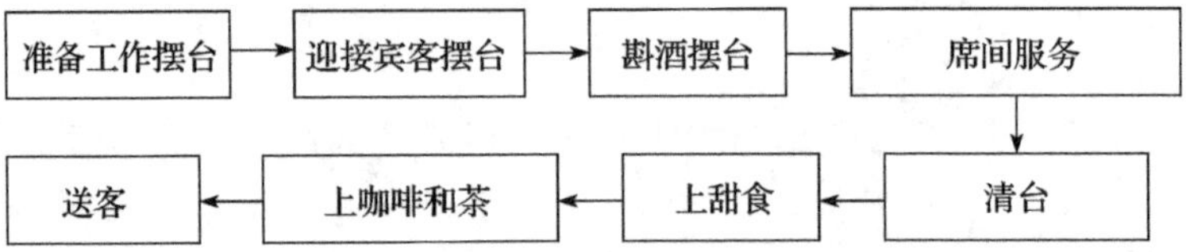

【实训点评】评分项目及标准
1. 仪容仪表：礼貌，微笑。
2. 语言：规范，亲切自然。
3. 程序：标准，无漏项。
4. 操作：动作规范到位，符合操作标准。

复习思考题

一、填空题

1. 零点餐厅服务可细分为________和________。
2. 团体餐是按固定的________提供餐食的用餐形式，适用于________和________。
3. 通常来说，中式午、晚餐服务程序主要包括________、________、________和________四个环节。
4. 中式宴会的座次安排必须遵循中国传统的礼仪和风俗习惯，一般原则是“高位________、________、________”。
5. 西式宴会主要的形式有________、________和________等。
6. 宾客投诉的一般心理有________、________、________。
7. 宴会就是________、________、________或________为了表示________、________、________等社交目的以及________而举行的一种隆重、正式的________。
8. 中餐按规格分，有________、________和________。
9. 茶话会又叫茶会，是一种非常经济简便、轻松活泼的________形式
10. 中式宴会服务分为四个基本环节，即________、________、________和________。

二、选择题

1. 冷餐酒会的时间为（　　）。
A. 12：00—14：00　　B. 16：00—18：00
C. 16：00—20：00　　D. 15：00—17：00

2. 宴会厅的布置应体现宴会的性质和档次，以营造隆重、热烈、美观、优雅的就餐环境，具体表现在以下几个方面：(　　)。

A. 气氛布置　　B. 场景布置　　C. 设置布置　　D. 台型布置

3. 高级西餐厅午餐和晚餐服务考究，通常以(　　)服务为主，个别菜肴结合(　　)服务向宾客提供的一种服务，体现了饭店西餐服务的最高水准。

A. 法式　美式　　B. 英式　美式　　C. 英式　法式　　D. 美式　法式

4. 调酒师接到点酒单后应及时调酒，正常营业时一般要求(　　)分钟内调制好客人所点的酒水，营业高峰时(　　)分钟内备好。

A. 2　5　　B. 3　5　　C. 5　6　　D. 6　8

5. 对于宾客投诉的处理，一定要慎重，首先应做到的是(　　)。

A. 耐心倾听　　B. 做出赔偿　　C. 表态致歉　　D. 解释辩解

6. 下列清理台面物品的操作先后顺序正确的是(　　)。

A. 毛巾、饮具、盘碟、筷子　　B. 筷子、毛巾、饮具、盘碟

C. 饮具、筷子、毛巾、盘碟　　D. 盘碟、饮具、筷子、毛巾

7. 一般中式宴会的座次安排是(　　)面对正厅门而坐，对面坐(　　)，主人的(　　)侧为上座，由首席宾客就座。

A. 副主人 主人 右　　B. 副主人 主人 左

C. 主人 副主人 右　　D. 主人 副主人 左

8. 中餐午、晚餐开餐前(　　)分钟，值台员面带微笑地站在规定位置上迎候客人。

A. 10　　B. 20　　C. 30　　D. 40

9. 西式宴会开始前(　　)分钟，将面包、黄油摆放在客人的面包盘和黄油碟内。

A. 2　　B. 3　　C. 4　　D. 5

10. 自主餐台的设计原则有(　　)。

A. 立体感强　　B. 方便客人　　C. 美观醒目　　D. 主题装饰

三、简答题

1. 简述中餐零点午、晚餐服务程序。
2. 简述中餐团体包餐的特点。
3. 中式宴会服务有哪些基本环节？
4. 简述西餐午、晚餐服务程序。
5. 西式宴会服务时应注意的事项有哪些？
6. 简述处理客人投诉的原则。
7. 中式宴会的特点有哪些？
8. 中式宴会服务的注意事项有哪些？
9. 鸡尾酒会的注意事项有哪些？
10. 处理宾客投诉的指导思想有哪些？
11. 就餐服务中的投诉都包括哪些方面？
12. 酒吧经营的特点有哪些？

第四章 C H A P T E R 4

餐厅的设计与布局

动脑筋

开出巨型餐厅

在2009年伊始，杭州餐饮界出现了一个爆炸性的新闻：杭州竟然一前一后开出了两家航空母舰型的超大餐厅。其中一家是开在文三路上的4000平方米的餐厅——天禧。它拥有一个可以容纳32张大圆桌的大厅，包厢32个，整个餐厅以金属色为主色调，墙面全部采用皮质软包，金光闪闪的。自开业以来天禧餐厅几乎每晚爆满。

餐厅的负责人认为，天禧的优势在于“找准了地方”。“我们所处的这个位置，就像是当年四季青的翻版，周围的村子多，富裕的村民也多；又靠近西溪湿地这个山水宝地；再加上周围还有那么多的写字楼、办公大楼和高教园区——民以食为天，饭总还是要吃的。”正因为看准了这个趋势，天禧走的是大型餐饮路线，人家都在搞特价和打折，它反而在它的菜单里设置了30%的高价菜，以满足周边商务宴请的需求。

请思考：这家巨型餐厅一开业就经营如此成功的原因是什么？

第一节　餐厅的设立

餐厅是提供家外就餐服务的商业性企业。按行业分类，它属于第三产业——服务行业。随着人们生活水平的提高，消费者的消费结构也随之改变，以各种动机外出就餐的消费占收入的比例迅速提高。由于设立餐饮店所需投资较小，经营比较灵活，经营项目的类别又较多，所以，各地很快建立了多种类型的餐厅。有些餐厅设立后迅速获得了成功，但也有些餐厅设立后不久就不得不转业。要设立一家能成功的餐厅在很大程度上取决于餐厅地点的选择、目标顾客对象的计划以及餐厅经营宗旨的确定。

一、餐厅的选址

餐饮产品与制造业产品不同，不是将产品从生产地向顾客消费地输送，而是将宾客吸引到餐饮店来就餐，因而餐厅的地点对餐饮经营的成败有很大的影响。

（一）餐厅选址的原则

1. 市场原则

餐厅地址选择、经营思路确立以及产品和服务的开发都是以市场为依据的。

地址的选择应该和目标客源所属的地区相吻合。如果餐厅主要以经营快餐为主，较为理想的区域应该是流动人口比较多的商业购物区、院校附近、居民住宅区、主要交通干道附近等场所；如果餐厅提供的用餐环境较为雅致、菜肴比较精美、讲究精致服务和用具，此类餐厅则最好开在高档住宅区、大的贸易商行和金融机构等所在地区，主要针对的客源市场是商务宴请、正规的社交活动以及一些高收入者。

2. 投资回报原则

餐厅选址要考虑到投资的回收以及预期的利润。餐厅投资、经营的最终目的是取得预期利润，并尽可能在较短的时间内收回投资。因此，餐厅的选址要充分评估地价、租金、基础设施费用、劳动力成本、原材料供应、各种税费的有关规定等成本费用因素，并且预测餐厅可能的销售收入，以及在经营过程中将会或有可能碰到的问题。

3. 方便性原则

方便性原则表现在选址地点上，要尽可能靠近宾客所在的地方或者适当方便宾客前来的地点，换句话说就是餐厅要有比较强的可进入性。也要体现在餐厅为宾客所提供的附属设施上，从目前情况看此类设施最主要的就是停车场，这是目前提高餐厅竞争力的一项有力措施。此外，餐厅选址的地点应该保证有足够的交通工具为宾客服务，餐厅周围有便捷的道路通行，能够使宾客或者其所使用的交通工具方便地抵达餐厅。

4. 稳定性原则

稳定性原则首先表现在市场的稳定性；其次表现在所选场地的“安全性”，重点是要考虑所选的地点在预期的营业期内不能因为城市的扩建、改造而受到影响。同时，餐厅的选址也要注意所选地点周围环境可能发生的变化，注意这些因素是否会影响餐厅日后的经营。

（二）餐厅选址的考虑因素

1. 中小餐厅避免同类或避强选址

对于一般中小餐厅来说，尽量避免将地址选在与拟建餐厅的产品和服务特色相同或非常相似的已建餐厅附近，更不要门对门或门挨门地经营，尤其是已建餐厅是知名的或实力强大的餐饮企业时。

2. 不同经营类型的餐厅在选址时应有不同的侧重点

如专门经营午餐的餐厅，一般应设在宾客步行几分钟或开车 10 分钟之内便可到达的地方，因为大多数在外吃午餐的人都只有半小时到一小时的就餐时间。而经营快餐为主的餐厅应考虑设在紧靠某条主要街道、临近繁华的商业区或公寓区的地方。

3. 在位置稍偏僻的地方选址

在位置稍偏僻的地方选址并非没有成功的可能，餐厅可以用独特的气氛、特色或特殊的就餐环境来吸引宾客，做到扬长避短。当然位置较偏僻并不代表交通不便，相反，位置较偏僻更要注意配套设施的完善，如停车场等。

4. 分清主次，综合权衡

在选址时应对各种因素分清主次，进行综合权衡。

5. 为今后发展留有余地

在选址时还应考虑餐厅的发展方向，也就是餐厅选址应为企业今后的进一步发展或转型留有余地。

（三）餐厅选址的典型地段

餐饮经营人员要了解各种地段的特点和各种地段主要群体的特点，根据不同地段、不同主要群体设立不同类型的餐饮店。现将一些典型地段的种类及特点分述如下。

1. 重要的车站附近

每个城市都有很多车站，包括汽车站、长途客车站、火车站和飞机场等。在车站附近，存在大量的顾客群，针对不同的顾客，餐厅的接待方式也要有所不同，尤其要慎重处理定价问题。宾客在此地段最大的目的是等车，因此快餐店最适宜。

2. 公司商号集中区

公司商号集中的地段，大多是该城市经济相对较为发达的地区。这些地段以白领以及公司客户为餐厅最主要的宾客，其光临的目的大多是为了洽谈生意或聊天。这些宾客比较看重餐厅的档次、装修和服务质量，如果经营得法，将会带来大量的利润。

3. 学生街

学生街是指各类学校附近。对于该类餐厅，一天中没有明显的高峰与清淡时段的差异，但季节性的差异却相当大，例如，该类餐厅在寒暑假的上座率不高，但是在节假日的上座率要高于平时。学生光临餐厅的目的，主要是吃喝、聊天、消遣、聚会或看书等。

4. 商业闹市区

这种地段是城市发展的繁华地段。这些地段一般聚集了比较多的商场、购物中心等，此地段是约会、逛街、聊天、休息等不同人士云集的场所。正因为这些地段处于城市的黄金地段，所以需要大量的投资才能租到或者买到店面。

5. 各类型的住宅区

这种地段的顾客以住宅区的附近居民为主，待客重点是如何体现体贴温暖感，及提供新鲜美味的餐饮产品。在确定餐厅的档次和规模时，一定要考虑住宅区的档次和规模，以及住宅区内的居民收入、文化教育程度等。

6. 市郊路段

近年来，有些餐饮业者在地价便宜的地点盖起特殊餐饮店，以其独特的风格而获得消费者的喜爱。随着有车阶层人士的日益增多，市郊地段也逐渐得到重视。在该地段的餐饮店必须设有停车场，并且要有醒目的广告招牌。如果是专供聚餐的大型餐厅，提供有特色的餐饮产品将是此地段的营业重点。

二、确定餐厅的市场区

确定餐厅地点后，就要确定餐厅的市场区域。餐厅的市场区域是指消费者愿意前来就餐并且愿意行经的距离。一般它是以餐厅为中心，以消费者愿意移动的距离为半径确定的范围，即指餐厅的潜在宾客或者现实宾客所分布的地区，也就是市场的地理范围。界定餐厅的市场区域主要有以下几种方法。

（一）步行时间界定法

步行时间界定法是西方国家界定经营区域时经常采用的方法。这种方法的具体做法是，首先在地图上找出餐厅选址的地理位置，然后以餐厅所在的位置为中心，按步行的距离来圈定经营区域的范围，一般这样的距离约是以 3 ～ 4 个街区为半径的范围。这样计算，一个餐厅的核心经营区就是围绕该餐厅 5 分钟的步行范围，5 ～ 8 分钟的步行距离属于中间经营地带，10 分钟的步行区以外的属于外层经营地带。按距离来表示，这三个不同的经营地带分别相当于 400 米、600 米和 800 米的距离。经验表明，一家餐厅的业务量约有 70% 分布在 5 分钟的步行距离范围内，即 400 米半径的范围内；20% 在 5 ～ 8 分钟的步行距离范围内，即 400 ～ 600 米半径范围内；而其余的业务量在 600 米以外的距离范围内。

用餐的顾客往往遵循就近的原则，而不愿意走很多路去用餐，尤其是步行可以到达的餐馆，行走距离往往会限制在某一范围。由于我国人口密度比较大，步行速度相对于西方人要慢，因此在考虑用步行法界定餐饮的经营区域时，应适当地缩小各经营地带的半径。

（二）行车时间界定法

对于驾车和乘坐交通工具前来用餐的顾客，可以用行车时间界定法来确定餐厅的市场区域。它是以顾客从工作单位或家里到餐厅的行车或乘车时间多少来确定经营地理范围的方法。一般认为，以 30 分钟的经济行车时间所能走过的路程为半径，可以划出餐厅的整个经营区，而 30 分钟的行车时间往往被看作餐厅经营区域的经济行车极限。通常，乘车或开车时间 20 ～ 30 分钟内的范围是餐厅重要的经营区。由于各条道路的状况不同，因此以行车时间来界定餐厅的经营区域所得到的并不是一个以选址所在地为中心的同心圆，而是一个不规则的多边形，但是这种方法比简单地按行车距离划同心圆要精确。

（三）影响经营区域大小的因素

市场区域的大小除了用以上方法来确定外，在具体进行信息分析时还应该考虑各种因素对它的影响。

1. 企业的规模

企业的规模与对顾客的吸引力、经营的辐射范围成正比。一般来说，企业的规模越大，接待能力越强，它的影响面往往就越广，市场区域也就越大。

2. 企业的特色

企业越具有自身的经营特色，和其他企业相比就越有明显的差异性和产品的垄断性，它对市场的吸引力就越强，经营的辐射面会变得越广，经营区域也就越大。

3. 竞争状况

选址地点附近竞争者的存在显然会影响未来餐厅市场区域的大小。如果附近的竞争者处在某些交通更为便利的地方，或者位于客源产出地附近，或者其产品和服务更有特色，都会影响本企业市场向外辐射的能力，从而影响餐厅经营区域的大小。

4. 选址所在的地理位置

餐厅所处的地理位置同样会影响市场区域的大小。位于商业繁华中心的餐厅比较为僻静的餐厅市场范围要小。这主要是由于商业中心的交通比较拥挤，停车也不方便。中国台湾餐饮管理专家认为：在商业中心的餐厅，它的市场区域是以餐厅为中心，200 米的距离为半径作为第一经营地带；较为僻静的城镇，以 300 米距离的半径为第一经营地带；而市郊道路沿线以 2 千米距离的半径为第一经营地带；如果餐厅的位置处于大厦内部，则以大厦为第一经营地带。

三、对餐厅竞争者的调查

一个市场区的其他餐厅并不完全都是本餐厅的竞争对手。竞争对手是指那些地理位置相近，提供的产品和服务在内容和档次上相似或相同，其面对的客源市场相同的餐厅。

对餐厅竞争者分析可采用以下三个步骤来完成。

（一）将本餐厅同竞争对手进行比较

这些因素包括餐厅的地理位置、服务质量、特色和餐厅市场营销活动等。进行比较的重点应放在竞争对手的优势和劣势上，这样可以使餐厅避开对方的优势，在其不足方面进行竞争。

（二）分析竞争对手的独特销售点

独特销售点是指本餐厅不具备的特点，如该餐厅所提供的特色产品，有力的促销手段，具有竞争的价格或良好的品牌形象以及特殊的支持及销售关系等。

（三）寻找和分析经营机会

竞争分析还包括对竞争对手成功的方面进行分析，从中可以发现本餐厅可能成功的领域。此外，还必须寻找竞争对手所忽略的经营机会，从中找到突破口。另外，也可以寻找与竞争对手合作的领域，变对抗为合作，化消极因素为积极因素。如餐厅之间可以共同推出特色产品和餐厅包价项目，开展联合促销活动等。

进行竞争分析需要有详尽的有关竞争对手的资料。可以去实地观察或到该餐厅消费以获取第一手的资料和印象，也可从该餐厅的手册、服务指南和其他促销品中获得。还应仔细研究竞争对手所使用的传播媒体，如报纸、杂志、旅行指南、广播和电视节目等，重点分析其促销主题和竞争优势。

四、确定目标顾客群

通过对餐厅市场区潜在顾客群体的状况和竞争者的状况的调查，根据企业的投资预算和财力的实际情况，确定本餐厅的目标顾客群体。

（一）按顾客就餐程度分类

1. “尝试者”群体

这类顾客愿意到新开业的餐厅去尝试，并判断该餐厅是否可接受。这类群体的顾客一般年纪不太大，是经济比较宽裕，敢于冒险的美食家。一家新建餐厅应该设法吸引这类顾客，并注意第一次就让他们满足，以便靠这类顾客为餐厅作口头宣传，扩大餐厅的知名度。

2.“尝试者的朋友”群体

这类群体往往是经尝试者推荐而去就餐的。这类群体常外出就餐，经济状况高于一般人水平。他们的意愿容易变化，也可能新建餐厅试了一次就再也不回头。

3.“多数人”群体

“多数人”群体只有在餐厅经营成功并出名后才去就餐，若满意会回头成为常客；一旦成为常客便会十分忠于餐厅。这类群体的经济状况属一般水平，年纪较大，他们有外出就餐的习惯但不十分经常。

4.“稀客”群体

这类群体不常外出就餐，经济不甚宽裕，一年内只外出就餐一、二次，只在庆祝周年、生日或一些特殊场合下才外出就餐。

（二）按顾客的就餐动机分类

1. 充饥

人们因外出办理公务、求学，无法返回家中而不得不在外就餐时，一般对就餐环境和服务状况并不追求，只要求环境清洁卫生，食品可口，价格实惠就行。

2. 美食

出于“美食”动机的顾客，外出就餐是为自己改善生活或款待亲友，这种外出就餐是为了享受。因此，这种顾客希望餐厅提供的产品具有独特风味。

3. 会议和旅游团队用餐

团体用餐是由组织机构统一定餐和付款，因而餐厅提供的产品要符合大多数人的口味，同时要求制作简单，使饭菜在较短时间内大批量供应。就餐环境要求宽敞、明亮、干净。价格不宜太高，服务要求迅速。

4. 宴请

人们办理商务需要宴请各方合作者，这种宴请一般由单位付款、并借此给被请者留下良好的印象。人们也常为私事举办宴请活动，比如结婚宴请、生日宴请等。这些宴请活动体面、欢快，所以要求餐厅的环境要豪华，气氛要热烈，服务要一流，菜品和餐具要高级、漂亮。

五、确定餐厅的经营宗旨

在确定餐厅目标顾客的基础上，决定餐厅的经营宗旨。实际上，目标顾客的选择是企业经营宗旨决策的一部分。餐厅的经营宗旨包括餐厅的主要服务对象和主要经营范围。它涉及设立何种类型的餐厅、提供什么主要产品、具备哪些经营项目和办成哪种档次的餐厅。

（一）餐厅类型决策

餐厅的类型分成正规式餐厅、风味餐厅、自助餐厅、专门化餐厅等。

1. 正规式餐厅

正规式餐厅按地区可分成中餐厅、西餐厅。中餐厅又可按中国地方菜系分成川菜餐厅、粤菜餐厅、淮扬菜餐厅、京菜餐厅等。按民族特色，中餐厅又可分为宫廷菜餐厅、清真菜餐厅等。

西餐厅是反映西方国家烹调特色的正规高档餐厅，如法式餐厅、德国餐厅、意大利餐厅等。也有反映东方国家特色的餐厅，如日本料理餐厅、朝鲜餐厅。西式餐厅中还有较经济的咖啡厅，它们反映各国西式烹调的特色，品种较多，营业时间较长，服务迅速。

2. 风味餐厅

风味餐厅是提供某种特色的餐厅，例如，烤鸭店、海鲜餐厅、烧烤餐厅、砂锅居餐厅等。这类餐厅以某一类菜肴或某一种烹调法为中心。风味餐厅容易创出独有的特色，菜单的品种有一定的限制，服务也具有相应的特色。

3. 自助餐厅

自助餐厅属经济性的快餐厅。这种餐厅菜单上的品种一般比较少，菜品的制作很简单，不提供桌边服务。餐厅经营的特点是人工费用节约，薄利多销。顾客追求服务迅速和价格便宜。

4. 专门化餐厅

当前，国际上一些有名的连锁餐厅集团，如麦当劳、肯德基等，已经打入中国的餐饮市场，这些集团很快取得了成功。这种专门化餐厅是一种“流行”还是一种“趋势”？若是“流行”，它们会一窝蜂地出现，然后又很快褪色，很快被更新鲜、更新奇的餐厅所取代。若是一种“趋势”，那意味着专门化快餐店的崛起有坚实的社会基础，不易动摇、会继续发展。

（二）经营项目决策

餐厅的经营宗旨还包括餐厅的经营项目。如：餐厅提供哪些主要产品、配备哪些服务项目。管理人员在开设餐厅前要决定餐厅是提供以宾客自我服务为主的快餐，还是具有桌边服务的零点；要决定除零点外，餐厅是否还开设宴会服务和团体用餐服务，是否开设自助餐服务、加套餐服务，是否还提供外出供餐服务等。同时，还应计划一下餐厅供应哪些主要菜品。管理人员要根据餐厅的投资额、目标顾客的就餐要求及竞争者经营的项目，慎重地做好经营项目决策。

（三）餐厅档次决策

在决定餐厅的档次时，要对目标宾客进行市场调查。餐厅的档次取决于目标顾客的经济收入水平和外出就餐所愿意支付的消费额，同时取决于餐厅的投资预算额。餐厅的档次决策对餐厅的建筑和装潢，厨房和餐厅设备和家具的购置，服务员的配备，菜单的计划都具有指导作用。管理人员要决定是设立高档、中档、经济型餐厅还是非正规的外卖店。

第二节　餐厅的设计和布局

一、餐厅的内部空间划分

餐厅是宾客购买和享受餐饮产品的空间。从这一点去看，餐厅空间可分为三种：就餐空间、公共空间和服务空间。

（一）就餐空间

就餐空间是餐厅空间的主要构成部分，也是空间比例最大的部分。就餐空间又可分为大厅和厅房（包间），主要是由餐台、餐椅和通道组成。

（二）公共空间

公共空间是指餐厅里可供宾客活动或观赏的空间，如门面、门口与就餐区的过渡空间、电话间、衣帽间、洗手间，还包括一些水池、假山等。

（三）服务空间

服务空间是指餐厅为宾客提供服务而必备的空间，如收款台、营业部、服务通道等。值得注意的是，在一些餐饮与娱乐相结合的餐厅，服务空间还应包括表演区域，如舞台、“天桥”及相应的化妆间。

小链接

上海红子鸡美食总汇

上海红子鸡美食总汇是由广东红子鸡集团投资经营管理的一家超大型粤菜海鲜酒楼，位于普陀区澳门路昌化路口，毗邻新客站。一楼大厅可设宴一百余席，另外还有十个卡座和一个多功能宴会厅；二楼共有八十间 KTV 包房。

红子鸡与苏东坡还有一段传说。宋代大文豪苏东坡因性格直率、反腐倡廉，屡屡得罪权贵，因而一再遭到奸臣排挤。相传被贬到广东惠州时，情绪十分低落，终日饭不食，寝不安。他的爱妻看在眼里，急在心里，便下厨想尽方法做出多种菜式让苏东坡品尝，但苏东坡只动了几下筷子，便唉声叹气。一日早晨，妻子打扫庭院，见一只刚会打鸣的公鸡闲庭信步，便灵机一动，将它宰杀烹煮了。中午用餐时，苏东坡对此菜赞不绝口，见其色泽金黄，皮脆肉嫩，便取其菜名叫“鸿志鸡”。从此，此菜在惠州地区流传了下来，名字也从“鸿志鸡”变成了“红子鸡”。

走进红子鸡，仿佛进入了一个艺术殿堂：两百余幅古代传世字画临摹再现，近百件夏商时代的青铜器复制品栩栩如生，两百余幅社会各界名人的留影，体现了红子鸡辉煌的历程。红子鸡溜冰传菜早已享誉沪上，每天晚上都有溜冰特技表演和大型歌舞表演，让您在享用美味佳肴之余又可欣赏精彩的表演，不亦快哉！

二、餐厅的座位安排

餐位的设计与布局，对整个餐厅的经营影响很大。一般以餐厅面积的大小，按座位的需要作适当的配置，使有限的餐厅面积能极大限度地发挥其运用的价值。

目前，餐厅中座席的配置一般有：双人座、四人座、六人座、圆桌式等形式，以满足各类客人的不同需求。座席的布局则是根据餐厅的形状和有效地营运面积而定，可以是纵向的，也可以是横向的，或纵横混合的。

一般来说，中低档的餐厅多选用四人座或六人座的长桌和十人座的较大圆桌，容易紧凑地摆放，而双人座或四人座的小方桌则用于补充边角；高档餐厅多选用六人座或八人座的中方桌和中、小圆桌，这样的餐桌能摆放得宽敞，能使顾客感到舒适，并可使餐厅的格局更具情调。餐厅的座位安排如图 4-1、图 4-2、图 4-3、图 4-4 所示。

图 4-1 六人座

图 4-2 圆桌式座位

图 4-3 双人座

图 4-4 餐厅座席的整体布局

三、餐厅餐位数的确定

餐座需要数是根据某段时间内需要接待的就餐人数与该段时间内最大座位周转率来确定的。餐座需要数一般要能满足高峰时间接待顾客的需要，因而就餐人数的预计和座位周转率的计算要根据这个时间段的数据。

座位周转率取决于客人食用的食品和饮料的数量、服务的复杂程度以及开餐时间的长短。早餐的座位周转率一般高于午、晚餐。简单的快餐比涉及许多道菜、服务讲究的豪华餐的座位周转率要快。正式餐厅中的客人起码要用 20% ～ 50% 的时间等菜，而快餐厅的客人不用等待马上可以就餐。

此外，餐厅座位周转率的高低还取决于：供餐服务的速度；客人选菜的速度；餐厅布局的方便度；客人的类别；供餐的类别。

宴会比零点餐的座位周转率慢，零点餐比自助餐的慢。在一般餐厅中，早餐的平均就餐时间为 15 ～ 25 分钟，午餐为 20 ～ 35 分钟，晚餐为 35 ～ 60 分钟。在高档餐厅中，客人平均就餐时间需要更长，特别是晚餐和宴会，因为这时就餐是聚会、商谈公务的场合。

在计算座位周转率时，要留出一定的空位率。采取桌边服务的正餐厅必须留出 20% 的空位率。咖啡厅要留出 12% ～ 18% 的空位率。柜台服务式餐厅要留出 12% 的空位率。许多因素对空位率有影响，例如，宾客到达时间不同、有些宾客不愿与陌生人同使一个餐桌等。因而餐桌的尺寸和安排会影响空位率。大多数餐厅宾客的做伴人数为

2～8人，餐桌最好能临时拆拼，能根据做伴人数灵活安排。有些餐厅有独自就餐的宾客，使用靠墙的单桌椅可节省空间。在计算座位周转率时，还要考虑服务员撤桌摆台的时间。因而座位周转率的计算公式是

$$座位周转率=\frac{供餐时间}{客人平均就餐时间\times(1+空位率+撤桌摆台率)}$$

例如，某快餐厅在高峰时间两个小时中，15%的座位会空闲，10%的座位需要服务员撤桌，平均每位宾客就餐时间为30分钟，在这段时间中座位周转率为

$$\frac{60\times2}{30\times(1+15\%+10\%)}=3.2$$

在确定餐厅中的座位需要数时，有必要预测餐厅中的就餐人数。餐厅就餐人数的预测取决于市场区中目标宾客外出就餐人次数，这要通过对市场和竞争者的调查来估算。如果餐厅不希望高峰时间使宾客等待，在计划座位数时要采用高峰时间的就餐人数。座位需要数可通过下式计算

$$座位需要数=\frac{预计就餐客人数}{座位周转率}$$

例如，上述快餐店在高峰两小时的时间内，预计会有280位宾客光顾餐厅，那么餐厅宜设的餐座数为

$$\frac{280}{3.2}=88座$$

酒店中的餐厅就餐人数的预测取决于酒店客房数、高峰期客房出租率、平均每房住宿客人数、住店客人在本酒店餐厅就餐的比例以及外客在本酒店餐厅就餐的比例

$$计划就餐人数=客房数\times高峰期客房出租率\times平均每房住客数\times住店客人就餐比例\times(1+外客就餐比例)$$

例如，一家具有500间客房的酒店，在高峰期客房出租率为95%，双重出租率为1.7，晚餐住店就餐比例为65%，外客就餐人数为住客就餐人数的50%，晚餐供餐时间为3小时，平均每位客人就餐时间为60分钟，空位率为20%，撤卓摆台率为15%，该饭店应设餐厅的餐位数为

$$\frac{(500\times95\%\times1.7\times65\%)(1+50\%)\times3\times60}{60\times(1+20\%+15\%)}=354（座）$$

餐厅的座位数要有一定的灵活性。人们不愿在拥挤不堪的餐厅中就餐，也不喜欢选择生意清淡的餐厅就餐。餐厅中的顾客稀少会产生一种菜肴不受欢迎的气氛。餐厅中不同餐别需要的餐座数是不同的，这是由于不同餐别的座位周转率不同，不同的餐别的顾客人数也有差别。许多餐饮企业和酒店开设多个餐厅，企业可根据不同餐别座位的需求量开放餐厅，对餐座需求少的餐别关闭一些餐厅。

宴会厅、功能厅的座位和空间应该灵活地安排，通常使用一些可折叠的隔板，根据接待活动的性质和预计就餐人数，将宴会厅或多功能厅截成合适的空间。在宴会厅和多

功能厅中，使用的餐桌和餐椅的尺寸要灵活，要有多种类别，或使用可折叠桌以适应不同接待活动的需要。餐桌和餐椅的数量和安排也要根据接待活动的类别和人数作适当的计划。

四、餐位面积和餐厅面积的确定

（一）排座方式对餐厅面积的影响

不同的排座方式对餐厅使用面积有很大影响，因为不同的排座方式对应的每客所需面积不同（见表 4-1）。

表 4-1 不同的排座方式对应的每客所需面积

排座和服务方式				每客所需面积 / 平方米
餐桌服务	成排方台	平行座位 2 人		1.7 ～ 2.0
		平行座位 4 人		1.3 ～ 1.7
		对角座位 4 人		1.0 ～ 1.2
	成排长方台	4 人座位		1.3 ～ 1.5
		6 人座位		1.0 ～ 1.3
	成排圆台	4 人座位		0.9 ～ 1.4
	服务员服务	—		0.7 ～ 1.0
	宴会餐桌	纵横排桌		0.9 ～ 1.1
		单排		1.0 ～ 1.3
含柜台的自助式服务	柜台式座位	长条式柜台		1.4 ～ 1.6
		独立柜台		1.7 ～ 2.0
	靠墙的独立柜台式	—		1.1 ～ 1.4
自助服务	成排长方桌（小车收盘）	就餐区	4 人座位	1.4 ～ 1.6
			6 人座位	1.1 ～ 1.3
			8 人座位	1.0 ～ 1.2
		就餐区包括柜台区	4 人座位	1.7 ～ 2.0
			6 人座位	1.3 ～ 1.8
			8 人座位	1.2 ～ 1.6
	成排长方桌（自己收盘）	就餐区	4 人座位	1.3 ～ 1.5
			6 人座位	1.0 ～ 1.2
			8 人座位	0.9 ～ 1.1
		就餐区包括柜台区	4 人座位	1.5 ～ 1.9
			6 人座位	1.2 ～ 1.6
			8 人座位	1.0 ～ 1.5

（二）餐厅面积的确定方法

餐厅的面积是根据每一餐位所需要的平方数和计划的餐位座数来确定的。方法为：餐厅总面积 = 餐位平均面积 × 各餐厅餐位数。

五、餐厅的环境设计

宾客到餐厅就餐所感受到的环境主要包括两方面内容：一是有形环境，如餐厅的位置、外观、景色、内部装潢、构造和空间布局等方面；另一种是无形环境，如服务员的态度、礼节、能力以及能让宾客满意的程度等。在这里主要介绍一下有形环境。

（一）餐厅外部环境设计

餐厅的外部环境设计即餐厅的店面、外表设计，餐厅店面的设计，在于显示餐厅这个“特殊商品”包装的格调。店面设计同样是室内设计的一部分，二者在实质上均追求美观与实用，但店面更注重招徕吸引客人，是要让店外的大众感觉到本餐厅的存在，并能使其决定来本餐厅用餐。因此，餐厅的店面不仅具有“辨认”之功能，同时还要有美观的外表，两者不可偏废。因此，饭店餐厅前的门面大小，大门口、展示窗、霓虹灯、招牌等，力争让人过目不忘。独到的外表还要充分烘托出餐厅的“商品”特征，使路人一望即知本餐厅经营的是什么风味的菜品。餐厅的外部环境设计如图 4-5 所示。

（a）　　　　（b）

图 4-5　餐厅的外部环境设计

（二）餐厅内部环境设计

餐厅内部环境气氛的创造要比外部气氛具体得多，作用也更大，成功的内部气氛创造完全能控制宾客的情绪和心境。要想创造良好的内部气氛通常要考虑以下基本内容：

1. 餐厅的空间分隔

餐厅空间分隔的总体原则是使宾客既能享有相当隐蔽的区域，又能感受整个餐厅的气氛。餐厅陈设的简繁以及空间曲折、大小、高低的不同变化，能产生出形态繁多的空间分隔。

（1）软隔断分隔。软隔断分隔就是用垂珠帘、纬幔、折叠垂吊帘等把餐厅进行分隔。软隔断分隔富丽高档，一般在有空调的餐厅中使用。

（2）通透隔断。通透隔断表现出传统的文化气息，通常是指挂落、落地罩、屏风式博古架、花窗墙隔断等。通透隔断一般在将大厅分成若干个雅座时使用。

（3）列柱、翼墙分隔。列柱、翼墙是满足特定空间的要求而虚设的。列柱、翼墙有稳定、厚重的感觉。

（4）灯具分隔。用灯具对餐厅空间进行分隔有一种隔而不断的感觉，达到一种特殊效果。灯具分隔特点是：既保持了大的整体空间的气魄，又在宾客的心理上形成分隔，而且空气流通良好，视野宽广。

（5）矮墙分隔。矮墙分隔空间使就餐者在心理上产生了一种自我受到保护的感觉，人们既享受了大空间的共融性，又保持了一定心理的隐秘性。

（6）升降高程分隔。升降高程分隔就是将餐厅室内的地面标高以局部提高或局部下降，用台阶作为联系的通路。一般升高程用得较多，升高程通过突出地面，暗示出两个空间区域。

（7）植物分隔。用植物分隔不仅可以限定两个功能不同的空间，还可以阻挡视线，围合成具有相对独立的私密性空间。植物本身就成为一种充满生机的“屏”，隔而不断，使空间保持其完整性和开敞性。

（8）装饰物分隔。装饰物的放置也可以暗示一个空间的结束，另一个空间的开始。按照空间构成的原理，多种类型的物体都可以在分隔空间时加以利用，如花架、水池以及铺地材质的变化等都能起到分隔空间的作用。

2. 餐厅的光线

餐饮服务场所的光线首先应考虑光源的形式。在餐厅中大致有三种光源：自然光源（阳光）、人工光源、自然光源与人工光源混合形式。人工光源，有电灯光源和烛光光源。餐厅采用何种形式的光源，受餐厅档次、风格、经营形式与建筑结构的制约。

烛光是餐厅传统的光线。这种光线的红色焰光能使顾客和食物都显得漂亮，比较适合于朋友聚会、恋人会餐、节日盛会等。

白炽光也是餐厅使用的一种重要光线。这种光线最容易控制，食品在这种光线下看上去最自然，由于白炽光的成本较高，一般用于较为豪华的餐厅；而日光灯则宜用在快餐厅等大众消费的场合。

荧光是餐厅使用最多的光线。这种光线经济、大方，但缺乏美感，荧光使得人的皮肤看上去显得苍白，食品看上去呈现灰色，这种色彩偏差会使就餐者的食欲大打折扣。

餐厅光线需要引起重视的另一个方面是餐厅受光照的强度。光的强、弱、明、暗，将会产生不同的效果，利用各种光线的强弱并配以色彩变化，可以炫耀各种菜肴的特色与美观，给就餐者留有深刻的印象，并产生食欲；同时光线强弱的变化，还可以引起餐厅色彩的无穷变化。餐厅的不同光线如图 4-6 所示。

（a）

（b）

图 4-6　餐厅光线

3. 餐厅的色彩

色彩是气氛中可视的重要因素。不同的色彩给人不同的感受。通常人们将色彩分为冷、暖两大类别。暖色调使人觉得紧凑、温暖；冷色调可使空间显得比实际要大并产生凉爽之感。因此，餐厅应根据其风格、档次、空间大小，合理地运用好色调，墙壁、天花板、地面等颜色要注意合理地搭配，产生预想的效果。

豪华餐厅，宜使用较暖或明亮的颜色，建议使用暗红或橙色，可增加富丽堂皇的感觉。正餐厅，需要有“增进食欲”的色彩，如橙黄、水红、青莲等。而快餐厅的设计特点，是以明快为基调，因此灯光、墙壁等物，以乳白色、黄色等暖色调为宜，给人一种清新、舒畅的印象。

小链接

北京丽都假日饭店得克萨斯扒房

在北京丽都假日饭店的得克萨斯扒房，恍如时空倒转，置身于19世纪美国的一家小镇餐厅：古朴简约的吧台，柔和暗黄的光线，充满浓郁乡土气息的泥瓷餐具、方巾、草帽等乡间挂饰……穿梭于身边的服务生，一个个都是牛仔打扮，他们头顶宽边高帽，项系红色方巾，腰挎左轮手枪，手中本应摇荡着的麻绳套索刚好换作托盘，为你献上正宗的美式牛排。因此，有人说吃西餐不能不吃西式“大肉”——牛排。

丽都假日饭店的装修历来给人精致、豪华、大气的感觉，唯独在得克萨斯扒房，采用粗犷的设计，原木和粗糙的墙壁给这里增加了不羁的西部气质，来这里吃牛排，你肯定有种牛仔的感觉。

如果不看得克萨斯扒房大门外的招牌，你似乎很难感觉这是一间扒房，它更像一个小酒吧。可随着悠扬的音乐穿过挂着牛角装饰的拱形门，你会发现这里别有洞天：方格实木假梁、带有异域风情的地毯、简单的实木桌椅，一切布置似乎简简单单，而西班牙风格的挂毯、牛仔草帽、牛角、各种稀奇古怪的装饰画框则成了墙面的主角。为了突出西部粗犷的原始风格，整个扒房墙面看似杂乱无章，灯光下各种纹理呈现特殊的光影效果，创造出与众不同的不羁感觉。

特别是在里间的啤酒屋里，墙壁成了木栅栏，木车轮成了最好的装饰品，不加修饰的原木桌椅配上青石板地面，和着热烈的音乐节拍，晚餐就这样开始了。

你是否不喜欢西服革履、拘拘束束地吃西餐？那就来得克萨斯扒房感受一下与众不同的西餐感觉吧，你可以轻轻松松、无拘无束，甚至边唱边跳享受牛排的美味和自由自在的牛仔感觉。

4. 餐厅的家具

家具的选择和使用是形成餐厅整体气氛的一个重要部分。如果目标市场是高阶层的顾客，那么传统的家具效果较好；如果目标市场是忙碌的商务客人，那么采用现代化的家具，如宽大而舒适的沙发等就可以创造出一种非常舒适的氛围。

5. 温度、湿度

温度、湿度是餐厅气氛的一方面，直接影响着顾客的舒适程度。

温度还能影响顾客的流动性，餐厅中如能四季如春，则不仅客人愿意延长用餐时间，而且对员工也提供了一个良好的工作环境。

湿度会影响顾客的心情。湿度过小，过于干燥，会使顾客心绪烦躁，从而加快流动。反之，适当的湿度，能增加餐厅的舒适程度和活跃程度，减缓顾客的流动（见表 4-2）。

表 4-2 夏季餐厅内外温度的对比

室外温度	建议餐厅内的室内温度	建议餐厅内的相对湿度
25℃	23℃	65%
26℃	24℃	65%
28℃	24℃	65%
30℃	25℃	60%
32℃	26℃	60%
35℃或以上	28 ～ 29℃	60%

6. 餐厅的音响调节

音乐是美食不可缺少的助兴物，因此餐饮服务场所内一般均配置音乐播放系统。在客人用餐过程中播放音乐，能够增进客人的食欲。

（1）音量的大小。佐餐音乐是一种背景音乐，具有较强的实用性，它在有限度的空间飘荡。音乐的强度以不妨碍面对面的两人正常交谈为宜。

（2）主题的选择。柔和轻快的音乐，能引起安静愉快的情绪，因而有利于食物的消化吸收。

（3）节奏的快慢。在一家环境典雅、气氛宁静的餐馆内，如果由立体声音响播放缓慢舒展的音乐，就会使急于就餐的顾客平心静气，从容点菜，耐心候餐，细心品尝。

小资料

主题餐厅设计

在市场经济高度发达的今天，主题餐厅呈快速、多样化发展的态势，以下介绍几种主题餐厅的设计。

1. 宠物餐厅的设计

有许多供应野味的餐厅和吸引儿童为主的餐厅常布置成动物园似的餐厅，顾客一进餐厅就能听到鸟、狗、青蛙等动物的叫声，还用鹦鹉招呼客人“欢迎、请进”。餐厅内还张贴各种宠物的照片，如各类狗、猫、昆虫的图片等，附有简介和宠物比赛的新闻，来吸引客人。

2. 运动餐厅

有些餐厅在一侧设小型高尔夫练习场，依照顾客打入洞穴的次数，餐厅可相应地打折扣。也有的餐厅备有握力计、背肌力测定器、飞标、扩胸器等，来吸引爱好运动的顾客。

3. 未来世界情调的餐厅

用新型太空材料装潢，让人有如同置身时光隧道的感觉，将未来世界的知识性、超现代感用来作为吸引人的推销手段。

4. 恐怖餐厅

以恐怖来标榜餐厅的特色，如“棺材酒吧”，店堂里摆着许多棺材，酒柜也由棺材充当，营业时打着阴沉的灯光，放着凄凉的哀乐，使人毛骨悚然。

5. 复古餐厅

以古老悠久为餐厅的特色，一切设施都按过去设计，用古老的马车接送顾客，服务人员穿上旧时的礼服，原汁原味地感受过去的风貌，使顾客怀旧的情感油然而生。

经典案例

北京富力万丽酒店（国贸中心）(*Renaissance Beijing Capital Hotel*)

北京富力万丽酒店是一家由万豪酒店管理集团管理的豪华型酒店，位于朝阳区东三环双井桥附近。周边高档商厦林立，毗邻国贸商圈、新中央电视台，交通十分便利。

在餐饮方面，北京富力万丽酒店的西餐厅是万丽品牌一贯青睐的意大利餐厅，简洁明快的线条，辅以中国红的色调，在设计上体现出了中外合璧的理念。而其中的代表之作是餐厅内一处名为CAGE的景观，交织的木质线条组成的中式鸟笼造型，让客人意识到自己正身处现代化的北京城。中餐厅引入了时尚高端、以健康美味的瘦肉型鸭为原料的烤鸭品牌“发达鸭”，以便为宾客提供北京特色的健康餐饮服务。中餐厅在设计时巧妙地引入了鸭子的形体曲线，整个餐厅的轮廓颇似一只憨态可掬的鸭子，而餐厅内几处斜线和曲线的搭配布置，还描绘出了鸭子翅膀和羽毛的形态。开放式厨房、挂炉被安排在餐厅正中，每桌宾客都可以随时欣赏厨师烹饪时的精湛技艺。

案例分析

北京富力万丽酒店从其规划的第一刻起，每一个设计细节都是为客户群能在这里得到最舒适的居住体验和最优质的服务水准，并能在就餐的同时，感受最纯粹的中国文化特色和最真实的京城都市氛围。

经验总结

1. 酒店的选址。酒店位于公司商号集中区，交通便利，是该城市消费水平较高的地区。
2. 融入中式主题文化元素，运用中国传统理念打造中式餐厅。

本章小节

餐厅是提供家外就餐服务的商业性企业。随着人们生活水平的提高，我国居民中存在着很大的外出就餐的需求潜力。所以，各地很快建立了各种形式、多种类型的餐厅。本章主要介绍了要设立一家能成功的餐厅在很大程度上取决于一些因素，比如餐厅地点的选择、确定餐厅的市场区、目标顾客对象的计划以及餐厅经营宗旨的确定等。在设立好餐厅之后，要对餐厅进行合理的设计与布局，本章主要分析了餐厅的内部空间划分、餐厅的座位安排、餐厅餐位数的确定、餐位面积和餐厅面积的确定以及餐厅的环境设计，力求使餐厅以一个独特鲜明的形象在激烈的市场上占有一席之地。

走近餐厅

【实训项目】

为某酒店宴会厅进行婚宴主题设计与布置。

【实训内容】

设计与布置的内容如下。

1. 整体布局。
2. 主要摆设：餐桌、餐椅、餐具及各种陈设和装饰品。
3. 音响。
4. 光线和色调。
5. 空气调节装置等。

要求：10 人为一小组进行设计与布置。

考核基本时间：60 分钟。

【实训点评】评分项目及标准。

1. 布局要合理，以实用为主。
2. 摆设要突出宴会主题。
3. 色调要协调。
4. 式样要新颖。

复习思考题

一、填空题

1. 餐厅选址的原则有________、________、________、________、________。

2. 餐厅的类型可以分成________、________、________、________等。

3. 餐厅是顾客购买和享受餐饮产品的空间。从这一点去看，餐厅空间可分为________、________、________。

4. 餐厅音响系统的调节与控制要注意________、________、________。

5. 在餐厅中大致有三种光源分别是________、________、________。

二、选择题

1. 最适宜开快餐店的地段是（　　）。

A. 公司商号集中区　　B. 重要的车站附近

C. 学生街　　D. 商业闹市区

2. 在市郊路段，如果是专供聚餐的大型餐厅，其营业重点是提供（　　）餐饮产品。

A. 有特色的　　B. 高档的　　C. 低档的　　D. 中档的

3. 一家新建餐厅应该设法吸引（　　），并注意第一次就让他们满足，以便靠这类顾客为餐厅作口头宣传，扩大餐厅的知名度。

A. “尝试者的朋友”群体　　B. “多数人”群体

C. “尝试者”群体　　D. “稀客”群体

4. 按照就餐动机可分为（　　）等类型的客人。

A. 充饥　　B. 美食

C. 宴请　　D. 会议和旅游团队用餐

5.（　　）是餐厅传统的光线，比较适合于朋友聚会、恋人会餐、节日盛会等；（　　）是餐厅使用的一种重要光线，一般用于较为豪华的餐厅；（　　）宜用在快餐厅等大众消费的场合。

A. 烛光　白炽光　日光灯　　B. 日光灯　烛光　白炽光

C. 白炽光　烛光　日光灯　　D. 烛光　日光灯　白炽光

三、简答题

1. 餐厅选址应考虑哪些因素？

2. 餐厅选址典型地段的种类有哪些？

3. 界定餐厅市场区域有哪些方法？

4. 如何对餐厅竞争者进行调查分析？

5. 餐厅空间分隔常用的形式有哪几种？

第五章 CHAPTER 5

菜单的设计

动脑筋

满意的点餐

一对美国夫妇来到广州一家宾馆的中餐厅用餐。入座后，服务员为他们端来了茶水、面巾和小菜。宾客奇怪地问服务员，为什么没点菜就摆上小菜。服务员微笑着告诉他们，这是吃广东菜时的一种礼仪规格，为了表示餐厅对宾客的欢迎，茶水和小菜都是免费的。宾客听了服务员的解释非常高兴，表示要吃一顿正宗的广东菜，并请服务员为他们点菜。服务员把菜单递给他们后，告诉他们，广东菜的进餐程序和西餐有相似之处，如先喝汤后吃菜。她还依据菜单向宾客介绍，广东菜的主要特点是选料精细、花色繁多、新颖奇特。在征询了宾客口味的情况下，服务员根据菜单为宾客点了鱼翅汤、石斑鱼、脆皮鸡、猴头蘑、烤牛肉等。宾客品尝后连声称赞服务员小姐为他们点菜点得好，并表示正宗广东菜的口味果然与众不同。

请思考：菜单在点菜中应发挥什么作用？应如何正确使用菜单帮助宾客点菜？

第一节　菜单的基本知识

菜单，英文是"Menu"，来源于法语，或称菜谱、食单，其雏形是法国厨师为了记录菜肴的烹制方法而写的单子。当它成为向宾客提供的菜单时，已是16世纪中叶。据说在1541年，英国布朗斯维克公爵在私人宅第举行晚宴时，要求厨师将当天准备的菜肴抄在小纸条上，使他能预先知道要上的菜，当宾客看到他在看桌上的单子，颇受启发，以后大家便争相仿效，菜单也就真正出现了。而我国在宋代就有了菜单，诗人陆游在《老学庵笔记》中记载了宋廷宴请金使的国宴菜单。

一、菜单的定义

菜单的含义有广义与狭义之分。广义的菜单是指餐厅中一切与该餐饮企业产品、价格及服务有关的信息资料，它不仅包括各种文字图片资料、声像资料以及模型与实物资料，甚至还包括宾客点菜后服务员所写的点菜（订餐）单。而狭义的菜单则仅指餐饮企业为便于宾客点菜订餐而准备的介绍该企业产品、服务与价格等内容的点菜菜单或介绍该宴会菜点的宴会菜单。一份良好的菜单既要能够引导客人选择食品饮料，满足顾客审美及就餐的喜好，同时又要适合餐饮企业管理人员推销某些菜品的需要，并对整个餐饮经营过程进行计划和控制。

二、菜单的作用

随着餐饮业的发展，新的餐饮经营形式不断出现，新技术在餐饮业广泛应用，从而使得菜单的种类与形式日趋丰富，其内容与作用也相应扩大。现在，菜单的作用已不局限于传统上人们的眼光立即见到的文字内容，它已成为餐饮企业与宾客进行信息交流与沟通的重要手段之一，同时也是餐饮企业对整个餐饮经营过程进行计划、控制不可缺少的管理工具之一，它在餐饮企业经营管理中的作用主要表现在以下几方面。

（一）促进餐饮销售

一份精心编制的菜单，能使宾客感到心情舒畅，赏心悦目，并能让宾客体会到餐厅的用心经营，促使宾客欣然解囊，乐于多点几道菜肴；而且可以利用菜单内容引导顾客尝试高利润菜，以增加餐厅的收入。如加插精美的菜肴图片，使点菜者馋涎欲滴。

（二）是宣传品，又是艺术品

菜单无疑是餐厅主要的广告宣传品，一份制作精美的菜单不但可以提高用餐气氛，更能反映餐厅的格调，使客人对菜单内所列的美味佳肴留下深刻印象。有的菜单甚至可以被视为一种艺术品，让人欣赏并留作纪念，带给客人美好的用餐体验。

（三）反映餐厅的经营方针

餐饮工作包罗万象，主要有原料的采购、食品的烹调制作以及餐厅服务，这些工作内容都得以菜单为依据。因此，必须根据餐厅经营方针的要求来设计菜单，才能实现营运目标。

（四）控制餐饮成本

菜单内容一经确定，也就决定了餐饮企业食品成本的高低。毛利偏低的菜肴过多，必然导致整个食品的成本偏高；精烹细作、工艺复杂的菜品过多，也会引起劳动成本的上升。菜单上不同成本的菜品数量比例是否恰当，直接影响餐饮企业的盈利能力。所以菜单的设计是生产成本控制的重要环节。

（五）是厨房购置相应餐饮设备的指南

餐饮企业必须根据菜单的菜肴种类和制作方法，选择合适的餐饮设备和工具。例如有老鸭煲就要购置砂锅，有煎牛排就要购置平板灶或平锅。一般而言，菜式种类越丰富，所需的设备种类就越多。

（六）沟通消费者与接待者之间的桥梁

消费者通过菜单来选购自己所喜爱的菜肴，而接待人员通过菜单来推荐餐厅的招牌菜，两者之间借由菜单开始交谈，使信息可以交流，形成良好的双向沟通模式。有些在菜单上还绘上漫画，加上菜点小常识，更拉近与消费者的距离。

（七）采购材料种类、数量、方式的依据

食品材料的采购和储藏是餐厅经营活动的必要环节，它们受到菜单内容和菜单类型的支配和影响。所以餐厅经营者必须根据菜单来决定食品材料采购的种类和数量的多寡。

（八）是餐厅服务人员为宾客提供各项服务的准则

菜单决定了餐厅服务的方式和方法，服务员必须根据菜单的内容及种类，提供各项标准的服务程序，既能让客人得到视觉、味觉、嗅觉上的满足，又能让宾客享受到优质的服务。

（九）研究食品质量的资料

根据宾客点菜的情况，分析餐厅菜肴销售状况，了解宾客的口味以及宾客对菜肴的点击率，作为改进食品质量及服务品质的依据，从而来调整口味方向，改良生产计划和烹调技术，改善菜肴的促销方式和菜肴毛利率。

三、菜单的种类

由于各餐饮企业的经营类型、档次及经营项目各不相同，因而各企业对菜单内容选择、项目编排以及外观设计均有不同要求，从而形成了千姿百态的餐厅菜单。依据不同的分类标准，可将菜单分为多种类型。按餐饮形式和内容分，有早餐（茶）菜单、正餐菜单、宴席菜单、团队菜单、冷餐自助餐菜单、宵夜点心菜单以及酒水单；按照市场特点，可分为固定菜单、循环菜单、当日菜单和限定菜单等；按照菜单的价格形式，可分为零点菜单、套餐菜单和混合菜单；根据餐饮企业经营类型，可分为餐桌服务式餐厅菜单、自助式餐厅菜单和外卖送餐式餐厅菜单等；按照中西餐就餐方式，可分为中餐菜单和西餐菜单。综合考虑各类餐饮企业的经营类型、经营项目、就餐形式及服务对象等因素，将菜单分为以下六大类型：

（一）零点菜单

零点菜单又称作“点菜菜单”或“散客菜单”，是餐厅中最基本、最常见，也是使用最广泛的一种菜单。它适用于大多数经营类型的餐饮企业，如传统餐桌服务式餐厅、特色餐厅、风味餐厅、火锅餐厅及咖啡厅等。“点菜”在法语中叫“A La Carte”，在日语中又称“一品料理”。零点菜单按餐别可分为中、西早餐零点菜单和中、西正餐零点菜单。中、西正餐零点菜单所列菜品种类较多，大多都图文并茂，宾客可根据自己的喜好按菜单点菜如表 5-1、表 5-2、表 5-3、表 5-4 所示。

表 5-1　中式早餐零点菜单主要菜品类别

类别	内容
粥类	各地粥品主要以当地风味为主，如白粥、小米粥、八宝粥主要常见于北方风味的餐厅，鱼片粥、皮蛋瘦肉粥在粤菜餐厅菜单上最常见。除了白粥价格低一个档次外，其他粥品一般以相同价格供顾客选择
面食点心类	面点类主要以中式面点为主，常见品种有蒸饺、虾饺、烧卖、春卷、花卷、包子、馒头、煮面、炒面、云吞等

续表

类别	内容
小菜类	以各地风味小菜为主，如泡菜、咸菜、火腿肠、咸蛋、花生等，南方地区的餐厅还提供肉类小食，如牛百叶、凤爪、猪蹄等
饮料类	饮料一般是茶或果汁，有些餐厅还设有水果或咖啡

表 5-2　西式早餐零点菜单主要菜品类别

类别	内容
果汁与水果类	英式早餐的常见品种
面包与黄油	面包一般是烤制而成，与果酱黄油同时送上。早餐菜单一般选用月牙形黄油小面包（Croissant）、香甜盘肠面包（Sweet Roll）、玉米面包（Corn Muffin）等盘肠面包类主食
谷物类	这是英式早餐菜单上的常见品种，尤以燕麦片粥（Oatmeal）、玉米面包片（Corn Flakes）最为有名
禽蛋菜肴类	这也是英式早餐菜单上的常见品种。包括各种禽蛋菜肴，这类菜肴一般都加有火腿、香肠或咸肉
饮料	饮料主要有咖啡、牛奶、可乐、红茶等饮料

表 5-3　中式正餐零点菜单主要菜品类别

类别	内容
冷盘凉菜类	凉菜类包括各种拼盘、凉菜
江鲜、河鲜与海鲜类	主要包括淡水与咸水鱼、虾、蟹及甲壳类菜肴
肉类	主要是家畜类菜肴，包括家畜内脏等原料制成的菜肴
禽类	主要是家禽类菜肴
蔬菜类	主要包括蔬菜、粮食、水果等原料制作的菜肴
主食类	一般是米、面制品制作的品种
汤类	以各种羹汤类菜品为主
甜点类	包括各种甜食菜品
饮料类	包括酒精饮料与非酒精饮料

表 5-4　西式正餐零点菜单主要菜品类别

类别	内容
前菜类（Hors-d' Oeuvre）	前菜也称开胃菜（Appetizer）或头盆，一般在主菜前食用，其特点是量少、味鲜、色美，具有开胃刺激食欲的作用，通常包括三明治或饼干类开胃品、蘸汁开胃品及其他开胃小食品类，如法式鹅肝酱、苏格兰烟熏三文鱼、俄式鱼子酱、肉冻、咸菜、酸菜及开洋冷盘等
汤类（Soup）	汤的总称在法语中是Potage，国际上沿用。而在法国菜中，汤一般分为两大类，即浓汤（Potage Lie）和清汤（Potage Clairs）。清汤中又以清炖肉汤（Consomme）最具代表性，西餐涉及人口及国家较多，除法国的汤菜外，其他许多国家也有一些较著名的汤菜，如俄罗斯的罗宋汤（Borscht），意大利的蔬菜面条汤（Minestrone Soup）等

续表

类别	内容
主菜与配菜类（Main Courses and Garnitures）	这一类别的菜肴是西餐菜单上最重要的类别。主菜通常是菜单上烹调工艺较复杂，口味最具特色、分量最大的一类菜品，一般包括鱼、虾类、肉类、禽类及野味类菜品。按照西方人的就餐习惯，主菜一般只选一道菜品。主菜大部需要配菜，配菜一般选用各种新鲜菜，按照白、青、红等颜色组合烹制而成。其作用是既能在色、香、味、形方面美化主菜，又能刺激食欲，平衡营养
色拉类（Salad）	色拉也译为“沙律”，通常是在主菜上桌后不久或同时上桌。色拉有荤、素之分 荤色拉一般由鱼虾、蟹肉等原料制成。素色拉主要选用新鲜质嫩的蔬菜水果制成 随着节食和素食者增多，素色拉的需要量在大幅增加，因此它又常作为客人的一道主菜选用。色拉类菜品有时也可作为配菜使用
甜品类（Desserts）	甜品类菜点，并非仅仅局限于甜味食品，按照西方人的饮食习惯，广义的甜品是指正餐后食用的食物。因此甜品类菜点又称作正餐后菜点（After-Dinner Course） 甜品类菜点一般由 3 类菜品组成 1. 由冷热布丁（Pudding）、冰激凌（Ice Cream）等组成的冷热甜食类菜品（Sweet） 2. 以奶酪（Cheese）为主料制成的各种咸味小食品 3. 水果类
盘肠面包与黄油类（Bread & Butter）	主要品种有白面包、燕麦面包、葡萄干面包、黄油卷式面包、奶油包（Brioche）及玉米薄饼（片）
酒水饮料类（Drinks）	酒水饮料一般放在菜单最后，包括餐前开胃酒、跟餐酒、餐后烈酒、咖啡、牛奶、茶等

随着餐饮业的迅猛发展，近年许多餐厅在正餐零点菜单上除保留一定比例的固定菜肴外，大量增加了应时新鲜菜品和一些特选品种，进一步扩大了菜单上的选择项目，使顾客有更充分的选择余地。即使是专营某类菜肴的特色餐馆或风味餐厅，其菜单上也列有一定数量的其他菜肴。中、西早餐零点菜单则相对简单，这主要是由于大多数人早上忙于上班，就餐时间相对较少，早餐菜单上较少的菜品可为宾客节约点菜时间。总的来说，零点菜单的基本特征主要有以下几方面。

（1）针对流动性较大的客源市场，常使用固定性菜单，在相当一段时间内大部分菜品基本不变。

（2）针对的宾客群较广，为兼顾宾客不同口味与层次的需求，零点菜单菜品较多，菜品价格高中低档搭配适度，尤其是正餐零点菜单，从而使宾客有充分的选择余地。

（3）每道菜品都标明价格，许多餐厅的零点菜单还将每道菜品按大、中、小份分别定价，让宾客有更大的选择余地。

（4）反映餐厅经营特色与等级水平，突出主菜与特色菜。

中式餐厅正餐零点菜单品种丰富，但并不意味着所有的餐厅在选择菜品时，都必须将上述类别的菜品全部列在菜单上，而是要根据本餐厅的经营类别、当地原料供应情况、本餐厅技术力量、本餐厅市场定位与档次，来选择菜肴品种，同时在众多菜肴品种中，将那些最能突出本餐厅特色、反映本餐厅技术水平以及餐厅最愿意销售的菜品放在菜单上最醒目的位置。另外，中式正餐零点菜单的菜品类别，也可根据需要，加入以烹调方法为特征的品种类别，如煲仔菜、铁板类、热炒类、烧烤类等类别。

有些西餐厅为迎合东方人的需要，又在菜单上安排了一定的东方特色菜品供宾客选用，如中式云吞面、饺子、春卷、日式炒面、印度咖喱饭等。有些西餐厅为突出本餐厅的特色，在菜单上专设特色菜或精选菜类别，以推销本餐厅的特色菜或畅销菜，如专门开设意式炒面和意大利薄饼系列菜品。为迎合节食者的需要许多菜单还设有高蛋白低热量菜品专栏。另外，西餐正餐零点菜单内容丰富，一般都是按就餐顺序分类编排菜品项目的。

（二）套菜菜单

套菜也称套餐、定菜，就是在各类菜品中选配若干菜品组合在一起，以一个包价销售的一套菜肴。套菜菜单按照餐别划分，可分为中、西早餐套餐菜单和中、西正餐套餐菜单4种；按照服务人数分为个人套菜菜单和多人套菜菜单。个人套菜菜单一般多见于中、西快餐厅，而多人套餐菜单常见于各类餐桌服务式餐厅，如图5-1、图5-2所示。餐饮企业推出各种套菜菜单，其目的一是为了迎合不同宾客的需要；二是增加餐饮企业的收入，充分利用餐厅现有资源。同零点菜单相比，套菜菜单具有以下一些基本特征。

（1）经济实惠。套菜菜单的计价是以每客、每套或每桌计价，因此每套菜菜肴的包价通常比客人单独零点加起来便宜。

（2）品种大众化。套菜菜单上选用的菜品大都是大众习惯享用且制作较简便的品种。

（3）组合简单。每套菜肴的品种一般都较少，便于宾客选择，使宾客一目了然。

（4）可循环使用。无论是中西早餐套菜菜单还是中西正餐套菜单，除快餐厅外，每次提供给客人选择的套数不宜太多，一般保持在3～5套，但这些套菜菜单可循环使用。如每周循环一次。

（5）在节日或特殊场合，套菜菜单也可选用部分制作精细、档次较高的菜品。

套餐菜单示例
海鲜双人套餐

红袍对虾	蚝油菜心
芙蓉海胆	紫菜蛤蜊汤
宫保鲜贝	点心二道
铁板鱿鱼	水果拼盘

图5-1　中餐套餐菜单

西餐套餐菜单实例

南京包餐

奶油蕃茄汤	Ceamed Tomato Soup
面包粉炸鱼	French Fried Fish
煎肺脷	Tenderloin Steak
水果色拉	Fruit Salad

¥18.00

图5-2　西餐套餐菜单

（三）宴席菜单

宴席菜单是为宴席而设计的、由具有一定规格质量的一整套菜品组成的菜单。严格说来，宴席菜单也属于套菜菜单，只是由于人们举行宴席的目的、档次、规模、季节、宴请对象及地点各不相同，要求宴席菜单在规格、内容、价格方面同其他套菜菜单区别开来。因此，宴席菜单可以说是一种特殊的套菜菜单如表5-5和图5-3、图5-4、图5-5所示。宴席菜单同其他套菜菜单相比，其特殊性主要表现在以下几个方面。

表 5-5 中餐婚宴菜单

类别	序号	名称	主料	烹饪方法	特点
八冷菜	1	浓情蜜意	蜜桃、情人果	无	甜而不腻，清凉可口
	2	执子之手	凤爪	凉拌	辛辣而不油腻
	3	称心如意	春卷	炸	香、酥、翠
	4	比翼双飞	鸡翅、鸭翅	炸	造型别致，意喻丰富
	5	琴瑟和鸣	西芹	凉拌	颜色翠绿，给人食欲
	6	一心一意	糯米、南瓜	蒸	软而香甜，黏而不腻
	7	花开富贵	紫甘蓝、绿甘蓝、海蜇丝	凉拌	颜色搭配协调、口感清爽
	8	心心相印	猪肝	凉拌	补血养气，鲜香脆嫩
八热菜	1	金玉满堂	虾	油炸	灿灿金色，富气十足
	2	情深似海	海参	油炸	须焦肉嫩，味道鲜美
	3	共筑爱巢	鸭	烤	金黄油亮，鸭肉鲜嫩
	4	山盟海誓	排骨	炖	浓香嫩滑
	5	富贵有余	鱼	炖	鱼肉鲜美，鱼汤可口
	6	珠联璧合	牛肉丸	炸	外酥内软
	7	情投意合	乌鸡	炖	营养丰富，肉质鲜美
	8	百年好合	百合、芦荟	热炒	味道独特，花香气浓厚
主食	1	锦绣满园	米饭、火腿、胡萝卜丁	炒	颜色温馨，米饭香软
	2	鸳鸯共枕	蒸饺	蒸	皮薄肉多，香而不腻
汤	1	天作之合	桂圆、莲子、银耳	煮	浓而不腻，稠而香甜
四果点	1	佳偶同心	夹心汤圆		甜而嫩滑
	2	花好月圆	蛋挞		奶香浓郁，香甜可口
	3	多子多福	板栗		营养丰富，美好寓意
	4	合家欢	时令水果		鲜艳多汁

西餐正式宴会菜单

苏格兰烟熏大马哈鱼	Thinly Sliced Scottish Smoked Salmon with Traditional Accompaniments
原味鸽汤	Essence of Pigeon and Truffles Poached Quail Egg
柠汁蒸明虾	Steamed Tiger Prawn in Lilme-Butter Sauce with Broccoli Flan
美国菲利牛排酥盒	U.S.Beef Tenderloin-Baked in Flaky Puff Pastry with Mushroom and Goose Liver Stuffing Madeira Wine Sauce，Berny Potatoes Vegetable Garnish from the Morning Market
巧克力蛋糕	Gateau Poera-A Rich Chocolate Layer Cake on an Apricot Coulis
咖啡或茶	Coffee or Tea
小甜点	Pralines

图 5-3 宴会菜单

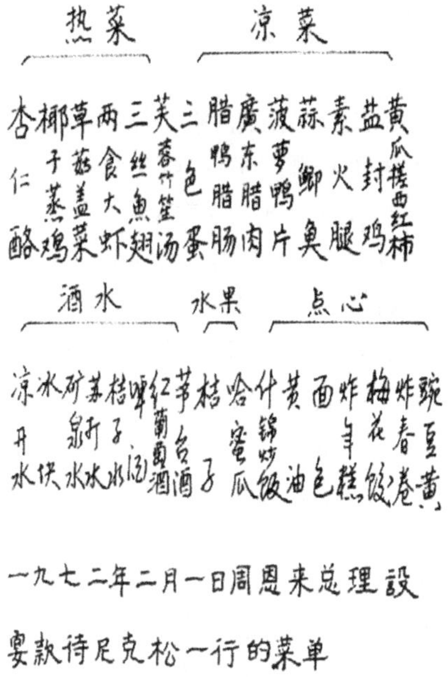

图 5-4　手写宴会菜单

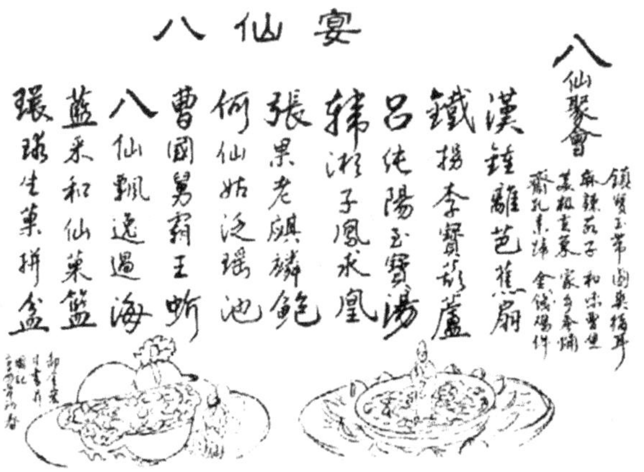

图 5-5　手写宴会菜单

1. 设计的针对性与及时性

餐饮企业必须根据宴席预订信息或临时针对每一次宴席顾客的不同需要来进行菜单设计，即便是同一餐厅、同一时间、同一价格，菜单内容也会因不同宴席目的与宴请对象而大相径庭。如是喜庆宴席，菜单上的菜名要体现喜庆的气氛；如是商务宴会，要体现友谊及生意兴隆的特点；如是寿宴，忌点牛肉、冬瓜、豆腐等菜式；如是白事宴，通常点 7 道菜，忌点汤。这也是宴席菜单与套餐菜单最主要的区别之一。

2. 内容的完整性

宴席无论是何种目的与档次，在菜单设计上都要求遵循一定的设计规则，按照就餐顺序，设计一套完整的菜品。如中式宴席菜单一般要求要有冷菜、头菜、热荤菜、热素菜、甜菜、汤、席点、水果、饮料等一整套菜品。

3. 菜品编排的协调性

宴席菜单在选择菜品时，除选择做工精细、外形美观的菜品外，所有菜品还要求在色、香、味、形、器、质地等方面搭配协调，避免雷同与杂乱。菜品选择还应与宴席性质及主题协调呼应，菜单上菜品在编排时，冷热菜、荤素菜比例要合适，同时也要体现主次感、层次感和节奏感，相同原料的菜肴上席时要注意间隔，相似形状的菜肴也要间隔上，使所有菜品融合为一个有机统一的整体。

一桌宴会所安排的菜肴色彩要协调，菜与菜之间的颜色要各有不同，菜肴在摆放时注意冷热、荤素、颜色的搭配。菜肴质量的关键在于口味的调配，尤其是整体口味的配合，就是菜肴的口味分别具有酸、甜、苦、辣、咸、鲜等。在菜肴的分量、档次方面，10 人宴席一般有 8 ～ 10 道菜，下酒的菜和下饭的菜要搭配适当，药材菜最多 1 ～ 2 道。整桌菜的档次要搭配合理，如：不能在鲍翅宴上配一条清蒸福寿鱼等。菜单中还应尽量避免原材料的重复和烹调方法、调味的重复。

4. 菜单选用的菜品集中体现餐饮企业的技术水平

一桌恰到好处的宴席应尽量推荐本店的特色菜及厨师的拿手好菜，这样既能宣传本店的特色，也是一种扬长避短的好方法。

5. 宴席菜单本身的设计体现餐饮企业的个性特色

宴席菜单不仅要求外观漂亮，印刷精美，其色形、图案也要与餐厅装饰、宴席台面相协调，宴席菜单一般还可让宾客带走留作纪念。

小资料

世界财富全球论坛年会宴会

1999 年 12 月，上海国际会议中心七楼摆设了 120 桌宴请“99 财富全球论坛”的跨国企业代表。宴会厨房工作安排计划书分三个部分：第一从餐具的选购、清洗、消毒、封贮、保存、保温、启封到装盘做了详细地分配安排；第二就菜肴的采购、加工、制作、贮存及质量把关都做了精细安排，专人负责；第三就菜肴的分派、督导、传菜、介绍也做了严格分工，真正做到了分配有序，忙而不乱。菜谱如下。

风传萧寺香（佛跳墙）

云藤双蟠龙（菠萝明虾）

际天紫气来（中式牛排）

会府年年余（烙银鳕鱼）

财运满园春（美点小笼）

富岁积珠翠（椰汁米露）

鞠躬庆联袂（冰渍鲜果）

把这些菜名的第一个字连起来，则是“风云际会，财富鞠躬”。

（四）特种菜单

此类菜单同零点菜单、套菜菜单、宴席菜单相比，在服务对象、计价方式、品种编排以及适用场所等方面都有较特殊之处，因此列入特种菜单。特种菜单常见的有以下几种。

1. 自助餐菜单

自助餐菜单与套餐菜单相比，其主要区别是套餐菜单的计价无论是以人还是以桌为计价单位，总是以一定品种和数量的菜品进行包价销售，而自助餐菜单则是在一定的品种菜品中，任宾客随意选用，无论数量多少，都按每位宾客规定的价格收费。也就是说宾客选择消费套餐，是以一定价格将套菜菜单上的菜品全部购买，即使吃不完也可打包带走，而选择消费自助餐，则具有在餐厅提供的菜品中任意选择享用的权利，但不能打包带走。自助餐菜单主要运用于经营自助餐、自助餐宴席以及自助式火锅的餐厅中。由于自助餐需要将菜品提前备好，供客人自由选用，因此自助餐菜单上菜品的选择具有以下一些特点。

（1）一般选用能大量生产、出品快速并且放置后质量下降慢的菜品。热菜要选用易于加温保温的品种。尽量选用能反复使用的食品。

（2）无论是中式自助餐还是西式自助餐，餐饮企业一般都将菜品进行合理编排与搭配，形成多套自助餐菜单，循环使用。自助餐菜单可以创造出特色，具有一定的主题风味，如海鲜自助餐、野味自助餐、水产风味自助餐、中西合璧自助餐等。

（3）品种风味一般要大众化，避免使用少数人群喜爱的风味菜、口味过分辛辣刺激的菜式或原料很怪异的菜式。

（4）品种数量一定要合理预测与安排，如果盲目制备，极易形成浪费。

中式自助餐会菜点结构一般为冷盘类（Cold Items)、汤类（Soups)、热菜类（Hot Items)、甜点水果类（Desserts Fruit Plate)、饮料类（中国茶)(Beverage)。

西式自助餐会菜点结构一般为冷盘类（Cold Items)、沙拉类（Salads)、汤类（Soups)、切肉类（Carving Board)、热菜类（Hot Items)、甜点水果类（Desserts Fruit Plate)、面包类（Breads)、饮料类（咖啡或红茶)(Beverage)。

2. 冷餐酒会菜单

冷餐酒会的特点是以冷菜为主，热菜为辅，菜点的品种丰富多样，一般都在 20 种以上。以 25 种菜点为例，冷菜可安排 15 种，占 60%；热菜安排 4 种，占 16%；点心安排 6 种，占 24%。菜单设计要点如下。

（1）冷菜可安排各种沙拉、冷冻、肉批等菜肴；热菜可安排烩、焖类菜肴。

（2）选用的原料要新鲜卫生，整形菜肴要完整无损。

（3）安排的菜肴要有多种原料和不同的风格。

（4）一些大型的菜肴要让客人欣赏后，再由服务员或厨师现场为客人派菜。

3. 客房送餐菜单

这种菜单一般只在具有较高星级的酒店才能见到。客房送餐服务是对因某种原因不能或不愿去餐厅就餐，或在就餐时间以外要求用餐的宾客所提供的服务。酒店为了满足这些特殊需求，必须配备各种额外的工作人员和设备，如推车、容器等。具有这些特殊需求的宾客为求方便一般对价格不敏感。因而客房送餐菜单应选用质量高，但加工不太复杂的菜。要避免选用那些放置后质量容易退化的菜，例如，蛋奶酥、嫩煎牛肉等不宜采用。客房送餐菜单的品种要搭配合适，不宜多。因为客房送餐供应时间长，品种多了会涉及较多的人工和设备，且电话订菜易出差错。因此，同样的菜品，客房送餐菜单比其他菜单的价格要贵些。

客房送餐菜单通常包括早餐菜单、全日菜单和饮品。为便于宾客订菜，许多酒店将早餐菜单设计成宜于挂在门把上的卡片，所以客房送餐菜单又被称为门把手菜单，如图 5-6 所示。

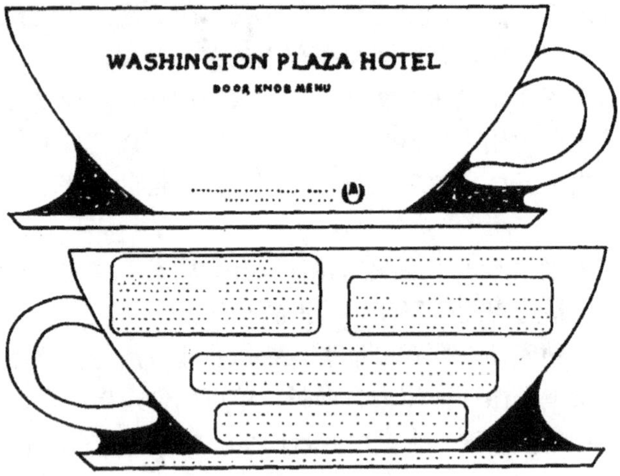

图 5-6 客房送餐菜单

说明：西雅图华盛顿广场饭店早餐客房送餐菜单，冲模成咖啡杯状，可悬挂在门把手上。

客房送餐菜单具有以下一些特征。

（1）从菜单内容上看，客房送餐菜单仍属于零点菜单，但其品种数量明显少于零点菜单，而且酒店、宾馆一般将早餐、午餐、晚餐菜品及饮料都印在一张菜单上，或置于客房内，或挂于门把上，便于宾客订菜。

（2）由于将菜品从餐厅送至客房需要一段时间，因此在选用菜单菜品时，一般都选用质量高、工艺不复杂且存放一定时间后质量不易退化的菜品。

（3）选择菜品时，应尽量少用需使用较复杂餐具的菜品。

（4）菜单计价一般有两种方式：一是菜单上注明每款菜品的价格和服务费收取比例；二是将用餐费包含在房价之中，如有些酒店的房价注明包含早餐送餐服务。

（5）由于送餐服务需配备额外的工作人员和设备，如推车、保温容器等，菜品的价格则明显较零点菜单上的菜品价格高。

4. 旅行菜单

这类菜单主要用在一些大型旅行交通工具上，为旅客提供餐饮服务时使用。人们乘坐大型交通工具旅行，由于旅行时间较长，因此运输企业为旅客专门开设就餐场所，为人们提供简便的餐饮服务。这些交通工具主要指火车和轮船。这类菜单也属于零点菜单，只是由于受到场地、设备、原料等限制，这类菜单上的品种相对较少，而且成本一般较高，因此菜品价格也较贵。

在飞机上提供餐饮服务受到更大的限制，因而飞机上使用的航空菜单品种数量最少，可供选择的套数也最少，一般 1 ～ 2 套，而且都是由航空食品供应商提前制好，起飞前送上飞机，由航空小姐在飞行途中分发给旅客的。航空菜单的菜品一般都选用能大批量提前生产，便于包装、储存、运输的快餐食品，这些菜品都以每人一套的方式分发给旅客，其价格已包含在机票价格中，因此，航空菜单应属于套菜菜单。目前，国内航空公司的国内航线上一般很少使用菜单，而在国际航线上以及国际航空公司的客机上使用航空菜单的机会较多。航空菜单如图 5-7、图 5-8、图 5-9 所示。

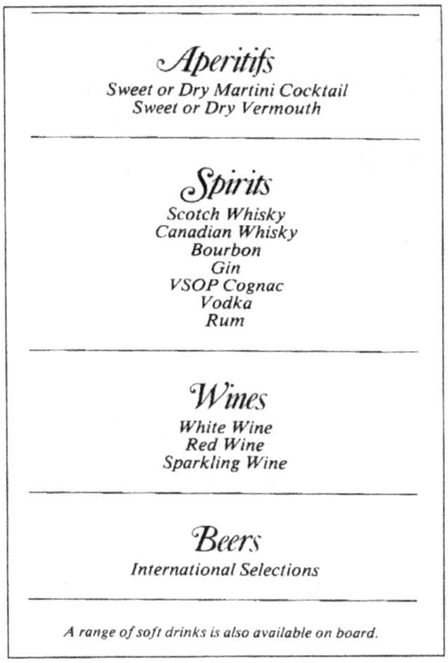

图 5-7　航空菜单——酒水单（英文）

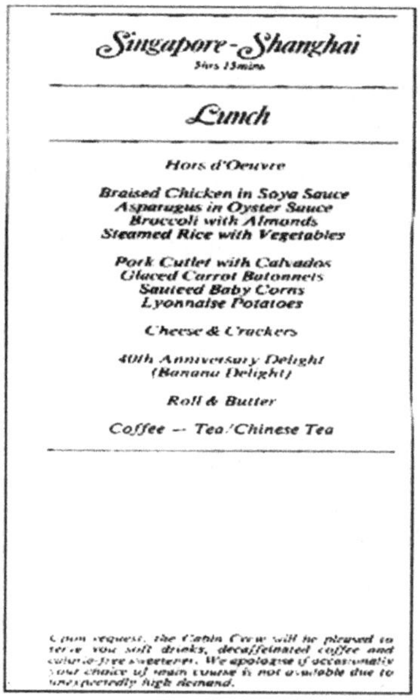

图 5-8　航空菜单——午餐单（英文）

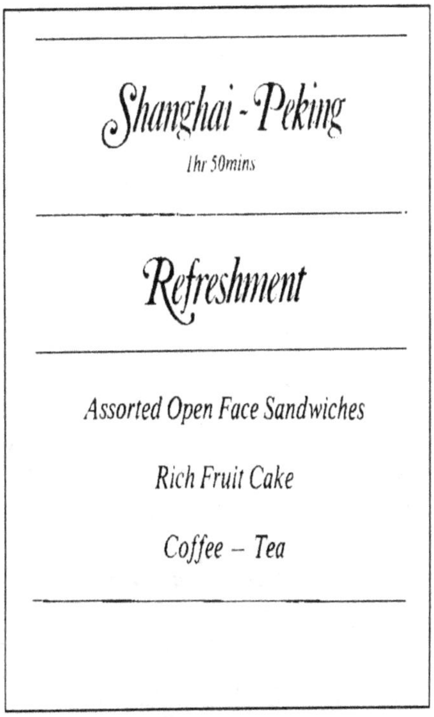

图 5-9　航空菜单——茶点单（英文）

5. 特殊人群菜单

餐饮企业推出特殊人群菜单，主要是满足人们多种就餐方式与就餐口味的需要，以进一步提高餐厅的营业收入。餐饮企业针对特殊人群推出的菜单主要有 4 大类，即儿童菜单、病人菜单、特殊饮食菜单、营养保健菜单。特殊人群菜单如表 5-6 和图 5-10、图 5-11、图 5-12 所示。

表 5-6 特殊人群菜单

种类	内容
儿童菜单	尽管儿童不是家庭外出就餐的决策者，但他们对决策者有十分重要的影响，尤其是当前我国城市生活水平大幅提高，独生子女较多，年轻的父母们大都愿意为子女花钱，不少家庭因孩子的央求而外出就餐。因此许多餐饮企业，特别是西式快餐厅如麦当劳、肯德基等都将目光集中在儿童这一特殊人群身上，开发了各式各样的儿童菜单。其特点是菜单设计图文并茂，引起儿童兴趣，菜品上主要选择适合儿童生理特点的营养食品，计价上更灵活，使年轻父母们感到经济实惠，同时在菜单上注明可获额外小礼品，以进一步取悦小朋友（见图 5-10、图 5-11、图 5-12）
病人菜单	有些宾客因患有某些疾病，而在饮食上受到许多限制，如糖尿病患者与胃病患者。尽管这些人群是宾客中的极少部分，但一些餐厅还是为这些顾客准备了特别的菜单，以满足他们外出就餐的需要。当然在编制这种菜单时，应有医生、饮食学家和营养学家的指导
特殊饮食菜单	餐饮企业推出特殊饮食菜单主要是针对那些有特殊饮食习惯与嗜好的宾客，以满足他们的特殊饮食需要，如针对素食者的素菜单、针对节食者的节食菜单等
营养保健菜单	随着人们生活水平的提高，人们对饮食给健康带来的影响越来越重视，人们总是希望通过饮食来促进健康，预防疾病。在我国早就有“医食同源”的说法，中医亦认为可通过饮食来预防和治疗某些疾病。一些餐饮企业大量开发、推出了药膳食疗菜单，满足了市场需求。目前许多药膳菜单上的品种逐渐被其他种类的菜单所引用

图 5-10 儿童菜单（一）

图 5-11 儿童菜单（二）

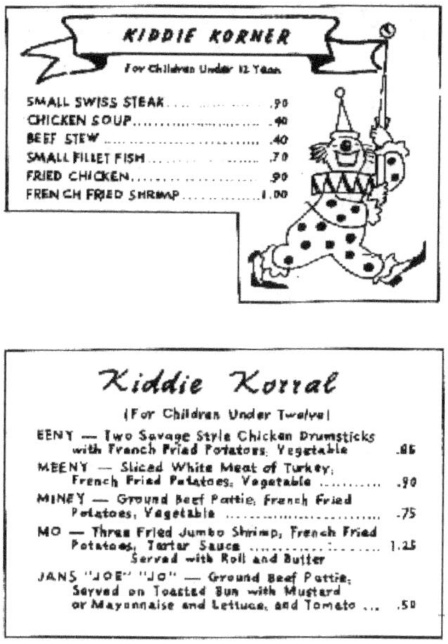

图 5-12 儿童菜单（三）

（五）混合式菜单

混合式菜单综合了零点菜单与套菜菜单的特点与长处，将二者有机地结合在一起。但是最初的混合式菜单则仅是简单地将一份零点菜单与一份套菜菜单印制在一起，其缺点是菜单过大过长，使用不便。后来许多餐饮企业进行了简化与改革，将零点菜单列在前，后设几组套菜或宴席菜式，形成了较简便实用的混合式菜单。西餐厅使用混合式菜单较多，有些西餐厅的混合式菜单上以套菜形式为主，同时欢迎顾客随意点用其中任何主菜，并以零点形式单独付款；而另一些西餐厅的混合式菜单则以零点形式为主，但主菜均有两种价格，一为零点价格，一为订菜价格。顾客若要选用订菜方式，则在选定主菜之后，可以在其他种类菜品中选择数量和品种控制在一定范围内的菜点作为配套菜品，最后按所选主菜的价格付款。企业用混合式菜单一定要注意避免过于复杂，同时又不要因菜单叙述不清楚而引起歧义。

（六）酒水单

酒水单主要适用于以经营酒水饮料为主的酒吧、咖啡屋、茶馆等餐饮企业。酒水单上饮品的种类选择根据餐饮企业的经营类别而有所不同。酒吧中的酒水单以含酒精饮料为主，而咖啡屋和茶馆的饮料单，则以咖啡、茶等非酒精饮料为主。酒水单上的饮品种类较多，一般有开胃酒、烈性酒、鸡尾酒、香槟酒、葡萄酒、啤酒、汽水、果汁等类别。酒水单上的每一种饮品应分别注明价格。但计价单位因各餐饮企业的经营方法和酒水种类而有所不同。如烈性酒、鸡尾酒等饮品大多按每杯计价，而香槟、葡萄酒等多数按每槽计价。酒水单的基本形式与零点菜单类似。由于酒水饮料属于获利很大的产品，因此酒水单的品种选择与内容编排，会直接影响餐饮企业的饮料销售。一般经营酒水饮料的餐厅大多把酒水饮料附列在菜单最后，部分大中型高档餐厅因提供酒水饮料品种较齐全，有时也单独印刷酒水单，其内容形式与酒吧等的酒水单类似。

小知识

茶歇菜单

茶歇对于一般的大型会议而言可能不需要，中小型会议，特别是公司或者组织高层会议，会间茶歇是很重要的。茶歇的定义就是为会间休息兼气氛调节而设置的小型简易茶话会，当然提供的饮品可能不限于中国茶，点心也不限于中国点心。

通常茶歇的准备包括点心要求、饮品要求、摆饰要求、服务及茶歇开放时间要求等，一般不同时段可以更换不同的饮品、点心组合。大致上茶歇的分类是中式与西式。中式的饮品包括矿泉水、开水、绿茶、花茶、红茶、奶茶、果茶、罐装饮料、微量酒精饮料，点心一般是各类糕点、饼干、袋装食品、时令水果、花式果盘等。西式茶歇饮品一般包括各式咖啡、矿泉水、低度酒精饮料、罐装饮料、红茶、果茶、牛奶、果汁等，点心有蛋糕、各类甜品、糕点、水果、花式果盘，有的还有中式糕点。

第二节　菜品的选择

一、菜品选择的前提

（一）了解当前菜品的销售动态

一张好的菜单应该能适应当前菜品的销售动态。在选择菜单的菜品时，要密切注意有关菜品的销售状况，阅读有关美食和各种菜谱的杂志和书刊。同时，还要访问其他餐馆，了解他们销售什么食品以及这些食品的销售情况。了解他们有哪些菜特别受宾客欢迎、哪些菜销售不佳。从而使菜单的品种反映以下特点。

（1）当时菜品流行的潮流。

（2）中国销量最大的菜品。

（3）当地人最喜欢的菜品。

餐厅的菜单不能一成不变，除进行销售动态调查外，还要进行菜单分析，了解除本餐厅各种菜品的销售情况。

（二）菜单分析

菜单分析是菜品选择的一项十分重要的工作。菜单分析就是对菜单上各种菜的销售情况进行调查，分析哪些菜品宾客最欢迎。在菜单分析时，以菜品的价格和销售额指数来表示。菜单分析的原始数据可采自于订菜单，汇总账单上各种菜的销售份数和价格，便可算出菜肴受宾客欢迎的程度。

可以把被分析的菜品划分成四类，并对各类菜品分别采取不同的产品政策。

畅销、高利润	保留
畅销、低利润	作诱饵或取消
不畅销、高利润	吸引高档客人或取消
不畅销、低利润	取消

畅销、高利润菜既受顾客欢迎又有盈利，是餐厅的盈利项目，在计划菜品时应该

保留。

畅销、低利润菜一般可用于薄利多销的低档餐厅中，如果价格和盈利不是太低而宾客又较欢迎，可以保留，使之起到吸引宾客来餐厅来就餐的诱饵作用。宾客进了餐厅就还会订别的菜，所以这样的畅销菜有时甚至赔一点也值得。但有时盈利很低而又十分畅销的菜，也可能会转移宾客的注意力，挤掉那些盈利大的菜品的生意。如果这些菜明显地影响盈利高的菜品的销售，就应果断地取消这些菜。

不畅销、高利润菜可用来迎合一些愿意支付高价的宾客。高价菜毛利额大，如果不是太不畅销的话可以保留。但是如果销售量太小，会使菜单失去吸引力。所以连续在较长时间内销售量一直很低的菜应该取消。

不畅销、低利润菜一般应取消。但有的菜如果宾客欢迎度和销售额都不算太低，又在营养平衡、原料平衡和价格平衡上有需要的仍可保留。

（三）确定价格范围

在选择菜品时，餐饮管理人员须对餐厅的经营情况进行分析，计算为使餐厅获取目标利润的就餐宾客的人均消费额应该为多少。同时还要进行菜单分析和宾客调查，了解目标宾客愿意支付的人均消费额是多少。管理人员根据这些信息确定餐厅的人均消费额标准，并根据人均消费额标准定出各类菜品的价格范围。

在确定各类菜品的价格范围时，先要把菜品分成各大类别，根据竞争者餐厅或本餐厅以前的销售调查算出各类菜品占销售额的百分比以及宾客对各类菜的订菜率。

二、菜品选择的原则

菜品的选择和计划要反映出餐厅经营的风格，要能影响餐厅顾客的需求。菜单上列出的菜品是宾客就餐时购买决策的依据。菜品选择合理会促使顾客购买，吸引他们下次再来，从而提高餐厅的收入和经营利润。因此菜品的选择和计划应十分慎重，必须遵循以下八条原则。

（一）迎合目标顾客的需求

菜单上应列出多种菜品供宾客挑选，这些品种要体现餐厅的经营宗旨。而餐厅的经营宗旨是要迎合某些类目标顾客的需求，因此菜品必须迎合这些具有某种类似需求的目标宾客的需要。如果餐厅的目标宾客是收入水平中等、喜欢吃广东菜的群体，则餐厅的经营宗旨就是中档粤菜，而不要将杂七杂八的烤鸭、涮羊肉都编进菜单，使菜单反映不出经营宗旨。以享受性就餐的高收入顾客为目标市场的餐厅，菜单应提供一些做工精细、服务讲究的高级菜品。以流动性人群为主要顾客对象的餐厅，菜单上应设计制作简单、价格适中、服务迅速的菜品。以家庭群体为目标顾客的餐厅，菜单上的品种应丰富多彩并且讲究美观和变化。

（二）与总体就餐环境相协调

菜品并非越精细越好，而是必须和总体就餐经历和其他部分相协调。一家设计美观、建筑成本高的豪华餐厅，人们希望提供高级的菜品，如果菜单上只是一些加工粗糙的普通菜，人们便会大失所望，产生很坏的印象。相反，一家设计简单、布置朴素的餐厅，人们希望提供价廉的普通菜，如果餐厅提供高价的特色菜，人们会觉得菜品的价格不值。

（三）品种不宜过多

一家好的餐厅，菜单上列出的品种应保证供应，不应缺货，否则会引起宾客的不满。但菜单所列的品种也不宜太多。品种过多意味着餐厅需要很大的原料库存量，由此会占用大量资金和高额的库存管理费用；菜品品种太多还容易在销售和烹调时出现差错；还会使顾客挑菜决策困难，延长挑菜时间，降低座位周转率，影响餐厅收入。因此菜单上的品种应该少而精，这也为将来更换菜品留有余地。

（四）选择毛利润较大的品种

菜品计划应使餐厅获取可观的毛利。因此设计菜品时要重视原料成本。原料成本不仅包括原料的进价，还包括加工和切配的折损、剩菜和其他浪费的损耗因素。如果菜品因原料成本高、价格贵而难以售出，则这类菜不宜多选。要选择一些能产生较大毛利的菜品，选择那些组合起来能使餐厅达到毛利指标的菜品。

（五）经常更换菜品

为了使宾客保持对菜单的兴趣和新鲜感，菜单上的品种应该经常更换，防止宾客对菜单发生厌倦而易地就餐。这对常驻宾客和回头客较多的酒店餐厅更为重要。

菜品更换应根据季节变换补充一些新鲜的时令菜，换去一些落市的菜品，使菜品能反映季节的特色。有些餐厅的菜品每年变换两次或每三月变换一次，使宾客能品尝新鲜的时令菜。有些餐厅的菜单留下一些空白之处，以便插进新鲜的时令菜。

菜品的更换要注意尽量减少浪费。在计划更换菜品时，要检查库房有哪些食品贮存时间较长，哪些菜不能继续贮存，要设法换上一些能用这些原料的菜品，以避免浪费。

菜品的更换还要根据菜单分析的结果，要留下盈利大、受欢迎的菜品，换去一些不受欢迎且收入少的菜品。

菜品更换时要尽量补上新产品。所谓新产品有 3 种：一是过去不存在的产品；二是过去虽有但又经改进的菜；三是曾有但被遗忘而又重新出售的产品。餐饮工作人员要注意学习其他餐馆的新鲜菜，经过模仿和改进，补充到自己的菜单里去。

（六）品种要平衡

菜单，无论是零点菜单还是套餐菜单，应尽量满足不同的口味，不要使顾客的选择面太窄。因此选择品种时要考虑以下因素。

1. 每类菜品的价格平衡

菜单要针对一定档次的宾客，但是每一档次的宾客又有愿意多花钱和少花钱之分，所以每一类菜的价格应尽量在一定范围内有高、中、低之搭配。

2. 原料搭配平衡

每类菜应用不同原料的菜品组成，以适应不同口味顾客的需要。例如，西餐的汤类应有以肉、鱼、蛋、家禽、蔬菜为主要原料的品种。因为宾客中会有人不吃肉或家禽等，原料搭配好可使更多的宾客能选择自己喜欢的品种。

3. 烹调法平衡

在各类菜中应有不同烹调法制作的菜，如炸、炒、煮、蒸、炖。成品的质地要生、老、嫩、脆搭配，口味要咸、甜、清淡、辛辣搭配合理。

4. 营养平衡

选择菜品时要注意各种营养成分的菜搭配合理。例如，不能只选择蛋白质丰富的菜，还应配些具有各种维生素的菜。在选择菜品时，还要注意使节食者有营养丰富的菜可选，使素食者选的菜也营养良好。

（七）品种要有独特性

如果菜单上的品种太普通，是各餐厅都供应的、不需特殊烹调方法的大众菜，餐厅是不会创出名气的。独特，是指某餐厅特有而其他餐厅所没有或及不上的某类、某个品种，某一种烹调方法，某种供餐服务方法等。例如某家咖啡厅由于讲究冲咖啡用的泉水而创出自己的独特性，北京全聚德因烤鸭技术出色而创出名气，南京丁山宾馆的餐厅因丁香排骨而出了名。

具有独特性的菜品能突出餐厅形象，使餐厅有与众不同之处而创出名气。这需要餐饮工作者具有创造性和想象力，但是太陌生的、人们闻所未闻的菜也往往会使顾客产生不安全和畏惧心理。

（八）厨师的烹调技术

在计划菜品时，必须考虑本餐厅的厨师有什么特长，要选择一些能发挥他们特长的菜而不能选他们力所不能及的菜。同时，还要考虑厨师烹调技术的适应性。对于那些烹调技术高或经过培训对新技术接受能力较强的厨师，可计划安排一些烹调难度大、需新技术的新品种。

第三节 菜单的定价及策略

菜单的定价是菜单设计的重要环节。价格是否适当，往往影响菜单的吸引力和餐厅的客源，影响整个餐厅的竞争地位和能力，对餐厅的经营利益也影响极大。

一、定价原则

（一）价格反映产品的价值

菜单上食品饮料的价格是以其价值为主要依据制订的。其价值包括三部分：一是食品饮料原材料消耗的价值、生产设备、服务设施、家具用品等消耗的价值。二是工资和资金。三是上交的税金和利润。

（二）价格必须适应市场的需求

菜单的定价要能反映产品的价值，还要反映供求关系。档次高的餐厅的定价可适当高些；旺季时，价格可比平时、淡季略高些；地理位置好的餐厅可比地理位置差的餐厅价格略高些；牌子老、声誉好的餐厅的价格自然比一般餐厅价格要高些。但价格的制定必须适应市场的需求能力，价格不合理，定得过高，超过了消费者的承受能力，或“价非所值”必然会引起消费者的不满，降低消费水平，减少消费量。

（三）定价要灵活性与稳定性相结合

所谓灵活性是指菜单定价应根据市场需求的变化有升有降，调节市场需求以增加销售，根据供求关系的变化而采用适当的灵活价，如优惠价、浮动价等。但是菜单价格过于频繁地变动，会给潜在的宾客带来心理上的压力和不稳定的感觉，甚至挫伤宾客的购买积极性。因此，菜单的定价要有相对的稳定性。稳定性表现在以下四方面。

（1）菜单价格不宜变化太频繁，更不能随意调价。

（2）每次调价幅度不能过大，最好不超过 10%。

（3）降低质量的低价出售以维持销量的做法是不可取的。只要保持菜点的高质量并适销对路，其价格自然能得到宾客的认可和接受。

（4）定价要服从政策，接受物价部门指导。

二、定价目标

菜单的定价目标应与酒店餐饮经营的总体目标相协调，餐饮产品价格的制定须以定价目标为指导思想。

（一）以经营利润作为定价目标

菜单的定价往往要以经营利润作为目标。管理人员根据利润目标预测经营期内将涉及的经营成本和费用，然后计算出达到利润目标必须完成的收入指标。

要达到的收入指标 = 目标利润 + 食品原料成本 + 经营费用 + 营业税

例如，某餐厅要求达到的年利润为 200000 元，根据以前的会计统计，食品原料成本占营业收入的 45% 左右，营业税占 5%，部门经营费用占 30%，餐饮部门分摊的企业管理费占 5%。预计明年这些项目占营业收入的比例相差不大，那么，明年餐饮营业的收入指标为

$$TR = 200000\text{ 元} + 45\%TR + 5\%TR + 30\%TR + 5\%TR$$

$$TR = \frac{200\,000\text{ 元}}{1 - 45\% - 5\% - 30\% - 5\%} = 1333333\text{ 元}$$

决定销售收入的高低有两个关键指标：一是座位周转率；二是宾客平均消费额。通过预测餐厅的座位周转率，就能预测出宾客的平均消费额。

$$\text{宾客平均消费额指标} = \frac{\text{计划期餐饮收入指标}}{\text{座位数} \times \text{座位周转率} \times \text{每日餐数} \times \text{期内天数}}$$

如果上述餐厅有 100 个座位，预计每个餐座的周转率为 1.1，每天供应午餐和晚餐，则客人的平均消费额指标为

$$\text{宾客平均消费额指标} = \frac{1333333}{100 \times 1.1 \times 2 \times 365} = 16.60\text{ 元}$$

根据目标利润计算出的客人平均消费额指标，还应与宾客的需求和宾客愿意支付的价格水平相协调。在确定目标宾客平均消费额指标后，就可以根据各类菜品占营业收入的百分比来确定各类菜的大概价格范围。

（二）注重销售的定价目标

在有些情况下，管理人员出于经营的需要，在定价时追求增加客源和菜品的销售量。例如，有些餐厅所处的地点过于僻静，或者餐厅的知名度较低，管理人员为吸引客

源，增强菜单的吸引力，往往在一段时间内把价格定得很低，吸引宾客光顾而使餐厅的知名度提高。有些餐厅在遇到激烈竞争时，为了扩大和保持市场占有率，为了控制市场，也采取确定低价来增加客源的策略。这些酒店虽然因低价而生意兴隆，但可能会得不到应得的利润，甚至不能产生利润。

（三）刺激其他消费的定价目标

有些餐厅为实现酒店的总体经营目标，例如，以增加客房或其他产品的客源作为餐饮定价的目标。在我国许多酒店中，餐饮部在定价时往往考虑酒店的整体利益，以较低的餐饮价格来吸引会议、旅游团体及公务客人，以此提高客房出租率，使酒店的整体利润提高。

（四）以生存为定价目标

在市场不景气或竞争激烈的情况下，有的酒店为了生存，在定价时只求保本，待市场回升或餐厅知名度提高后再提升价格。

三、定价策略

餐厅的市场指向决定了餐厅要获取利润的主要方法是提高销售额，而提高销售额的关键因素之一就是要有正确的价格策略。一般有三种定价策略。

（一）以成本为基础的定价策略

多数餐厅主要是根据成本来确定食品、饮料的销售价格，这种定价策略常使用两种不同的方法。

1. 成本加成定价法

即在成本价之上再加上一定的百分比来确定定价，不同的餐厅会采用不同的百分比。这是最简单的方法。

“成本”的概念必须搞清楚。有人把“成本”理解为“原材料的价格”，这是片面的。全部成本正确的理解应该是：成本 = 每份菜的原料成本 + 每份菜加工人工费 + 每份菜服务人工费 + 每份菜其他经营费用。

2. 目标收益率定价法

即先定一个目标收益率，作为核定价格的标准，根据目标收益率计算出目标利润率，以此计算出目标利润额。在达到预计的销售量时，能实现预定的收益目标。

根据成本制定的价格是餐厅必须达到的价格，如果低于这个价格，餐厅经济效益会受损。同时，运用以成本为中心的定价策略，只考虑成本的单方面因素，忽略了市场需求和宾客心理，不但不能全面反映餐厅经营效果，而且对餐厅的进一步发展也极为不利。

（二）以需求为基础的定价策略

这是根据消费者对餐饮产品价值的认识程度和需求程度来决定价格的一种策略，也有两种不同的方法。

1. 观念定价法

餐厅所提供的食品饮料及其质量、作用，以及服务、广告推销等“非价格因素”，使宾客对该餐厅的产品形成一种观念，餐厅则根据这种观念制定相应的、符合消费者价值观的价格。

2. 区分需求定价法

餐厅在定价时，按照不同的宾客，不同的地点、时间，不同的消费水平区别定价。这种定价策略容易取得客人的信任。

以需求为基础的定价策略是根据市场需求制定价格。如果说以成本为基础的定价策略决定了餐饮产品的最低价格，那么，以需求为基础的定价策略则决定了餐饮产品的最高价格。在实践中，根据市场情况，可分别采取以高质量高价格取胜的高价策略；也可以采取以薄利多销来扩大市场，增加市场占有率为目标的低价策略；以灵活采用的优惠价格策略，给宾客以一定的优惠，来争取较高的销售额和宣传推销本饭店的餐饮产品的效果。当然，这些策略并不是随意使用的，而是通过市场调研，根据市场需求决定的。

（三）以竞争为基础的定价策略

这种定价策略以竞争者的售价为定价依据，在制定菜单价格时，可以比竞争对手高一些，也可低于竞争对手的定价。

这种以竞争为基础的定价策略既有按同行的价格决定自己的价格，以得到合理的收益且避免风险的定价策略，又有“捞一把就走”的展销新产品的定价策略，还有因自己实力雄厚而采取的“变动成本”定价策略（即只考虑价格不小于原料成本即可）以确立自己在市场上的竞争地位。以竞争为基础的定价策略由于不以成本为出发点，也不考虑消费者的需求，因而这种策略往往是临时性的或在特殊场合下使用的。无论采取何种策略，定价人员必须深入研究市场，充分分析竞争对手，否则，很难定出合理的菜单价格。

第四节　菜单的制作

一、菜单内容

菜单也是餐厅的推销工具，不管餐厅在电话本上、报纸上、电视上做了多少广告，都无法保证宾客看到餐厅提供的全部菜品的信息。而菜单是将餐厅产品的信息直接传递给宾客的十分有效的媒介。如果菜单的内容和设计能遵循广告的原则，必定会吸引、引导顾客的选择。

菜单的内容有四项。

（一）菜品的品名和价格

菜品的名字会直接影响宾客的选择。宾客未曾尝试过某菜，往往会凭菜名去挑选。菜单上的品名会在宾客的头脑中产生一种联想。宾客对一餐饭是否满意在很大程度上取决于看了菜单品名后对菜品产生的期望值，而更重要的是，餐厅提供的菜品能否满足宾客的期望。

1. 菜品名称的真实性

根据国际菜单法规，菜品名和价格要具有真实性。

（1）菜品名真实。菜品名应该好听，但必须真实，不能太离奇。以前曾流行过充满想象力、离奇和不精确的名字。国际餐馆协会对顾客进行调查发现，故弄玄虚而离奇的名字，宾客不熟悉或不符实的名字，不容易被宾客接受，只有一种小型的、以常客为主的餐厅可用不寻常的名字。向大众开放的餐厅应该采用符实并为宾客熟悉的菜名。当然有些餐厅用独特名字也有成功的。

（2）菜品的质量真实。菜品的质量真实包括原料的质量和规格要与菜单的介绍相一致。如菜品名为炸牛里脊，餐厅就不能供应炸牛腿肉。产品的产地必须真实。如果品名是烤新西兰牛排，那么原料必须从新西兰进口。菜品的份额必须准确。菜单上介绍份额为 300 克的烤肉必须是 300 克。菜品的新鲜程度应正确，如果菜单上写的是新鲜蔬菜，就不应该提供罐头或速冻食品。

（3）菜品价格真实。菜单上的价格应该与实际供应的一样。如果餐厅加收服务费，则必须在菜单上加以注明，若有价格调动要立即改动菜单。

（4）外文名字正确。菜单是餐厅质量的一种标记。如果西餐厅菜单的英文或法文名搞错或拼写错误，说明西餐厅对该国的烹调根本不熟悉或对质量控制不严，这样会使顾客对餐厅产生不信任感。

（5）菜单上列出的产品应保证供应。

2. 菜品命名的方法

要起一个既能反映菜品特点，又实用且具有某种意义的菜名，不是一件简单的事情。菜品命名的基本方法有以下几种。

（1）如实反映菜品特点的命名。以烹调方法命名。目的是使宾客了解该菜品的烹调方法。如酥炸生蚝、水煮牛肉、清蒸鱼、生炒菜心等。以主要原料命名。即突出制作该菜品的主要原料。如西红柿炒鸡蛋、黑椒牛肉、鲜人参炖土鸡、叉烧包等。以突出色彩为目的命名。用菜品的颜色特点命名，可激起人们的食欲。如五彩鸡片、三色蒸水蛋、翡翠扒鲍片等。以突出菜品味道为目的命名。这种命名方法突出了菜品的味道，使顾客一目了然，对于关心菜品味道的顾客来说，意义重大。如麻辣鸡丝、酸辣汤、甜酸排骨等。

（2）以地名或区域与国家来命名。通常这种菜品以发源地或成名地来命名，突出其色彩。如北京烤鸭、无锡排骨、桂林米粉、扬州炒饭、西湖醋鱼、东江酿豆腐、西式炒饭等。

（3）以人名或官名来命名。如麻婆豆腐、宫保鸡丁、东坡肉、宋嫂鱼羹等。

（4）以历史或文化典故命名。这种命名从字面上看不出是什么菜品，也不知道其风味特点和原料构成，但蕴含着某种历史和文化典故。如佛跳墙、叫花鸡、护国菜、过桥米线等。

（5）用反映菜品特点的形象命名。以这种方式命名的菜品很多，有的是地方名菜，而更多的是一些餐厅自己命名的，虽然形象，但应注意，要避免使顾客有失望的感觉。如八仙过海、布袋豆腐、霸王别姬、双龙戏珠、满坛香等。

（6）寓意命名。这是指根据有关需要，结合菜品的某些特点，起一个表达某种意境的菜名。如是喜宴可将虾喻为龙，白灼虾可取名“群龙贺喜”。如红色代表“鸿运”，烤乳猪就可以起名为“鸿运金猪”，这在广东省是很注重的。有时为菜名有个好意头，将原有菜名也改了，如将苦瓜改称为凉瓜。

（7）谐音命名。利用谐音给菜命名是一种很常见的方法。如白灼虾取名为“哈哈齐欢笑”，是因为“虾”和“哈”的音相近。又如生菜叫“生财”，鱼块叫“愉快”等。

（8）根据宾客需求倾向命名。当今人们喜欢减肥、喜欢天然食品，在取名时，可注意这些因素。一些餐厅的菜名取为“纤美色拉”“田园色拉”“乡间午餐盒”“农式煎蛋”等，这些都比较迎合当代人们的心理，但要注意不要牵强附会。

3. 宴会菜单的命名

很多餐厅在进行宴会设计时，为了突出宴会主题，往往会给一些现有的菜品起些和菜品的特点有联系的好听的名称。

例 1：情人套餐——二人世界

主要菜名有：甜甜蜜蜜——银耳果羹　　千丝万缕——拔丝苹果
清心境界——凤尾莴笋　　天长地久——银丝面
柔情似水——八宝海参　　比翼双飞——鸳鸯炖盒
爱人心——奶油菜心　　爱情曲——红葡萄酒
纯情曲——杏仁奶露　　情无价——金钱鸡

例 2：“迎七一、庆回归”宴会

为突出“普天同庆、香港回归”主题，表达人民迎接香港回归的喜悦心情，设计菜单如下。

（1）看盘。

紫荆花开——由白萝卜、胡萝卜、青菜等制作。

（2）凉菜。

普天同庆——由白炖鸡、五香肘肉、酱牛肉、熟猪肚、松花蛋、咸鸭蛋拼成。

和平发展——由烤猪肚、盐水鸭脯、广式香肠、鱼糕、蛋黄糕、胡萝卜、炝黄瓜拼成和平鸽状，象征中国及世界和平发展。

风光无限——由猴头菇、黄白蛋糕、松花蛋、黄瓜、青椒、海蜇、鸡蛋等制作，色彩鲜明，意为祖国山河无限美好。

根——由山药、白糖等排成“根”字形状，意为华夏儿女同根相连。

（3）热菜。

唇齿相依——鱼唇、鱼翅针、冬菇、菜花、豌豆苗、奶汁、冬菇和菜花等配炖。汤汁乳白、香鲜醇厚，鱼唇莹润软滑，鱼翅滑软，意为祖国大陆和香港的亲密关系。

血脉相连——山药、京糕、蜜饯青梅，红白绿三色相间，脉络清晰，故取名为血脉相连。

明珠托翠——鸭掌、对虾肉、鸡茸、鸽蛋、油菜，用鸭掌贴以鸽蛋，取油菜叶包鸡茸成“翠珠”，意香港为中国的东方之珠。

水乳交融——银耳、牛奶、菱角粉，晶莹透亮、洁白如玉，意为香港与大陆人民水乳交融。

香江水长——豌豆、白菜、银耳，清汁薄蒙其上，晶亮滑润，线条流畅，酷似流水，故取名“香江水长”。

东方之珠——猪肚、臀尖肉、红樱桃，樱桃晶莹剔透，意指香港。

百年沧桑——鱼翅、白人参、鸡胸肉、肘子、火腿，此菜为药膳，有安神定魂之效，增补气血，意指香港历史道路曲折。

九龙腾飞——龙虾九只、鲤鱼、冬菇、火腿、黄瓜、粉丝，造型生动，九只龙虾象征着香港九龙，借喻回归后的香港更加繁荣昌盛。

（4）面点。

一国两制——银耳杏仁和龙须面。

（5）汤。

庆回归——西瓜雕成龙舟状，汤盛在其中，扬帆驶向祖国怀抱。

（二）菜品的介绍

菜单上要对一些产品进行介绍。这种介绍可代替服务员站立向宾客介绍，节省宾客选菜的时间。菜品介绍的内容如下。

（1）主要配料以及一些独特的浇汁和调料。有些配料要注明规格，如肉类要注明是里脊、还是腿肉等，有些配料需注明质量，如新鲜橘子的汁、活鱼等。

（2）菜品的烹调和服务方法。某些菜品具有独特的烹调方法和服务方法必须介绍，而普通的方法则不需介绍。

（3）菜品的份额。有些菜品要注上每份的量。如果以重量表示是指烹调后菜品的重量，有的菜品注上数量，如美式早餐套餐注明有两个农式煎蛋。

菜品的介绍要便于推销菜品。菜单上的介绍要注意吸引宾客去订那些餐厅希望销售的菜肴，因此要着重介绍高价菜、名牌菜。同时，还要介绍一些名字不清楚的菜。

餐厅的菜单中，往往有许多菜仅凭名字客人难以明白是什么样的菜，难以做出菜品的选择决策。例如，西餐菜单上有一个品名是“ Any Pork in a Storm”译成中文是“暴风雨猪肉”。它是某餐厅的特色菜。如不加介绍，客人难以知道它是什么样的菜。餐厅在菜单上做了如下介绍：“山核桃熏咸肉、维也纳咸牛肉、瑞士奶酪、海甘蓝色拉，配合法式面包趁热上菜”。这样介绍菜能吸引宾客。又如中餐菜单上有一个名为“叫化鸡”的菜，译成英文为“ Beggar ’ s Chicken”。若不作介绍，会给宾客一种不好的印象而不去点这个菜，应该加上一段英文和中文说明：“镶有肉丁、火腿、海鲜、香料的童鸡，外裹荷叶和特殊焙泥等烤制而成。Chicken stuffed with diced pork，ham，fine herbs and seafood wrapped in lotus leaves and special mud ; and roast.”这样，宾客不仅会清楚是什么菜，并且会产生兴趣，愿意去尝试而点此菜。

菜品的介绍不宜过多，非信息性介绍会使宾客感到厌烦，使宾客拒绝菜单而不产生购买行为或不再光顾餐厅。但如果一张菜单就像产品、目录那样平板地列出菜名和价格，这张菜单就显得过于枯燥。

（三）告示性信息

每张菜单都应提供一些告示性信息。告示性信息必须十分简洁，一般有以下内容。

（1）餐厅的名字。通常安排在封面。

（2）餐厅的特色风味。如果餐厅具有某些特色风味而餐厅名又反映不出来，就要在菜单封面的餐厅名下列出其风味。例如，

凤凰酒楼

（沪菜）

（3）餐厅的地址、电话和商标记号。一般列在菜单的封底下方。有的菜单还列出餐

厅在城市中的位置。

（4）餐厅经营的时间。列在封面或封底。

（5）餐厅加收的费用。如果餐厅加收服务费要在菜单的内页上注明，如果餐厅只收外汇人民币必须注上。例如，在菜单上注上这样一句话：“所有价目均加 10%服务费，请用外汇券结账。”

（四）机构性信息

有的菜单上还介绍餐厅的质量、历史背景和餐厅的特点。许多餐厅需要推销自己的特色，而菜单是推销的最佳途径。例如，肯德基的菜单介绍了这个国际集团的规模、这种炸鸡的烹调特色以及肯德基餐厅的产生和历史背景。

（五）特色菜推销

1. 需要特殊推销的菜品

一家成功的餐厅很少将菜单上的菜品“同样处理”。无论哪一类冷菜、热菜、汤类、主食，如果每个菜品与其他菜品作同样处理就显不出重点。一张好的菜单应有一些菜得到“特殊处理”，以引起宾客的特别注意。从餐厅经营的角度出发，有两类菜品应得到特殊处理。

（1）使餐厅扬名的菜品。一家餐厅总要有意识地计划几种菜品使餐厅出名，这些菜应有独特的特色且价格不能贵。这些能使餐厅出名的菜品应该得到特殊处理。

（2）愿意多销售的菜。价格高、毛利大、容易烹调的菜是管理人员最愿意销售的菜。西餐中的开胃品、主菜、甜品一般盈利较大并容易制作，应列在显目的位置。

特殊菜品的推销主要有两大作用：对畅销菜、名牌菜作宣传；对高利润但不太畅销的菜作推销，使它们成为既畅销、利润又高的菜。

2. 特殊推销菜品的类别

特殊推销菜品有以下四类。

（1）特殊的菜品。指一种畅销或高利润的菜。这种特殊菜品可以是经常服务的某种菜品，也可以是时令菜。时令菜容易吸引客人，能获取高利润。

（2）特殊套餐。推销一些特殊套餐能提高销售额，增强推销效果。例如，北京丽都饭店在各国国庆节推出各国的风味套餐，如印度国庆节时推出印度套餐，同时配合演出各国的文娱节目，吸引了驻京的各国朋友。

（3）每日时菜。有的菜单上留出空间来上每日的特色菜和时令菜，以增加菜单的新鲜感。

（4）特色烹调菜。有些餐厅以独特的烹调方法来推销一些特殊菜。例如，有的餐厅推出主厨特色菜：主厨特色汤、主厨特色沙律、主厨特色主菜等。

3. 进行特殊推销的方法

在菜单上对重点推销的菜做特殊处理的方法有多种。

（1）用粗字体、大号字体或特殊字体列出菜名。

（2）增加对特殊菜品介绍的内容，对特殊菜进行较为详细的推销性介绍。

（3）采用框框、线条或其他图形使特色菜比其他菜更为令人注目。

（4）放在菜单的引人注目的位置。

（5）列上菜品漂亮的彩色照片。

二、菜单内容的安排

中餐有餐前、餐间和餐后顺序之分，西餐更是如此。这“先后顺序”是菜单设计必须遵循的原则。菜肴顺序的安排应当按照上菜的先后顺序。同时，菜单是按照先外页后内页、先上端后下端、先左侧后右侧的顺序读的，所以，以一张长方形的纸为例，左上角就是写第一个字的落笔点。

菜单的内容一般按就餐顺序排列，因为宾客一般按就餐顺序点菜，也希望菜单按就餐顺序编排，以便能很快找到菜品的类别不致漏点基本食品。中餐菜单的排列顺序一般是冷菜、热菜、汤、主食、饮料。西餐菜单的顺序一般是开胃品、汤、色拉、主菜、三明治、甜点、饮品。

但是，菜单的编排也要注意眼光集中点的推销效应，要将重点推销的菜列在醒目之处。菜品在菜单上的位置对于菜单的推销有很大的影响。要使推销效果显著必须遵循两大原则，即最早和最晚原则。列在第一项和最后一项的菜品最能吸引人们注意，并能在人们头脑中留下最深刻的印象。因此，应将盈利最大的菜品放在宾客第一眼和最后一眼注意的地方。经过调查，宾客几乎总是能注意到同类产品的第一个和最后一个菜品。

作为主菜，不论在什么情况下，始终应排在最醒目的位置，用粗大的字体和最详尽的文字介绍。主菜类中每种菜肴的排列也有个先后顺序问题，排在最前面的，宾客点叫的机会最多，所以，餐厅希望多销售哪些主菜，就应将它们挑出来安排在最醒目的位置上。

菜单上有些重点推销的菜、名牌菜、高价菜和特色菜或套菜可以单独进行推销。这些菜不要列在各类菜通常的位置，应该放在菜单显眼的位置。不同大小的菜单其令人注目的重点推销区是不同的。

经营食品服务又同时经营酒水服务时，那又有一个编排问题。上酒也是讲究顺序的，以西餐为例：餐前酒，如鸡尾酒；餐间酒，如葡萄酒、啤酒等；餐后酒，如白兰地、甜酒和某些鸡尾酒。这些酒类必须按适当顺序编排，以便适时销售。

三、菜单的设计

（一）要注意艺术、美观

菜单要专门设计，一张漂亮的菜单会增加人们的就餐情绪，制造合适的就餐气氛。菜单的设计要与餐厅的经营宗旨相匹配。上海锦江集团接待 APEC 会议的宴会菜单独具匠心，将英文菜单雕刻在玻璃工艺品上，与中国画轴连在一起；画轴拉开又是一副中国书法菜单，每款菜第一个字连接称为“相互依存，共同繁荣”，这是 APEC 会议的主题，令贵宾叹为观止。江泽民同志特地把具有中国文化底蕴的宴会菜单作为礼品赠送给各国贵宾。

封面设计需注意以下三点。

1. 颜色

套印在菜单封面上的颜色要与饭店与餐厅整体装饰和情调相和谐。可套印一色封面，也可套印两色、三色或四色。通常情况下，在白色或其他有色底纸上套印两色也就足够了。

2. 材料

制作封面的材料要与饭店与餐厅整体装饰和情调相和谐。可以选用一次性的一般质量的纸，也可选用经久耐用且又不易沾油污的重磅纸，还可选用高级塑料和优质皮革做封面。

3. 艺术装饰

封面的艺术装饰要与饭店与餐厅整体装饰和情调相和谐。既可采用古典的版画、木刻画、工笔画，也可采用一张当地风光照、一张菜肴静物照，还可以采用体现时代色彩的抽象艺术，甚至于流行的通俗艺术画（见图 5-13、图 5-14）。

图 5-13　菜单封面（一）

图 5-14　菜单封面（二）

如图 5-13，菜单封面由在白底色上的黑色和棕色两色组成。其特色是将餐馆内五大餐厅的名称及特点以艺术手法形象地加以突出。

如图 5-14，封面采用乳白色底纸套印黑棕两色。篱式门设计，门沿中间折缝掀合。顶部印有餐馆名，沿篱式门用冲模冲断，菜单打开时，餐馆名依旧完整醒目。

（二）尺寸应合适

美国餐厅协会对顾客调查证明，菜单最理想的尺寸为 23 厘米 ×30 厘米，这样的尺寸顾客拿起来舒服。尺寸太大，顾客拿起来不方便，尺寸太小会因篇幅过小而文字过密。菜单的篇幅上应保持一定的空白，一页纸上的字与空白应各占 50% 为佳。篇幅上的空白会使字体突出，易读，并避免杂乱。如果菜单的文字所占篇幅多于 50%，会使菜单看上去又挤又乱，会妨碍顾客阅读和挑选菜品。菜单四边的空白应宽度相等，给人以均匀之感。左边字首应排齐。

（三）菜单字体的选择

菜单的字体要为餐厅制造气氛，反映餐厅的环境。它与餐厅的商标标记一样，是餐厅形象的一个重要组成部分。菜单的颜色、标记、字体可作为鉴别餐厅的特征。一旦选定了字体和标记图案后，这种图案和标记就不仅用在菜单上，还用在火柴盒上、餐巾纸上、餐垫上、餐桌广告牌上及其他推销品上。使用令人容易辨认的字体和标记，能使顾客感到餐厅的食品和饮料、服务质量具有一定的标准而留下深刻印象。为使菜单的字体易于辨认，字体不宜过小。要使顾客在餐厅的光线下特别在晚间的灯光下能清楚地阅读。菜单设计的一个要点是尽可能提高字体的易读性和清晰度。这要靠对字体和字号大小的选择来决定。

菜单上的菜名一般用中英文对照，以阿拉伯数字排列编号和标明价格。字体要端正；分类标准题和小标题要突出、美观，大一至二号，食品饮料要小一至二号；字体要与餐厅整体气氛相吻合；慎用古怪字体；慎用“翻白”，即黑底白字印刷；“价高的菜品”需用粗大字体排印，“价低的菜品”采用小字体排印。

（四）运用颜色和照片

菜单的颜色能起到推销菜品的作用。在菜单上使用颜色和照片是当代餐厅的一种潮流。菜单颜色的作用是：具有装饰作用，使菜单更具吸引力，更令人发生兴趣；颜色能显示餐厅的风格和气氛，因此菜单的颜色要与餐厅的环境，餐桌和餐具的颜色相协调；菜单上使用颜色，能增加美观和推销效果。

运用色彩设计菜单的方法是：可用一种色彩加黑色；也可将七色全部用上；也可以利用色纸。

色彩选用究竟以几色为好，这要视成本与餐厅希望产生的效果而定。颜色种类越多，印制成本就越高。色纸上套一色，成本最低；如套上四色，那就用上了色谱中所有七色，成本也就最高。制作食品彩照需要四色。色彩还会使菜单产生某种效果，如菜单的折页、类别标题、食品实例照用上了许多鲜艳色，那便体现了某些餐馆（厅）的特点，如快餐店。采用柔和轻淡的色彩，如淡棕色、浅黄色、象牙色、灰色或蓝色＋黑色＋金色，尽量少用鲜艳色，这样菜单就会显得典雅，这便是一些高级酒店餐厅的典型用色。另一种经济的办法是在菜单上使用一条宽的彩色带，彩色带能改善菜单的外观和色彩。

菜单设计中如果使用两色，最好是将类别标题，如蔬菜类、肉类、禽类、海鲜类等字印成彩色——红色、蓝色、棕色、绿色或金色，具体菜肴名称用黑色印刷。

总之，一般原则是：只能让少量文字印成彩色，因为让大量的文字印成彩色，读来既费眼神又费精力。人眼最容易辨读的是黑白对比色。

彩色照片也能对食品饮料起推销作用。彩色照片能直接展示餐厅所提供的食品和饮料。一张菜品的彩色照片胜于千字说明，它是真实菜品的证据。许多食品只有以颜色和照片才能显示质量，如描绘新鲜牛排、对虾的质量只有用颜色来反映。许多图形漂亮的菜肴和饮料也只有用照片才能显示出来。

彩色照片能为菜单增加色彩，增加美观度。人们由于经常观看彩色电视，会觉得黑白菜单太乏味。彩色照片的图形使菜单显得活泼而吸引人。

彩色照片能使顾客加快订菜的速度，它是菜品有效的推销工具。顾客看到菜品诱人的照片很快就能决定选择的菜品，这样能提高座位周转率。

印上彩色照片的菜肴应该是餐厅最愿意销售的，并希望顾客最能注意并决定购买的菜品。餐厅常把高价菜、名牌菜和受顾客欢迎的菜构成彩照印在菜单上。另一类常有彩照的菜是形状美观、色彩丰富的菜。这种照片会使菜单和餐厅增加光辉。

彩色照片的印制要注意质量。如果印刷质量差反而会使顾客倒胃口，如果一块牛排被印成绿色，苹果馅饼印成灰色，那还不如不要彩色照片。彩色照片旁边要印上菜名，注明配料和价格，以便于顾客点菜。为增添彩照的吸引力，常在旁边配上些水果和蔬菜作背景。

（五）图案设计

多数餐饮经营管理人员都承认，餐饮服务行业的成功在于不断创新。不仅在食品饮料的选定、烹调方法，以致品尝方面需要有所创意，就是餐厅的装潢、外观及经营方式也需要一点儿别出心裁。菜单也是一样，其外表、设计和风格都要标新立异，因为只有这样才能吸引顾客。2001 年 6 月在上海金茂凯悦大酒店举行的 APEC 贸易部长会议晚宴，其菜单颇具特色，中英文对照文字印在一把把做工精细的中国折扇扇面上，中文是竖写的毛笔字。不少宾客细细端详，继而轻轻摇曳，并收藏起来。

1. 图形类

图 5-15：牛排馆或专营野味的餐馆将菜单印在兽皮上，冲模成野兽形状，十分贴切自然。

图 5-16：这份菜单包括 4 页封面，4 页内页和 4 页小插页，如能再采用三张大小不同、颜色不同、质地不同的纸，其效果无疑是既有趣又富有独创性。

图 5-17：将一张长方形的纸折叠三次而成的立体三角形状菜单，中间放置餐巾以固定形状。

图 5-18：将纸折成大小不一的折页而成的菜单。第三折页最宽，第二、四折页次之，第一、五折页最窄，竖放起来有如手风琴的折箱。

图 5-19：将菜单折成正方体或金字塔形。

图 5-20：立体状菜单，中间放个酒瓶。

图 5-21：这是一份“赌徒菜单”。这并不是鼓励顾客去赌钱，而是让某种偶然性来决定点叫的主菜。菜单上有根指针，指针停住时所指的号码，正是某道主菜的编号。

在实践中，还有餐厅将菜单印在布面上、印在塑料面上、印在木板上，更有甚者，印在服务员所穿服装的前后面。

图 5-15 兽皮菜单

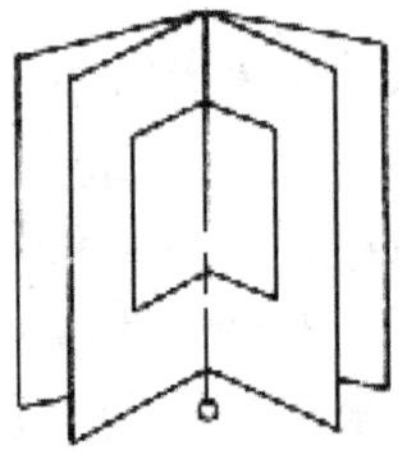

图 5-16 插页菜单

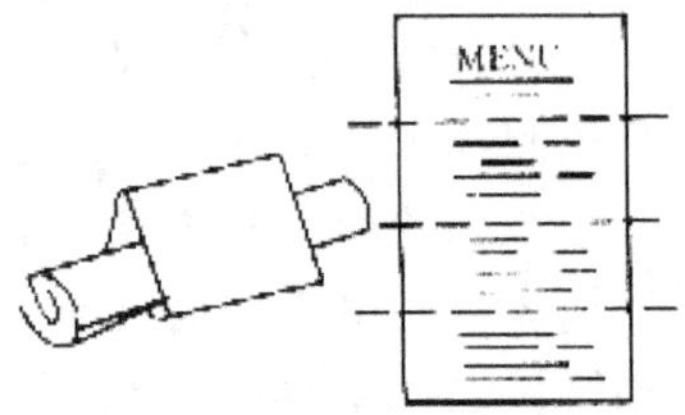

图 5-17 折叠菜单

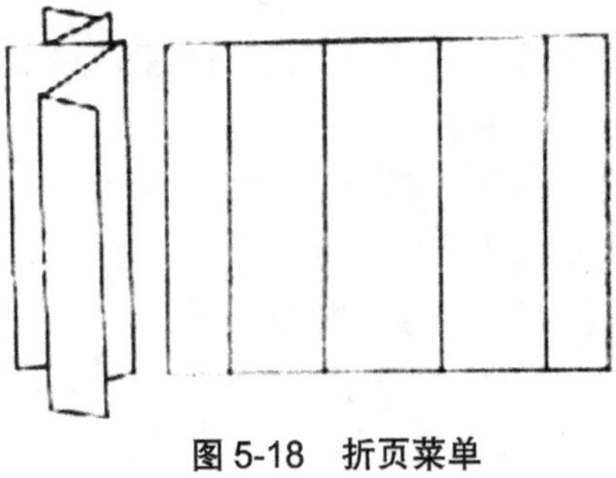

图 5-18 折页菜单

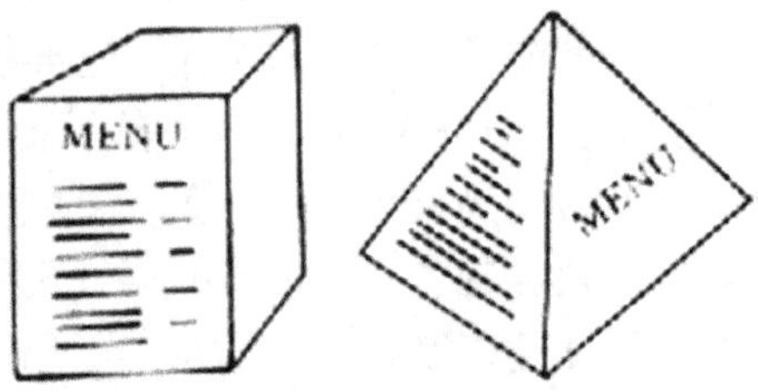

图 5-19 图形菜单

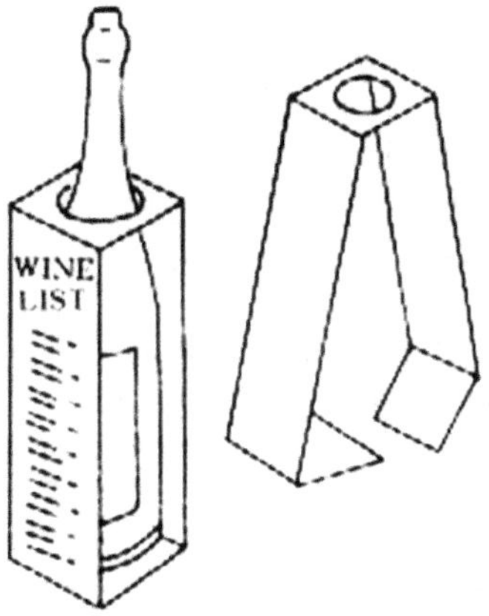

图 5-20 立体菜单

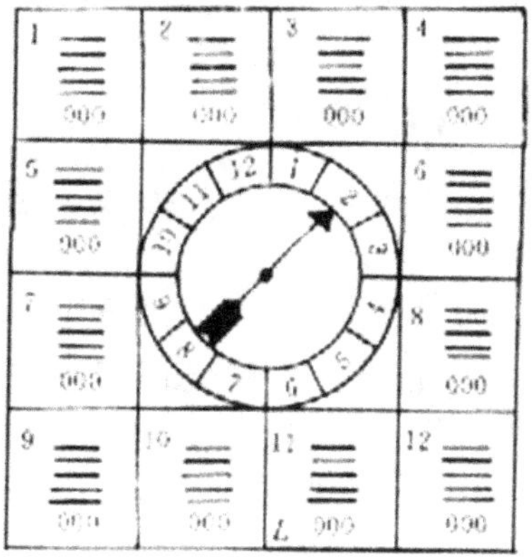

图 5-21 赌徒菜单

2. 文字类

菜单上写几句精彩的话语能为菜单平添几分特色，从而获得宾客好感。精彩的文字无须冗长烦琐。下面是从美国几家餐厅的菜单上选出的几段精彩文字，供欣赏和参考。

爱荷华州哈兰市的米歇尔餐馆菜单上的话：“当然，你来了，我们感到非常高兴。谢谢您的光临！我们既高兴，又感谢，更感荣幸至极。

“我们高兴，因为我们能为您烹制全市最可口的美食；

“我们感谢，因为您赐予我们机会，让我们展示我们的服务和好客；

“我们荣幸，因为您挑选我们来满足您的好胃口；

“感谢您对我们的信赖，我们将永远竭尽努力，不负您的友谊和惠顾。”

沙斯卡餐馆菜单上的“膳颂”，文字陈述妙不可言：

“生活中可以没有诗歌，没有音乐，没有艺术；

生活中可以没有良知，没有心肠；

生活中可以没有书刊，没有亲朋；

没有厨师，可有人活在世上？

没有书刊，我们依然生活，知识只是忧伤；

没有希望，我们依然生活，希望只是欺骗；

没有情爱，我们依然生活，情爱只是渴望；

不吃不喝，可有人活在世上？”

一家汽车饭店菜单上的话，字里行间充满着友善之情：

“顶着炎夏酷暑，从尘土飞扬的道路，冒着隆冬的严寒，沿着潮湿泥泞的小径，人们或乘车，或骑驴，或打着光背，又饥又饿地终于来到了这里。他们长途跋涉，一路艰辛，而且还常常冒着生命危险，因为每段道的险要处，几乎总不乏土匪强人出没，伤害过客，抢劫钱财。

“于是本酒店便成了避险良港。这里始终充满着欢乐、温暖和盛情。店主笑迎远客，一片真诚，端上一盘羊腿，斟满一杯压惊酒。壁炉里炉火熊熊，替您舒筋祛寒。餐厅上下一片欢声笑语。厨房飘来的香味，令人思食心切。厨师烧烤的食肴，盘盘皆是烹饪杰作。在这里歇脚的过路人感到了安全，感到了愉快，感到了酒足饭饱——自不消说他远离了风暴的淫威和强人的奸计暗算。”

经典案例

吃完一餐饭，菜价竟涨六成？

2001 年 2 月中旬，澳门的张女士回家乡某市探亲，其与亲友相约到某星级酒店共进晚餐。他们照着酒店提供的明码标价的菜单点了一桌丰盛的菜肴。席间，久别重逢的亲朋好友谈笑风生，暖暖亲情洋溢其间。然而，这温馨的氛围却在结账时被打消得干干净净。在该酒店明码标价 15 元一份的排骨和 30 元一斤的河虾，竟一下涨至 25 元和 50 元，张女士及其亲友因此拒付酒店多收的菜钱，并与酒店方理论。酒店方称：“菜单是以前印制的，现在要按照时价来收费。”张女士及其亲友认为酒店方的解释毫无说服力，他们认为，既然酒店提供给消费者的是明码标价的菜单，而且在餐前又未向宾客作任何说明，理应按照菜单的价格收取费用，而不应该在结算时提高菜价。但酒店坚持不交清款不让张女士等离开。双方因此发生了争执。

如你是工商行政管理部门的工作人员，这种情况应该如何处理？

案例分析

应向酒店负责人申明国家有关明码标价的规定，指出酒店的行为已违规，侵犯了消费者的合法权益。酒店应承认错误，向张女士道歉，并退回多收的餐费 30 元。

经验总结

旅游质量监督管理部门提示：

（1）经营者应按照《中华人民共和国消费者权益保护法》第十九条第三款和第二十条第一款的规定，对所营销的产品应当标明其真实名称、标记及价格，不得以任何形式做出对消费者不公平、不合理的规定，损害消费者的权益。

（2）消费者享有知悉其购买、使用的商品或者接受的服务的真实情况的权利和公平交易的权利。对经营者违反约定或消费者权益受到侵害的，消费者可以向行政主管部门对违反规定的经营者予以惩处，并要求其经济赔偿。

（3）如经营者侵犯消费者权益的，根据《中华人民共和国消费者权益保护法》第二十四条、第四十九条的规定，经营者应当承担民事责任并向消费者给予双倍的经济赔偿。

本章小节

菜单设计是一门艺术也是一门科学。说其是科学是因为它是搞好餐厅经营的一个凭借，需要周密的筹划和计划。说其艺术是因为它是吸引宾客的一种手段。本章首先介绍了菜单的定义、作用和类型。在了解了菜单的基本知识之后，详细说明了菜单上菜品选择的前提和原则。餐饮企业对产品必须做到正确定价，定价时要制定正确的策略和了解不同的定价方法。定价要尽可能精确，能够抵消所有成本并创造利润。菜单在具体设计时应从内容的选择和安排到封面、字体、颜色、照片和图案设计等方面进行周密考虑。

【实训项目】

【实训名称】拟订 1 份 10 人用中式宴会菜单。

【实训内容】独立完成 10 人用菜单的拟订。要求：①字迹工整、清楚；②菜肴内容搭配合理；③烹调方法多样；④符合营养配餐要求；⑤突出宴会主题。

考核基本时间：15 分钟。

【实训点评】评分项目及标准。

字迹：工整、清楚。

风味特点：菜单内容突出风味。

开单格式：填写菜单格式要求规范。

饮食禁忌：尊重客人的饮食习惯与禁忌。

菜单内容搭配合理：原料、烹调方法、色泽。符合客人的消费档次。

开菜单的意图：菜单内容的设计符合宴会主题。

菜肴毛利率：菜单价格符合规定的毛利率。

复习思考题

一、填空题

1. 客房送餐菜单通常包括________、________和________。

2. 中餐菜单的排列顺序一般是________、________、________、主食、饮料。

3. 西餐菜单的顺序一般是开胃品、汤、________、________、三明治、甜点、饮品。

4. 安排菜品在菜单上的位置时，要使推销效果显著必须遵循________和________两大原则。

5. 菜单最理想的尺寸为________，菜单篇幅上的空白应占________% 为佳。

二、选择题

1. 菜单的雏形是________厨师为了记录菜肴的烹制方法而写的单子。

A. 美国　　B. 法国　　C. 英国　　D. 中国

2. 按照菜单的价格形式，菜单可分为________。

A. 零点菜单　　B. 套餐菜单　　C. 混合菜单　　D. 循环菜单

3. ________又称作“点菜菜单”或“散客菜单”，是餐厅中最基本、最常见，也是使用最广泛的一种菜单。

A. 零点菜单　　B. 套餐菜单　　C. 中餐菜单　　D. 西餐菜单

4. 菜单应包括的内容有________。

A. 菜品的品名和价格　　B. 菜品介绍

C. 告示性信息　　D. 机构性信息

5. 选择菜单上菜肴的品种时，要注意菜肴的品种要平衡，其包括的含义是________。

A. 价格平衡　　B. 原料搭配平衡　　C. 烹调法平衡　　D. 营养平衡

三、简答题

1. 什么是菜单？
2. 菜单的基本类型有哪些？各类菜单具有什么特点？
3. 如何进行宴会菜单设计？
4. 特殊菜单主要有哪些种类？客房送餐菜单和儿童菜单主要有哪些特点？
5. 选择菜单上的菜品应遵循哪些原则？
6. 详细说明菜单应包括的内容及其注意事项。
7. 菜单图案设计应注意哪些问题？

第六章 C H A P T E R 6

厨房管理

小案例

上错菜了

午饭时间，传菜部的小方拿了两条鲶鱼到厨房水台说道："清蒸鲶鱼两条，共 3.4 斤，入厨单一会儿补过来。"水台的小张正在忙，含糊答应了一声继续干活。过了几分钟，传菜部的小王也拿了条鲶鱼和入厨单进了水台，是清蒸鲶鱼 1 条。刚巧，小张杀鱼的时候，小方把前面两条清蒸鲶鱼的入厨单拿来了。鱼杀好后，小张跟上入厨单就调味上笼了，但没有仔细校对。

过了 20 分钟，小方着急得跑过来问道："刚才我送来的'白果厅'的两条鲶鱼怎么就上了一条？"小张说道："不能呀，我把两条一起杀好送上笼去了！"这时，小张想起来刚才杀鱼时，还有一条鱼和入厨单送了过来便问道："你去看看，是不是上到另一桌去了？"小方着急地说："你是不是跟错单子了？"

两个人正在说着，厨师长接到了宾客投诉，赶到水台来了解情况，又到传菜部了解情况，也未弄清楚出错的原因。结果，由餐饮部经理出面向宾客道歉，并免费赠送了晚上的这份清蒸鲶鱼，宾客才没有投诉。

请思考：是什么原因造成了这次事件的发生？如何通过生产管理避免同样事件的发生？

现代厨房是在对传统厨房设计、组织、管理扬弃的基础上，实行资源（尤其是设备、场地等）整合和部分流程再造，以先进的手段和方法，对厨房生产过程和质量控制方式、方法进行调整、完善，以提供能满足当今餐饮消费者需求的、质量稳定可靠的各类产品，并在此基础上做到资源的充分利用、效率的最大发挥、企业的持久发展。

第一节 厨房的组织机构

厨房生产管理是通过一定的组织形式来实现的。厨房设置科学、完善的组织机构有许多作用。如：可以清楚反映每个工种及岗位人员的职责；可以避免越级或横向指挥；容易发现工作疏漏，并防止重复安排工作；使每个员工清楚自己在厨房组织中的位置和发展方向。

厨房组织机构图（见图 6-1）是厨房各层级、各岗位在整个厨房当中的位置和联络关系的图表。餐饮企业性质和管理风格不同、烹调生产规模和作业方式不一，厨房的组织机构图也就不同。厨房组织机构图随着餐饮企业的经营方式、策略、企业管理风格的变化而做出相应的变化和调整，以及时准确地反映厨房各岗位和各工种之间的关系。

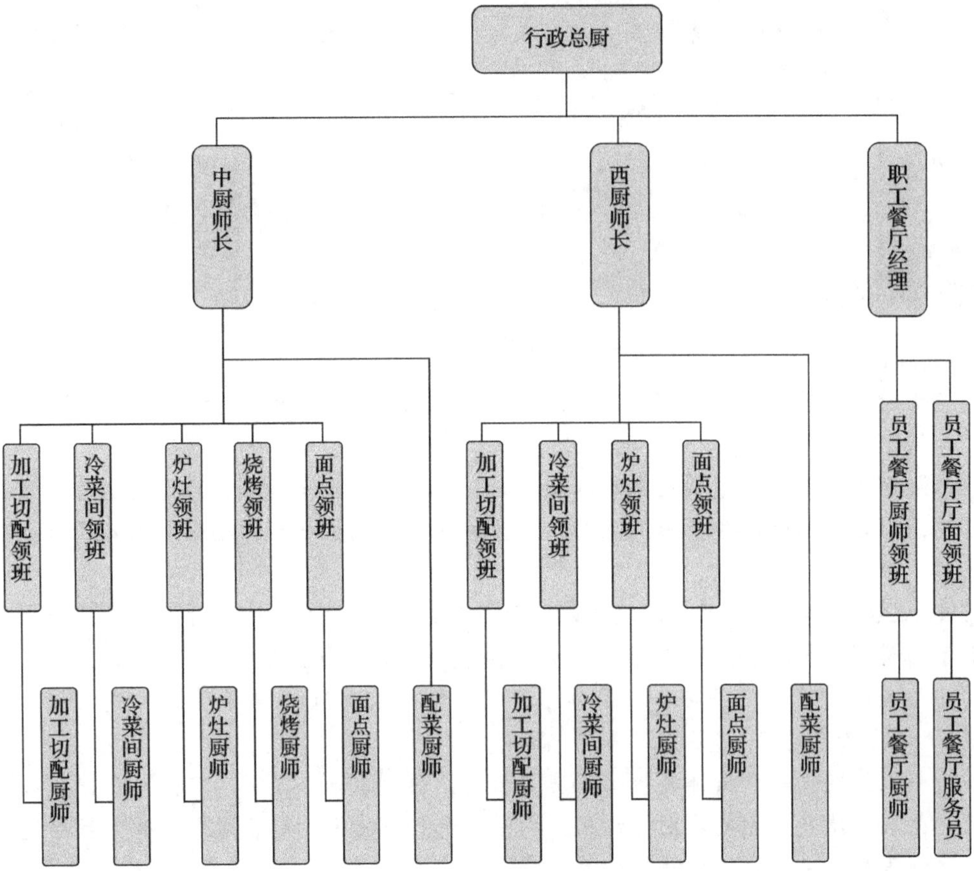

图 6-1 大型厨房组织机构图

一、大型厨房组织机构图

大型厨房组织机构的特点是集中设立，并特别强化主厨房的职能，由主厨房加工、提供各烹调厨房的半成品原料。根据餐饮企业规模和经营风味，分设若干烹调厨房，领用主厨房原料，进行烹制出品。从而达到集中与分散的有机结合，既便于控制加工规格，成本核算，又在一定程度上保证了各烹调厨房的卫生和出品质量。

二、中型中、西餐厨房组织机构图

这种厨房大多兼有中餐、西餐功能的综合性饭店的厨房机构（见图 6-2），通常分为中餐和西餐两个部分，厨房的规模不是很大，除了加工工作合并、集中设计外，中餐厨房和西餐厨房具有相对独立，全面的多种生产功能。

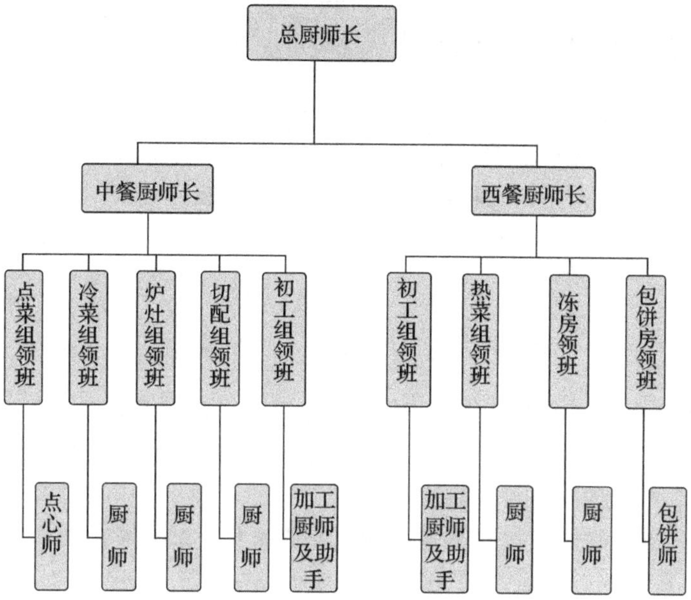

图 6-2 中型中、西餐厨房组织机构图

三、中型厨房组织机构图

这种组织机构的优点在于岗位分工细致，职责明确，便于基层督导和监控管理（见图 6-3）。

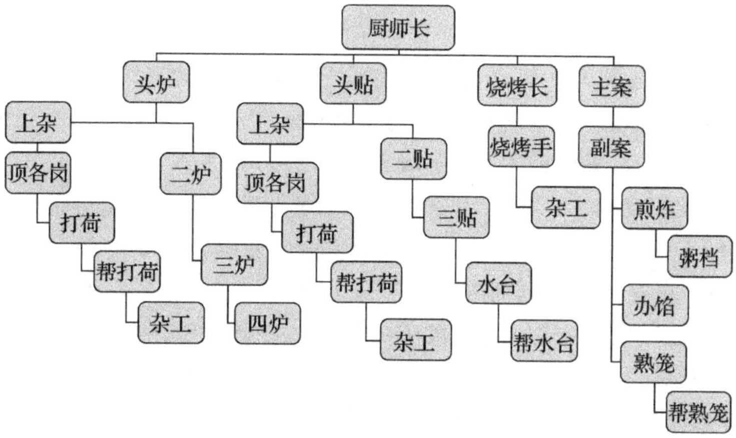

图 6-3 中型厨房组织机构图

四、小型厨房组织机构图

小型厨房规模小，因此组织机构也相对简单（见图 6-4）。

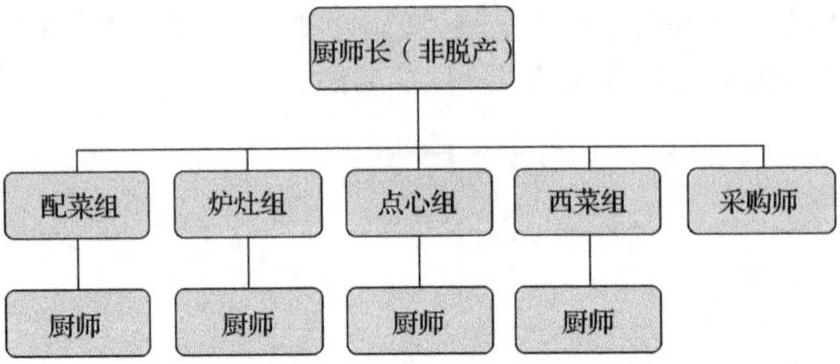

图 6-4 小型厨房组织机构图

小案例

中华著名老字号——“全聚德”

中华著名老字号——“全聚德”，创建于1864年（清朝同治三年），历经几代全聚德人的创业拼搏获得了长足发展。1999年1月，“全聚德”被国家工商总局认定为“驰名商标”，是我国第一例服务类中国驰名商标。

“不到万里长城非好汉，不吃全聚德烤鸭真遗憾！”在百余年里，全聚德菜品经过不断创新发展，形成了以独具特色的全聚德烤鸭为龙头，集“全鸭席”和400多道特色菜品于一体的全聚德菜系，备受各国元首、政府官员、社会各界人士及国内外游客喜爱，被誉为“中华第一吃”。已故中华人民共和国总理周恩来曾多次把全聚德“全鸭席”选为国宴。

1993年5月，中国北京全聚德集团成立。1994年6月，由全聚德集团等6家企业发起成立了北京全聚德烤鸭股份有限公司。2004年4月，首都旅游集团、全聚德集团、新燕莎集团实施战略重组。首都旅游集团成为北京全聚德烤鸭股份有限公司的第一大股东。2005年1月，北京全聚德烤鸭股份有限公司更名为中国全聚德（集团）股份有限公司。随即，中国全聚德（集团）股份有限公司进一步收购了聚德华天控股有限公司30.91%股权，与北京华天饮食集团并列成为聚德华天控股有限公司的第一大股东。2007年4月，北京著名老字号餐饮企业仿膳饭庄、丰泽园饭店、四川饭店也进入全聚德股份公司，至此中国全聚德（集团）股份有限公司已发展成为涵盖烧、烤、涮，川、鲁、宫廷、京味等多口味，汇聚京城多个餐饮老字号品牌的餐饮联合舰队。

全聚德股份公司成立以来，秉承着“全而无缺，聚而不散，仁德至上”的精辟诠释，发扬“想事干事干成事，创业创新创一流”的企业精神，扎扎实实地开展了体制、机制、营销、管理、科技、企业文化、精神文明建设七大创新活动，确立了充分发挥全聚德的品牌优势，走规模化、现代化和连锁化经营道路的发展战略。十几年来，以独具特色的饮食文化塑造品牌形象，积极开拓海内外市场，加快连锁经营的拓展步伐。中国全聚德（集团）股份有限公司是国内一家以中式正餐为主，连锁经营的大型餐饮集团，也是中华餐饮发展进程中，最具代表性的企业。现已形成拥有100余家全聚德品牌成员企业，年销售烤鸭500余万只，接待宾客500多万人次，品牌价值近110亿元的餐饮集团。

经评估，“全聚德”无形资产价值1994年1月1日是2.69亿元人民币；2004年6月28日在世界品牌实验室和世界经济论坛主办召开的世界品牌大会上，全聚德品牌评估价值上升到 84.58 亿元人民币；2005 年 8 月 6 日，世界品牌实验室宣布全聚德品牌评估价值为 106.34 亿元人民币。2007 年 9 月，在第二届亚洲品牌盛典中，“全聚德”品牌荣获第 320 强，是亚洲餐饮行业唯一进入亚洲 500 强品牌的企业。2008 年，“全聚德挂炉烤鸭技艺”被列入国家级非物质文化遗产。

截至 2019 年，全聚德品牌旗下国内已有百余家门店，海外在日本、加拿大、澳大利亚、法国等国拥有多家特许门店。未来，全聚德品牌将持续坚持“老字号精品化、品牌系列化”发展战略，全面推进“提质、复制、孵化和管理升级”行动策略，打造新生活方式的品质名店，让全聚德品牌永葆活力。

第二节 厨房的设计布局及生产流程

厨房设计布局，即根据餐饮企业经营需要，对厨房各功能所需面积进行分配，对所需区域进行定位，进而对各区域、各岗位所需设备进行配置的统筹计划、安排工作。

一、厨房的设计

厨房设计布局，是厨房建设的基础，设计布局的结果直接影响厨房出品速度、出品质量和建设投资。因此，对厨房进行设计布局必须充分研究，切实符合相关要求。

（一）中餐厨房的设计要求

1. 加工厨房设计要求

加工厨房又叫主厨房或中心厨房，是相对于其他烹调厨房而言的。加工厨房将整个餐饮企业与各餐厅相对应的烹调即出品厨房所需原料的申领、宰杀、洗涤、加工集中于此，按统一的规格进行生产，再分别供给各点厨房加以烹调、装配出品。加工厨房的设计要求如下。

（1）应设计在靠近原料入口并便于垃圾清运的地方。所有进入厨房的原料，尤其是各种鲜活原料，大都需要经过加工处理。因此，供货商将原料运至餐饮企业以后，最先是经过验货，办理收获手续；紧接着就是将原料送进或领回到加工厨房进行加工处理。随着垃圾的增多，垃圾及时清运出店或转送至密封的垃圾库是必须的。

（2）应有加工本餐饮企业所需的全部生产原料的足够空间与设备。加工厨房集中了餐饮企业所有原料的加工拣摘、宰杀、洗涤、分档、切割、腌制以及干货涨发工作。因此，其工作量和场地面积占用都是比较大的。餐饮企业生产及经营网点越多，分布越广，加工厨房的规模就越大。

（3）加工厨房与各出品厨房要有方便的货物运输通道。加工厨房承担各烹调出品厨房所有加工任务，这些加工的原料当中，送至加工的时间不同，缓急不同，为了保障出品速度，减少客人等待时间，提高工作效率，加工厨房要与各厨房有方便的货物运输通道。

（4）不同性质原料的加工场所要合理分隔，以保证互不污染。虽然各种性质的原料都会产生垃圾，加工后的原料也都需要经过洗涤才能使用，但不同性质的原料若互相混杂，不仅妨碍加工效率，而且被污染后的原料洗除异味也相当困难。因此，对不同性质的原料加工用具、作业场所都要进行固定分工。

（5）加工厨房要有足够的冷藏设施和相应的加热设备。加工厨房的原料不仅种类多，而且数量大，各烹调厨房要货时间也不相同。为方便备用原料和加工后原料的储存及周转，要设计足够的冷藏设施；许多需要烤、烫、蒸等的原料，在加工厨房的合适位置要设计配备明火加热设备。

2. 中餐烹调厨房设计要求

中餐烹调厨房，负责加工后的原料，根据零点或宴会等不同出品规格要求将主料、配料和调料进行合理配伍，并在适当的时间内烹制成符合风味要求的成品，再将成品在最短的时间内通过服务人员送至客人面前。因此，中餐烹调厨房设计应符合以下要求：

（1）烹调厨房与相应餐厅要在同一楼层。为了保证中餐烹调厨房出品及时，并符合应有的色、香、味、形等质量要求，中餐烹调厨房应紧靠与其相对应的餐厅。同时，为了确保传菜的效率和安全，例如，会议餐、团队餐等大批量出品时，会出现使用推车服务的情况，烹调厨房与餐厅应在同一平面，不应有落差，更不能有台阶。

（2）烹调厨房必须有足够的冷藏和加热设备。中餐烹调厨房其室温大多在28～32℃，有些甚至更高。这个温度对原料的保存有很多困难，因此烹调厨房内用于配置的原料（包括许多成品与半成品）需随时在冷藏设施中存放，这样才能保证原料的质量和出品的质量。同时，烹调厨房承担着各类菜肴的烹调制作，因此，除了配备与餐饮规模、餐厅经营风味相适应的炒灶外，还应配备一定数量的蒸、炸、煎、烤、炖等加热设备。

（3）抽排烟气效果要好。烹调厨房工作期间会产生大量的油烟、浊气，如不及时排出，会在厨房内滞留，甚至倒流入餐厅，污染客人的就餐环境。因此，在厨房的设计当中，必须设置与厨房面积相当的抽、排油烟设施，使烹调厨房形成负压区，保持空气清新，保证厨房工作人员有一个良好的工作环境。

（4）配份与烹调原料传递要便捷。菜肴配份与烹调要在同一开阔的空间内，二者之间距离要近，以保证配菜的传递时间和效率，同时保障出品速度。

（5）要设置急杀活鲜、刺身制作的场地及专门设备。随着消费者对原料鲜活程度和出菜速度、节奏的更加重视，客人提前预订或刚点的海鲜、河鲜等鲜活原料经客人确认后，才能烹调上桌。这时，客人需要的是快速，因此烹调厨房的初加工间要距离餐厅近一些，并配备专用的水池及工作台。同时，刺身的制作要求在严格的卫生条件和低温环境中操作，所以，在设计及设备配备上也要充分考虑上述因素。

3. 冷菜、烧烤厨房设计要求

冷菜、烧烤厨房，一般由两个部分组成，一部分是冷菜及烧烤、卤水的加工制作场所；另一部分是冷菜及烧烤、卤水成品的装盘、出品场所。通常情况下，泛指的冷菜厨房多为后者。由于进入冷菜间的成品，都是直接用于销售的熟食，或虽为生料但已经过泡洗腌渍等烹饪处理、已符合使用要求的成品，所以，冷菜间的工作性质及其设计与其他厨房有明显的不同。

（1）应具备两次更衣条件。根据行业规范，为确保冷菜出品厨房内食品及操作卫生，要求冷菜厨房员工进入生产操作区内必须两次更衣。因此，在对冷菜厨房设计时，应采取两道门设计。

（2）营造低温、消毒、可防鼠虫的环境。进入冷菜出品厨房的成品都是可直接食用的食品，同时直接用于销售，如常温下保存极易腐败变质。因此，冷菜厨房应设计有可单独控制的制冷设备，切实保障冷菜出品厨房室温低于22℃。同时，为了防止冷菜出品厨房可能出现的细菌滋生和繁殖，设计装置紫外线消毒灯等设备也是十分必要的。各类冷菜食品其味、其香除了刺激人的食欲，同时对鼠虫产生极大诱惑，因此还要设置防鼠板等防护措施。

（3）设计配备足够的冷藏设备。虽然冷菜出品厨房室温比较低，但将冷菜食品长时间放置在这样的环境里也是不安全的，因此在设计布局冷菜厨房时一定要配备足够的冷藏设备。

（4）紧靠备餐间，并提供出菜便捷的条件。冷菜、烧烤、卤水成品在零点、宴会的销售当中，总是首先上桌的，管理严格规范的餐饮企业，零点冷菜产品必须确保在宾客点菜后3分钟内上桌。缩短冷菜厨房与餐厅的距离是提高上菜速度的有效措施。因此，冷菜出品厨房应尽量设计在靠近餐厅、紧邻备餐间的地方。为了保证冷菜出品厨房的卫生，应减少非冷菜工作人员的进入；同时也为了方便冷菜的出品，减少碰撞，冷菜出品应设计有专门的窗口和平台。

4. 面食、点心厨房设计要求

面食、点心厨房，由于其生产用料、生产设备以及成品特点、出品时间和次序与菜肴有明显不同，故面食、点心厨房设计要求和具体设计布局方式、设备选配等与热菜烹调厨房有着很大区别。面食、点心厨房的设计布局应满足如下要求：

（1）面食、点心厨房要求单独分隔或相对独立。这样做既解决了红案的水、油及其他用具对面点原料、场地的干扰、污染问题，又便于点心生产人员集中思想生产制作。另外，独立的面食、点心厨房对红案、白案的设备维护、保养，明确、细化卫生责任都有一定的便利。

小知识

什么是红案和白案

红案、白案，到底是什么意思呢？这些都是传统叫法。

红案是负责菜肴烹制，包括原材料初加工、精加工、半成品组配及烹调成菜的全部工艺流程的工种。由于这些工种以炉灶和火为基本手段，故名为“红案”。红案内部又分炒锅、砧板、冷菜、上杂及水台等若干工种，还包括一些直接为红案服务的杂务、菜杂等。

与红案并列的一大工种称作“白案”。白案负责糕团、面点制作。此工种因与米面及案板有关，故名“白案”。白案内部又分“大案”“小案”（亦称“主案”）和“面锅”等工种。大案负责大宗面点制作，包括手工面条、馄饨皮擀制及各种包子、馒头、花卷、水饺等制作。小案负责筵席点心的制作，或按宾客需要制作各种点心。面锅主要负责下面条。

（2）要配有足够的蒸、煮、烤、炸设备。点心多为宾客用完餐后的小食品，因此成品大多制作精巧，可供玩味，故而点心成品多由蒸、烤、炸等烹调方法熟制而成。这些烹调方法最能保持成品的花纹和造型，最能创造精细、精美的效果。因此，面食、点心厨房要配有足够的烹调设备。

（3）抽排油烟、蒸汽效果要好。面食、点心厨房由于烤、炸、煎类品种占有很大比例，产生的油、气较多，而蒸制的面食品种更多，需要排出的蒸汽量非常大。因此，必须配备足够功率的抽排油烟、蒸汽设备，以保持室内空气清新。

（4）便于与出菜沟通，便于监控、督查。无论是宴会还是零点，餐厅都会给点心下专门的通知单，以便生产制作。而具体何时熟制，何时出品常常不是很明确。因此，在设计布局时要将独立的面食、点心厨房设立在便于与出菜沟通的地方。

（二）西餐厨房的设计要求

西餐厨房，是生产制作西餐菜肴、西式点心的场所。由于西餐的烹饪方法及成品特点与中餐有着明显的区别，因此西餐厨房的设计要求也与中餐厨房不尽相同。

1. 西餐烹调厨房设计要求

西餐烹调多以烤、扒、焖、炸、炒为主，多件各类原料单独烹制，配汁调味，分别装盘，对菜肴的成熟度也非常重视。因此，西餐厨房的设计应注重各种西餐专用烹调设备的配备要齐全，以满足西餐各种烹调方法的需要，并保证出品的质量。同时，要注重西餐烹调厨房的抽排烟设施，使厨房内部保持良好、清新的工作环境。

目前各大宾馆、饭店西餐烹调厨房还兼顾客房送餐产品的制作。因此，在兼顾中西风味联合出品的西餐烹调厨房内适当配备中式烹调设备，对节省企业投资、节约用工人数、满足不同功能的生产需要是既经济又有效的。

2. 西餐冻房、包饼房设计要求

西餐冻房，即制作西餐冷、凉、生食品的场所，有与中餐冷菜厨房近似的功能，在西餐冻房要完成头盆、色拉、凉菜、果盘的制作与出品。因此，在西餐冻房设计上要具备良好的制冷、消毒环境，同时，要有较完备的冷藏设施。

西餐包饼房，是面包房与饼房的结合，是负责酒店所需的各种面包、西点的场所。由于种类繁多，出品要求又很精致，所以在厨房设计上首先要保障其功能的需求，即各种设施设备要齐全，同时，要有足够的空间以保障出品品质。

小链接

奶油生日蛋糕的制作全过程

1. 生日蛋糕原料

蛋糕坯：低筋面粉 100 克，鸡蛋面粉 1.5 倍 4 个，糖 100%100 克，黄油 30%30 克，香草粉少许。

生日蛋糕奶油：淡奶油 250 毫升，糖 50 克。

装点：橘子 1 个，苹果 1 个，朗姆酒少量。

2. 生日蛋糕制作过程

（1）全蛋搅拌均匀，一次性掺入糖，搅拌均匀。

（2）在热水上加热，打发。颜色变白，分量增至原先的3倍，从热水上拿下，不停地搅拌直到变冷。

（3）面粉和香草粉过筛参与蛋糊中。抄底搅拌，过程中参与融化的黄油。

（4）插进预热的烤箱，170℃ 30分钟烘烤。出炉冷却后待用。

（5）制作奶油，淡奶油4度在面盆中打发，半路可掺入糖和酒，根据私人喜好的稠度搅拌。

（6）开始做蛋糕装点，把蛋糕坯子用刀切成3等分大圆片。

（7）每层抹奶油后掺入用朗姆酒浸泡的水果做夹层。

（8）把上面和侧面抹好奶油后等候最后的裱花装点。

（9）用裱花袋和花嘴挤花装点，点缀上喜爱的水果和造型。

二、厨房的设计布局

厨房的设计布局，一定要坚持五点原则：一是保证工作流程连续顺畅；二是将厨房各部门尽量安排在同一楼层，并力求靠近餐厅；三是要注重食品卫生及生产安全；四是设备要尽可能兼用、套用，集中设计设备；五是要留有调整发展余地。

厨房的布局依据厨房的结构、面积、高度、设备的具体规格以及功能进行，因此，无论中餐厨房还是西餐厨房通常都会以下面几种方式进行布局。

1. 直线型布局

直线型布局（见图6-5）适用于高度分工合作、场地面积较宽阔、功能相对集中的大型酒店的厨房。直线型布局，通常是依墙排列，集中布局加热设备，集中吸排油烟，所有设备工具均分布在工作人员附近，能够最大限度减少行走距离。整个厨房整齐清爽，流程合理畅通。但这种布局对于餐厅出菜来说，行走的距离较远。

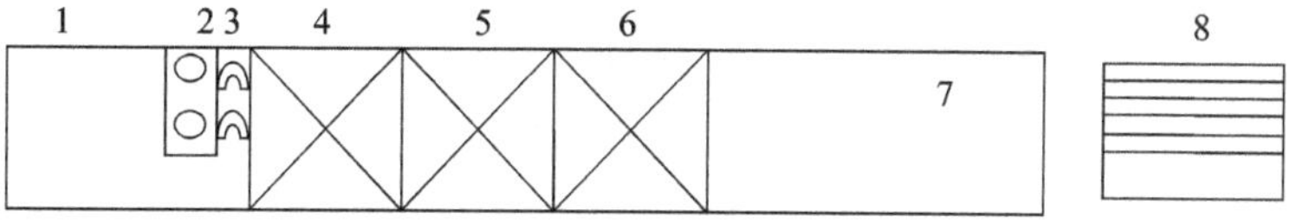

图6-5　直线型布局（厨具清洗区）

1. 厨具接收台　2. 垃圾处理槽　3. 冲洗设备　4. 洗涤槽
5. 清洗槽　6. 消毒槽　7. 清洁厨具台　8. 活动室厨具架

2. 相背型布局

相背型布局（见图6-6）是把主要烹调设备，如烹炒、蒸煮设备分成两组背靠背地组合在厨房内，中间以一矮墙相隔，置于同一抽排油烟设备下，厨师相对而站，进行操作。工作台安装在厨师背后，其他公用设备分布在附近地方。相背型布局适用于方块形厨房。这种布局由于设备比较集中，只使用一套排烟系统也比较经济。但环绕加热区域设计的配菜等其他工作岗位相对距离变远，操作、沟通麻烦了一些。

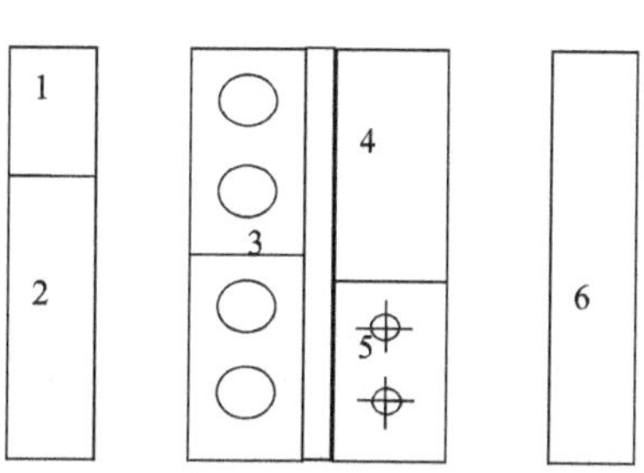

图6-6　相背型布局（中餐烹调厨房）

1. 砧板　2. 荷台　3. 炒灶
4. 蒸车　5. 低汤灶　6. 工作台

3.L 形布局

L 形布局（见图 6-7）通常将设备沿墙壁设置成一个直角形，通常是把煤气灶、烤炉、扒炉、炸锅、炒锅等常用设备组合在一边，把汤锅等设备组合在另一边，两边相连成一直角，集中加热、排烟。这种布局方式因地制宜，节省场地，同时还可缩短走路距离，应用广泛。

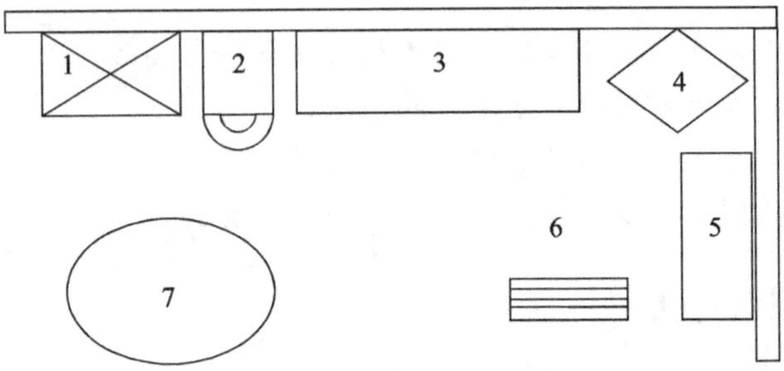

图 6-7　L 形布局（包饼房）

1. 水源　2. 搅拌机　3. 面包师工作台　4. 半自动面包切割机　5. 面包师工作台　6. 活动防水发面柜　7. 在通风系统下的烤箱及其他设备

4.U 形布局

U 形布局（见图 6-8）适合设备较多但所需生产人员不多、出品又较为集中的部门。如面点厨房、冷餐间、西餐包饼房等。将工作台、冰柜及加热设备沿四周摆放，留一出口供人员、原料进出，甚至连出品亦可开窗从窗口接递。这种布局，人在中间，取料、操作方便，节省走路距离，设备靠墙排放，即平稳又充分利用墙壁和空间，更加经济整洁。

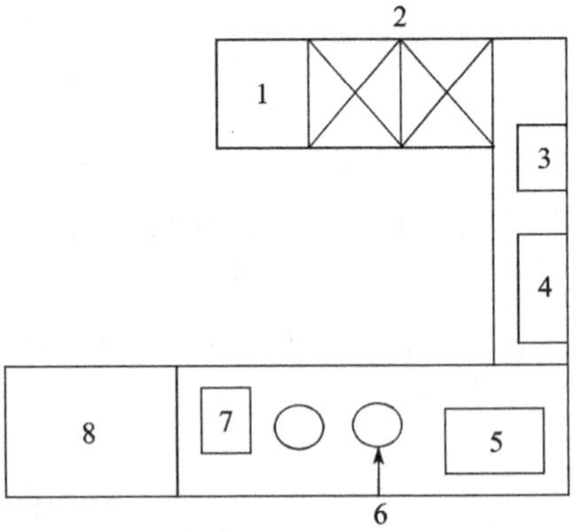

图 6-8　U 形布局（西餐烹调厨房）

1. 接手台　2. 水池　3. 消毒柜　4. 热水器　5. 微波炉　6. 瓦斯炉　7. 炸锅　8. 烤箱

三、厨房的生产流程

（一）中餐厨房的生产流程

厨房产品基本都要经过多道工序才能生产出来。

1. 菜肴生产流程（见图 6-9）

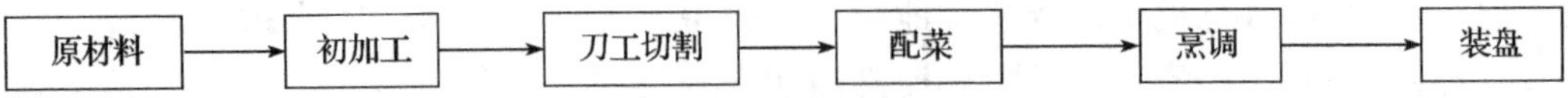

图 6-9　菜肴生产流程

2. 面点生产流程（见图 6-10）

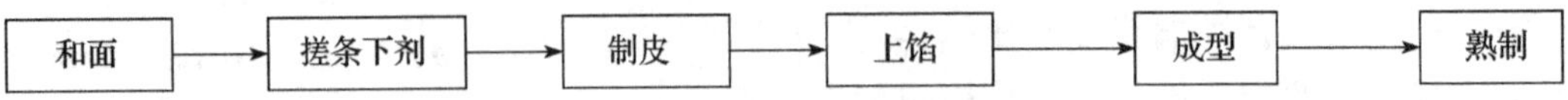

图 6-10　面点生产流程

（二）西餐厨房的生产流程

西餐厨房的热菜与中餐厨房的菜肴生产流程基本一致。下面是西餐厨房其他产品的生产流程。

1. 面包生产流程（见图 6-11）

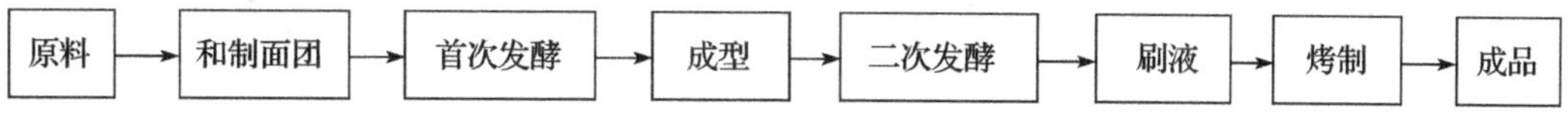

图 6-11　面包生产流程

2. 饼房生产流程

（1）蛋糕生产流程（见图 6-12）。

图 6-12　蛋糕生产流程

（2）冷冻甜食生产流程（见图 6-13）。

图 6-13　冷冻甜食生产流程

第三节　生产过程的标准化控制

一、标准菜谱

标准菜谱又称标准食谱，是以菜谱的形式，列出菜肴（包括点心）的用料配方，规定制作程序，明确装盘规格，标明成品的特点及质量标准，是厨房每道菜点生产的全面技术规定，是不同时期用于核算菜肴、点心成本的可靠依据。

（一）标准菜谱的内容

标准菜谱的内容，即餐饮企业厨房生产菜肴、点心应统一、规范、明确的一些具体内容。主要包括以下几点。

1. 菜点名称

一道菜肴或点心在同一家餐饮企业应有一个统一规范的名称，否则员工、客人都会觉得混乱，而且很难打出名声。例如，同一家饭店，同一盘炒饭，既叫扬州炒饭，又叫什锦炒饭就使人觉得很混乱。

2. 投料名称

即菜肴的标准用料，包括菜肴的主料、配料、料头和调料。例如，腰果虾仁的主料为海虾仁，配料为腰果、胡萝卜丁、黄瓜丁，还包括葱、盐、糖、味精等。

3. 投料数量

包括主料、配料、料头和调料的准确数量。同样以腰果虾仁为例，其中：主料虾仁 350 克，配料黄瓜丁、胡萝卜丁共 150 克，腰果 50 克，调料精盐 5 钱，味精 10 钱，鸡粉10钱，白糖2钱，胡椒粉1钱，料油3克等。

4. 制作程序

还以“腰果虾仁”为例，其制作程序为：锅入水烧沸，放入胡萝卜丁稍煮即倒入虾仁、黄瓜丁，烧制八成熟倒出；锅内入油四成热，放入主配料，滑油九成熟倒出；锅内留底油，炝锅、入汤、调料，主料勾芡，淋明油，倒入炸好的腰果出锅装盘即成。

小知识

厨房术语简介

料头：出自粤菜，泛指用于增加菜肴的香味，调理菜肴的色泽，清除原料的腥膻味，识别菜肴的制作方法等的各种原料的统称。粤菜烹调所使用的料头通常是以生姜、南姜（潮州姜）、鲜沙姜、青葱（小葱）、京葱（大葱）、干葱头（红葱头）、洋葱头、蒜头、大蒜、红辣椒、青辣椒、元椒（灯笼椒）、冬菇、草菇（白菌）、芫荽（香菜）、番芫荽（欧芹）、红萝卜（甘笋）、白萝卜、竹笋、大头葱菜、潮州咸菜、金华火腿、火腩（烧肉）、五柳料、西芹、香芹、咸鱼、柠檬、陈皮等为主。其中以生姜、南姜（潮州姜）、鲜沙姜、青葱（小葱）、京葱（大葱）、干葱头（红葱头）、洋葱头、蒜头、大蒜、大头葱菜、潮州咸菜、金华火腿、火腩（烧肉）、咸鱼、柠檬、陈皮等为“香料料头”，以红辣椒、青辣椒、元椒（灯笼椒）、冬菇、芫荽（香菜）、番芫荽（欧芹）、红萝卜（甘笋）、白萝卜、竹笋、五柳料、西芹、香芹等为“色彩料头”。

滑油：又称“过油”，是指将切配好的原料经过大量油脂高温、快速熟制的过程。

底油：指在热菜烹制过程中，将需要提前过油的原料滑油后，倒入漏勺中，在即将烹制、调味菜肴之前，在炒锅内添加或留下的部分油脂。

炝锅：又称“炸锅”，是指将姜、葱、辣椒末或其他带有香味的调料放入烧热的底油锅中煸炒出香味，再及时下菜料的一种方法。

5. 成品质量要求

即成品的质量标准。“腰果虾仁”的成品标准为：口味咸鲜、鲜嫩、色泽明快等。

6. 盛器

即菜肴或点心销售盛装的器皿。

7. 装饰

即菜肴的盘饰、美化。包括装饰用料、点缀方式等。

8. 单价、金额、成本

单价指标准菜谱应说明每种用料的单位价格；在此基础上，计算出每种原料的金额，汇总之后即可得出菜肴或点心的成本。

9. 使用设备及烹调方式

不同设备，不同的烹调方法都会导致菜肴的不同风味，例如炒制菜肴，有滑炒、生炒、熘炒等。

10. 制作批量、份数

有些品种的菜肴或点心规格较大，如烤鸭、脆皮乳猪等，而有些又相当碎小，如水饺、汤圆等。前者可单独制定一份标准菜单，而后者则适宜批量制作，集中测定用料、用量，分份销售、分摊成本。

11. 类别及序号

类别是该菜肴或点心的种属划分，有的按烹调方法划分，有的按成菜风味划分，有的按成品特征划分。

（二）标准菜谱的式样

有的标准菜谱以方便随时核算成本为特点（见表 6-1），有的以形象直观、方便对照执行（见表 6-2）。

表 6-1　标准菜谱（一）

菜点名称			生产厨房	总分量	规格	日期
用料	单位	数量	日期：		日期：	
			单位成本	合计	单位成本	合计
合计						
菜式流程及做法：					特点及质量标准：	

表 6-2　标准菜谱（二）

编号：

名称：______ 类别：______　成　本：______ 分量：______　售　价：______ 盛器：______　毛利率：______						菜品照片
质量标准						
用料名称	单位	数量	单价	金额	备注	制作程序
合计						

日期：

二、厨房产品质量标准控制

厨房产品，包括厨房各部门生产加工的冷菜、热菜、点心、甜品、汤羹等。其质量的好坏优劣直接反映了厨房生产、管理人员的技术素质和管理水平。同时，厨房的产品质量还直接影响着饭店的就餐人数、经济效益、声誉和口碑。因此，采取切实有效的措施，加强厨房产品质量控制，是非常重要的。

（一）厨房产品质量概念

厨房产品质量包括菜点食品本身的质量和外围质量两个方面。好的厨房产品是指提供给顾客食用的产品无毒无害、营养卫生、芳香可口且易于消化吸收；菜点的色、香、味、形、质、器俱佳，温度适口，客人食用后能感到高度的满足。合格的厨房产品外围质量主要指产品的销售服务，态度要好、服务要及时、就餐环境要舒适、能满足顾客交流、享受的心理需求，同时体现其身份和地位。

本章所说的厨房产品质量实际是提供的产品和服务不断与顾客的期望和需求相吻合，是一个动态的概念。

（二）影响厨房产品质量的因素

影响厨房产品质量的因素有很多，无论是主观的还是客观的，也不论是餐饮企业内部的还是外部客人自身，只要有一方面的疏漏，都会造成厨房产品质量受到影响。因此，分析影响厨房产品质量的主要因素，进行针对性的管理和控制措施，对创造和保持产品优质是十分必要的。

1. 厨房生产人为因素

厨房生产人为因素，即厨房工作人员在厨房生产过程中表现出来的自身的主、客观因素对厨房产品质量造成的影响。厨房产品很大程度上是靠厨房员工手工生产出来的，除员工的技术差距、体力差距、能力强弱、反应速度外，厨房生产人员的主观情绪波动也会对产品质量造成直接影响。

2. 生产过程的客观自然因素

厨房产品质量，常常受到原料及调料自身质量的影响。正如清代袁枚在《随园食单》里所说："凡物各有先天，如人各有资禀，人性下愚，虽孔孟之教之无益也；物性不良，虽易牙烹之亦无味也。"原料固有品质较好，只要烹饪恰当，产品质量就会很稳定；而原料如果先天不足，即使有高级厨师的精心烹制，其产品质量也难尽如人意。

厨房生产过程中，除原料外，还有一些意外或不可抗因素对厨房产品质量造成影响。例如，炉火的大小、加工设备是否正常运转等。

3. 就餐客人自身因素

"众口难调"，一般被认为是厨师对菜点口味不符合顾客要求的开脱。但事实上，这句话也道出了"食无定位，适者口珍"的含义，说明了即使厨房生产完全符合规范、产品全部达标，在消费过程中，仍不免有客人认为"偏咸""偏淡"等。这就是厨房产品质量因就餐客人不同生理感受、心理作用（与以往就餐经历的对比）而产生的不同评价，也就是影响厨房产品质量的顾客因素。

4. 服务销售附加因素

餐厅服务销售从某种意义上讲，是厨房生产的延续，而有些菜点还要在餐厅完成烹任过程。例如，各种火锅、铁板烧、火焰菜肴等，因此服务员的服务技艺、应变能力都直接或间接影响着菜点的质量。厨房产品的生产和服务（即厨房与餐厅的沟通与配合）对确保出品顺畅、及时和提高菜点质量有着很重要的影响。

（三）厨房产品质量控制方法

由于种种因素的影响，厨房产品质量具有随时发生波动和变化的可能，而厨房管理的任务正是要保证各类出品质量的可靠和稳定。质量控制是从原料选择开始，对厨房生产相关全过程进行管理，及时消除一些不合标准的状况。因此，应采取切实可行的措施或综合采用各种有效的控制方法来保证厨房菜点的质量符合要求，并在较高水平上获得稳定。

1. 阶段标准控制法

厨房生产运转流程，从原料购进到产品售出，可分为食品原料、食品生产和食品销售三大阶段。针对三大阶段不同工作特点，分别设计、制定相关作业标准，在此基础上再加以检查、督导和控制，以达到厨房生产及产品的稳定，质量稳定，这便是阶段标准控制法。

2. 岗位职责控制法

岗位职责控制法就是利用厨房岗位分工，强化岗位职能，并施以检查督导，对厨房产品的质量亦有较好的控制效果。此方法在实施过程中要注意两点：一是厨房所有工作均应有所分工落实；二是厨房岗位责任要分清主次。

3. 重点控制法

重点控制法是对厨房生产与出品某个时期、某些阶段、环节或秩序相对较差，或对重点客情、重要任务，以及重大餐饮活动而进行的更加详细、全面、专注的督导管理，以及时提高和保证某一些方面、活动的生产与出品质量的一种方法。

经典案例

换汤不换药的菜

“晚上好，先生！今天吃点什么？”服务员热情地请已入席的李老板和他的朋友点菜。

“来个生炒麦菜、椒盐虾、蒸荷粉和白粥。”李老板答道。

“好的，请稍候！”服务员下单送到厨房。

过一会儿，菜上来了，服务员介绍道：“盐水麦菜，请慢用。”

“服务员，请等一下，我们没有点这个菜呀，我要的是生炒麦菜，你们弄错了吧？”

“是吗？对不起，我帮您换一下吧。”过了 2 分钟，送菜的服务员又端来了生炒麦菜。

“咦？生炒麦菜怎么这么多叶？切的也和刚才那个一样，煮得这么烂？”李老板边看菜边喊道，“服务员，这个菜换汤没换药吧？很像是把刚才那盘菜的汤倒掉，然后重新回下锅而已，哪里是生炒麦菜呢？算了，你还是给我换个别的吧。”

案例分析

本案例中，一是厨房的产品质量管理存在问题。厨师只注重减少浪费，目光停留在短期利益中。菜肴做错了，没有选择重新制作而是“换汤不换药”的重新回锅，这是对客人的一种欺骗行为。二是前厅与厨房沟通做得不好。对客人投诉只是一种应付式的态度，没有做到真正解决问题，同样是对客人的不尊重。

经验总结

随着人们生活水平的提高，饮食消费追求的不再是温饱，人们讲究的是一种享受、一种生活品位。要做到与时俱进，酒店就要不断完善自己，加强管理、改进服务。本案例中，当客人点的菜做错了的时候，一种解决方法是厨房按规矩重新严格制作客人原先点的菜肴，将做错的菜肴换下，使宾客满意；另一种解决方法是前厅应主动与后厨沟通，可以将做错的菜肴免费送与宾客，以显示酒店的诚意。

本章小节

餐饮生产管理，是餐饮服务管理的重要组成部分。本章从“人”“物”“产品”三个方面进行了分析。首先，介绍了厨房的组织机构设置以及各岗位工作人员的岗位职责；其次，阐述了中、西各功能厨房的设计要求、设计布局；在明确了厨房中“人”“物”的基础上，要真正认识到厨房产品质量的重要性，熟悉影响厨房产品质量的因素及厨房产品质量的控制方法，掌握标准菜谱的应用。

走近餐厅

【实训项目】

观摩酒店厨房

【实训内容】

在本地找一家四星级或五星级酒店，观摩其中、西厨房的设计与布局，并了解其组织机构。

【实训步骤】

联系符合要求的酒店，参观其中、西厨房；简单记录厨房的组织机构并绘制其厨房布局，与课本内容相结合。

【实训点评】

参观前，要熟悉本章内容；参观过程中，要多听、多看、多问、多记，尽量使所学理论与实践相融合。

复习思考题

一、填空题

1. 厨房设计布局，是厨房建设的基础，设计布局的结果，直接影响厨房________、________和________。

2. 厨房的布局依据厨房的结构、面积、高度、设备的具体规格以及功能进行，无论中餐厨房还是西餐厨房通常都会以________、________、________、________几种方式进行布局。

3. 冷冻甜食的生产流程________、________、________、________、________。

4. ________布局适用于高度分工合作、场地面积较宽阔、功能相对集中的大型饭店的厨房。

5. 厨房产品质量包括菜点食品________和________两个方面。

二、选择题

1. 中餐烹调厨房设计要求包括（　　）。

A. 烹调厨房与相应餐厅要在同一楼层

B. 烹调厨房必须有足够的冷藏和加热设备

C. 抽排烟气效果要好

D. 配份与烹调原料传递要便捷

2. 标准菜谱内容包括（　　）。

A. 菜点名称　　B. 投料名称　　C. 投料数量　　D. 制作程序

3. 岗位职责控制法在实施过程中要注意的事项有（　　）。

A. 厨房所有工作均应有所分工落实　　B. 制定相关作业标准

C. 厨房岗位责任要分清主次　　D. 专注的督导管理

4. U 型布局适合设备较多但所需生产人员不多、出品又较为集中的（　　）部门。

A. 面点房　　B. 中餐烹调厨房　　C. 西餐冻房　　D. 加工厨房

5. 菜肴的生产流程为（　　）。

A. 原材料—初加工—刀工切割—配菜—烹调—装盘

B. 原材料—初加工—配菜—刀工切割—烹调—装盘

C. 原材料—配菜—初加工—刀工切割—烹调—装盘

D. 原材料—刀工切割—初加工—配菜—烹调—装盘

三、简答题

1. 厨房设置科学、完善的组织机构有哪些作用？

2. 厨房设计布局应坚持哪些原则？

3. 中餐加工厨房设计要求有哪些？

4. 影响厨房产品质量的因素有哪些？

5. 厨房产品质量控制的方法有哪些？

第七章 C H A P T E R 7

餐饮成本管理

动脑筋

餐厅成本控制

东盛餐厅的李经理对上个月的财务报表感到不满。因为上个月的营业收入虽然达到了预期的水平，但经营毛利率却令人不满意，只有18%，而他的期望值是20%以上。于是他叫来了财务小王，经了解发现主要是高费用带来了低毛利。如工资比上年同期上升了许多，电费也很高，餐具、部件支出也偏高，办公费用也存在问题。于是李经理暗下决心要加强企业费用管理。

请思考：对经营管理者来说，企业经营中哪些费用是可控的，哪些费用是不可控的？对管理者进行考核时应对哪些费用进行考核？为什么？

第一节 餐饮成本的构成

一、成本概念

餐饮产品的成本是指餐饮企业在生产餐饮产品时所占用和耗费的资金。按其性质分类，可分为固定成本和变动成本；从成本管理角度分类，又可分为可控制成本和不可控制成本、标准成本和实际成本；若按成本和决策的关系划分，则可分为边际成本和机会成本。

（一）固定成本和变动成本

固定成本（Fixed Costs）是指在一定的业务范围内，其总量不随产量或销售量的增减而相应变动的成本。换言之，即是指即使产量为零时也必须支出的费用，如餐厅的折旧费、大修理费、企业管理费等。但固定成本也并不是绝对地不随生产量的变化而变化，当生产量增加到超出现有生产能力、需要配置新设备时，某些固定成本会随产量的增加而变化。

正因为固定成本对销售量的变化保持相对不变，故当销售量增加到一定程度时单位产品所负担的固定成本会相对减少。

变动成本（Variable Costs）是指总量随产量或销售量的变化而按比例增减的成本，如食品饮料原料、洗涤费、餐巾纸等费用。这类产品在随产量增加、变动成本总额增加时，其单位产品的变动成本保持相对不变。

混合成本是随着生产量或销售量的增减而增减的成本，但它的增减量不完全是按比例变化的，如餐具、灶具费用及水、电费等。混合成本可分为两部分：一部分是产量虽然变化，而相对不变的固定成分，如正式职工领取的固定工资；另一部分是随产量变化而成正比例变化的变动成分，如餐厅在营业量较大时雇用临时工或季节工的费用。

在管理上，将成本分为固定成本与变动成本，对餐饮成本预算、价格决策和其他管理决策是十分有用的。

（二）可控成本和不可控成本

可控成本（Controllable Costs）是指在短期内管理人员能够改变或控制数额的成本。对餐饮管理人员来说，变动成本，如食品饮料的原料成本等，一般为可控成本。管理人员若变换每份菜的份额，或在原料的采购、验收、贮存、生产等环节加强控制，则食品饮料的原料成本数额发生变化。大多数变动成本都可以控制。某些固定成本也属于可控成本，如办公费、差旅费、推销广告费等。

不可控成本（Uncontrollable Costs）是指管理人员在短期内无法改变的成本，如折旧费、大修理费、利息以及在大多数企业中正式职工的固定工资费用等。

划分可控成本和不可控成本，对于计划成本控制的方法和环节以及考核管理人员的经营业绩有很大的作用。

（三）边际成本和机会成本

边际成本（Marginal Cost）是指增加一定产销量所追加的成本。在餐饮管理中，经营者一方面要增加餐饮产品的产销量，以增加收入，但同时，其成本也会相对增加。当固定成本得到全部补偿时，成本的增加又会相对减少，从而增加利润。但产销量的增加不是没有限制的，当超过一定限度时，市场供求关系变化，成本份额也会发生变化，从而使利润减少。从经济决策来看，当边际成本和边际收入相等时，利润最大。所以，边际成本是确定餐饮产品产销量的重要决策依据。

机会成本（Opportunity Cost）是指从多种方案中选择一个最佳方案时，被放弃的次优方案所丧失的潜在利益。如餐饮经营中要购买某种设备，现有两种设备可供选择。购买 A 种设备，预计增收为 1 万元，成本 0.8 万元，利润 0.2 万元；购买 B 种设备，预计增收 1.15 万元，利润为 0.21 万元。当然以选择 B 种设备为好。但选择 B 种设备时要考虑放弃 A 种设备所失去的 0.2 万元利润，这 0.2 万元就是机会成本。所以，机会成本并不是实际发生的成本，它仅仅是选择决策方案时所放弃的方案的成本。如果所放弃的方案的机会成本低于决策方案时，决策方案就应重新选择。因此，机会成本虽然并没有实际发生，但它仍然可以为企业决策提供参考。

（四）标准成本和实际成本

标准成本（Standard Costs）是指在正常和高效率经营情况下，餐饮生产和服务应占用的成本指标。为了更好地控制成本，餐饮企业通常要确定单位标准成本，例如每份菜的标准成本，分摊到每位客人的平均标准成本、标准成本率、标准成本总额等。

实际成本（Actual Costs）是指餐饮经营过程中实际消耗的成本。标准成本和实际成本之间的差额称为成本差异。实际成本超过标准成本的差额为逆差，反之为顺差。

1. 确定标准成本具有的作用

（1）用于控制实际成本。标准成本可用于控制实际成本消耗，将实际消耗的成本与标准成本相比较，能评估管理人员控制成本的好坏。在营业收入不变或有所提高，以及翻台率不受影响的前提下，顺差表示经营成绩优于计划，逆差表示成本控制有问题。这种差额的计算对分析和控制成本是很重要的。

（2）用于决策。标准成本是餐饮成本计划和经营预算的基础。每份菜的标准成本也是其定价的依据。同时，标准成本的计算也有助于选择菜品和开发新服务项目的决策等。

标准成本的实用价值取决于所制订的标准符合实际的程度。建立成本标准最常用的方法，是从企业以往的实际成本中抽取平均值或者平均百分比率作为标准成本额或标准成本率。标准成本制度还应显示其先进性，应在经营效率高的前提下总结出实际成本数据，它要比一般实际成本有节约的成分。

2. 标准成本的分类

标准成本通常有两种类型，用得最多的是直接材料标准成本。

（1）餐饮原料标准成本。在餐饮业中，通常需要确定每份菜的标准成本、每份饮料的标准成本，以此来进行成本控制。在确定这两种成本时，都要考虑到食品的加工切配折损率和烧煮切割折损率以及饮料配制时的流失量等。另外，在原料进价发生变化时，要及时调整标准成本。

由于餐饮原料成本是变动成本，与销售量的大小成正比例变化，故这部分成本控制需要用标准成本率来进行计算。常用的标准成本率有每份菜的标准成本率和食品、饮料的综合标准成本率。

标准成本总额是用于与实际成本额作比较进行成本控制的有用数据，它是将实际销售额乘以标准成本率而得到的。

（2）标准直接人工费用。确定标准人工费用的基础是规定标准的劳动定额和标准的职工配备数。标准直接人工费用的计算是将直接人工工时数乘以每小时人工费用而得。直接人工费用不仅包括工资，还包括各项福利费用，如住房补贴、伙食补贴、带薪休假费用、交通补贴、工作餐和工作服等。职工每月的工时数是职工平均每月的工作天数、每日的工作时数与平均出勤率相乘而得。如今我国职工全年法定休息日为 104 天，加上元旦、清明节、五一劳动节、端午节、中秋节、国庆节和春节的 11 天节日，因此平均每月工作日为（365–104–11）/12 ≈ 21 天。

标准直接人工费用的计算举例如下。

① 餐饮部职工标准配备数	120 名
② 平均每人每月工作小时数	$21 \times 8 \times 90\% = 151.2$ 小时
③ 每月总工时数	$151.2 \times 120 = 18144$ 小时
④ 每月职工工资	239790 元
⑤ 福利及其他相关费用	57870 元
⑥ 工作餐与工作服	23450 + 6630 元
⑦ 每人工时标准费用	$327740 \div 18144 \approx 18.06$ 元

二、餐饮成本和费用结构

由于各类餐厅的设施不同，提供的餐饮服务不同，因此所涉及的成本和费用结构也不同。一般来说，其主要的成本和费用包括以下几个方面。

（一）食品饮料的原料成本

食品饮料的原料成本是餐饮部的主要开支，占餐饮收入的比例最大。一般情况下，档次越高的酒店原料成本率越低。宴会的原料成本率一般低于普通的成本率。饮料原料的成本率低于食品原料的成本率。国际上酒店业的食品饮料成本率一般为 30% ～ 35%，在我国酒店业中餐饮原料的成本率要高一些。

（二）营业费用

营业费用包括餐饮部门经营中所耗费的一切费用，如人工费用、经营用品费用、水电燃料费、折旧和维修费用以及其他费用。

营业税不属于费用，但它是餐饮部门的一项重要支出，一般占营业收入的 5%。

以下是我国一家合资三星级旅游酒店餐饮部门某年的成本和费用明细结构情况（见表 7-1）。

表 7-1　某合资三星级旅游饭店餐饮部门成本和费用明细

项目	总额 / 元	比例 /%	中餐 / 元	比例	西餐 / 元	比例 /%	其他 / 元	比例 /%
营业收入	3391396.64	100	1768618.54	100	981874.70	100	640904.40	100
营业成本	1166408.41	34.39	795017.74	44.95	323451.45	32.94	47939.22	7.47
毛利	2224988.23	65.61						
营业税	170843.78	5						
营业费用	1424540.49	42						
部门利润	629603.96	18.6						

营业费用明细情况（见表 7-2）。

表 7-2　某合资三星级旅游饭店餐饮部门营业费用明细

项目	总额 / 元	占营业费用百分比 /%	占营业收入百分比 /%
营业费用总额	1424540.49	100	42
职工工资	597973.08	41.97	17.63
职工福利	81855.78	5.75	2.4
瓷器、下班器皿、银器	71286.38	5	2.1
棉织品	13638.02	0.95	0.4
印刷及文具	34188.72	2.4	1
职工服装及洗涤费	63672.99	4.47	1.88
低值易耗品摊销	30480.06	2.14	0.9
折旧费	207124.68	14.54	6.1
燃料	67724.18	4.75	2
职工伙食	67662.43	4.74	2
其他	189434.17	13.3	5.95

备注：修理费、水电费及旅游宣传费用等归在企业管理费用。

同年，一家内资三星级饭店餐饮部成本费用结构情况（见表 7-3）。

表 7-3　某内资三星级饭店餐饮部成本费用明细

项目	总额 / 元	比例 /%
营业收入	4997368.07	100
餐饮成本	2640013.55	52.83
营业费用	1022343.51	20.46
营业税	189899.98	3.8
部门利润	1145111.03	22.91

内资三星级饭店餐饮部营业费用明细情况（见表 7-4）。

表 7-4　内资三星级饭店餐饮部营业费用明细

项目	总额 / 元	占营业费用百分比 /%	占营业收入百分比 /%	备注
营业费用总额	1022343.51	100	20	
工资	194012.92	18.98	3.88	
福利费	52374.34	5.12	1.04	
燃料费	81202.86	7.94	1.62	
折旧费	151200.00	14.79	3.03	
大修理费	48750.00	4.77	0.97	
修理费	19425.45	1.9	0.39	
低值易耗品摊销	6838.02	6.83	0.14	
洗涤费	69818.89	6.83	1.4	
旅游公务费	16500.31	1.61	0.33	
旅游宣传费	−2881.86	−0.28	−0.06	为其他单位作广告、培训获得收益
旅游教育费	−25890.04	−2.53	−0.52	
水电费	111290.66	10.89	2.2	
邮电费	895.51	0.08	0.02	
服装及劳保	33741.07	3.3	0.67	
物料消耗	124181.75	12.15	2.48	
工作餐	59314.80	5.8	1.18	
包装及运杂费	8898.31	0.87	0.18	
其他费用	72670.52	7.1	1.45	

上述两个企业的餐饮成本都占收入的主要部分（分别为 34.39% 和 52.83%）。营业费用中主要是人工费差别较大。那家聘用外方管理人员的合资饭店的人工费（包括工资、福利费、劳保及服装费和职工用餐）占收入的 23.91%，内资饭店的人工费占收入

的6.77%。以上两项开支分别占两个企业收入的58.3%和59.6%，为餐饮部门的主要开支。

餐饮部门的成本和费用结构具有以下特点。

1. 变动成本比例大

餐饮部门的成本费用中，除食品饮料的成本以外，在营业费用中还有物料消耗等一部分变动成本。这些成本和费用随销售数量的增加而成正比例地增加。这个特点意味着餐饮价格折扣的幅度不能像客房价格那么大。

2. 可控制的成本比例大

除营业费用中的折旧费、大修理费、维修费等是餐饮管理人员不可控制的费用外，其他大部分费用以及食品饮料原料成本都是餐饮管理人员能控制的。这些成本和费用的多少直接与管理人员对成本控制的好坏相关，并且这些成本和费用占营业收入的很大比例。这个特点说明餐饮成本和费用的控制十分重要。

3. 成本泄漏点多

餐饮成本和费用的大小受经营管理的影响很大。在菜单计划、食品饮料的成本控制、餐饮的推销和销售控制以及成本核算的过程中涉及许多环节，即菜单计划—采购—验收—贮存—发料—加工切配和烹调—餐饮服务—餐饮推销—销售控制—成本核算。

菜单计划和菜品的定价决定菜品的成本率，也影响顾客对菜品的选择。对食品饮料的采购、验收控制不严，或采购的价格过高，数量过多造成浪费，采购原料不能如数入库，采购的原料质量不好等都会引起成本提高。贮存和发料控制不好，会引起原料变质或被偷盗、丢失和私用。对加工、烹调控制不严不仅会影响食品的质量，还会提高食品饮料的折损和流失量，对加工和烹调的数量计划不好也会造成浪费。餐饮服务的好坏不仅影响宾客的满意度，也会影响宾客对高价菜的挑选，从而影响成本率。餐饮推销搞得好不好不仅影响收入，也影响成本率，例如，加强宴会和饮料的推销会降低成本率。销售控制不严，售出的食品饮料得不到收入也会使成本比例增大。所以，企业若不加强对成本的核算和分析就会放松对各个环节的成本控制。对上述任一环节控制不严都会产生成本泄漏。

总之，成本控制的每一环节都可能产生成本泄漏，主要表现为工作效率低和不负责任，从而造成原料的丢失和浪费。比如食品冷藏温度不够低、饮料贮存的瓶盖没盖紧等，都会造成原料变质，使成本增加。

餐饮成本和费用控制的总体责任是由餐饮经理承担，每个管理人员对成本控制都有各自的责任。同时，企业还应设一个食品饮料成本控制员，通常隶属于财务部门，有的饭店中这类人员归餐饮部门管理。餐饮成本控制员不仅负责餐饮成本的核算，还负责监督各环节成本的控制。

第二节　餐饮成本核算内容与成本报表

食品饮料的成本核算，能及时帮助管理人员掌握食品饮料的成本消耗额，核实仓库存货额，杜绝食品饮料成本的泄漏点，是控制食品饮料成本、提高经济效益的必要手段。

企业的餐饮成本控制员每天早上要将核算好的上一日的成本情况及时向管理人员反映，这样就能及时发现问题，查明原因，立即采取改进措施。

一、成本核算的组织形式

餐饮产品成本核算，根据企业管理体制不同，其组织形式主要有两种。一是餐饮成本核算归餐饮部门负责。部门设餐饮成本会计，厨房设成本核算员，成本会计直接为财务部提供成本核算报表。二是餐饮成本核算由财务部负责。财务部设餐饮成本会计，厨房设成本核算员。成本核算员归财务部餐饮成本会计管理，直接为成本会计提供核算资料。前者主要在部分国有企业中采用，后者在大多数企业中采用。其成本核算的组织形式（见图 7-1 和图 7-2）。

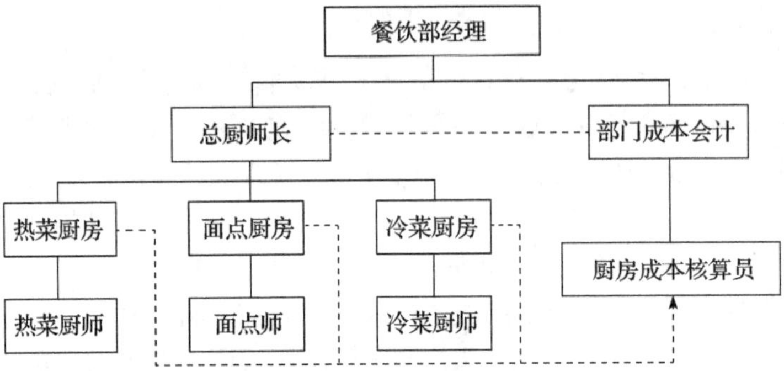

图 7-1　餐饮部门餐饮成本核算组织形式

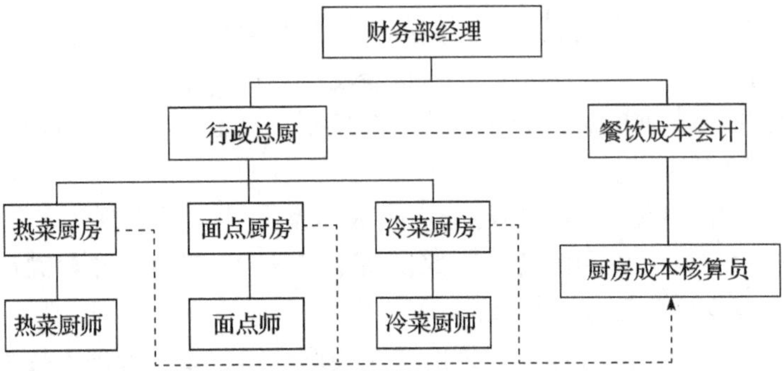

图 7-2　财务部餐饮成本核算组织形式

二、成本核算的基础工作

餐饮成本核算分厨房成本核算和会计成本核算两个方面。前者主要为厨房生产和产品定价服务，控制厨房实际成本消耗，同时为会计成本核算提供基础数据；后者主要从会计专业化管理角度核算各餐厅和企业餐饮成本消耗及成本率，控制餐厅和企业成本，同时为企业餐饮经营者和高层领导提供决策依据。两者都必须做好成本核算的基础工作。其工作内容主要包括三个方面。

（一）成本核算档案记录

原始档案记录是成本核算的依据。正确进行成本核算，必须建立档案记录制度。采购、验收、贮存、发货、生产、销售等各个环节都要做好原始档案记录。其内容主要包括原料进货发票、领料单、转账单、盘存单、原料耗损报告单、生产成本记录册、食品成本日报表等。其中，食品成本日报表在成本核算工作中起到很大作用，下面会做具体分析。

（二）成本核算衡器使用

衡器是餐饮成本核算的必备计算工具。厨房为准确计量各种食品原材料的消耗，必须配备必要的衡器。衡器种类根据食品原材料计量要求的不同来确定，主要有四种：即天秤，用于大宗食品原料计量；天平秤或电子秤，用于贵重食品原料计量；案秤，用于一般食品原料计量；量杯，用于调味品原料计量。厨房衡器根据食品原料计量要求的不同，有各种不同的规格，以适应成本核算的需要。

衡器在使用过程中，要掌握标明的量度和灵敏度，长期使用的衡器要定期检查其精确度，应加强衡器的保养，以做到计量准确，防止误差发生。

（三）成本核算数据处理

餐饮成本核算是通过原料计量、计价和单位成本来计算实际成本。其数据处理要正确，以便为成本控制提供客观依据。在餐饮产品成本核算过程中，其数据处理有三种形式。

1. 有效数据

有效数据是以实测或原始记录为依据所提供的数据，比较准确。在餐饮成本核算中，一般不得采用估计数据。如果必须用估计数据时，也应以过去的实测为准，以保证成本核算数据的准确性和有效性。

2. 尾数处理

尾数有重量尾数和价值量尾数两种。重量的尾数处理一般到克为止。克以下的重量单位采用四舍五入法，进到克为止，然后按原料单价核算成本。如果是特别贵重的食品原材料，也可以毫克为尾数单位。价值量的尾数处理一般到分为止，分以下的成本尾数采用四舍五入，进到分为止。在产品定价时，如果价格较高，其尾数也可到角为止，角以下的价值量单位采用四舍五入法。

3. 成本误差

成本误差分为绝对误差和相对误差两种。绝对误差是实际值和标准值之间的差额，用绝对数表示。相对误差是绝对误差和标准值之间的比率，用相对数表示。

三、成本核算的工作步骤

（一）收集成本资料

收集成本资料是成本核算的前提和基础。成本资料包括食品原材料采购、入库验收、入库单、出库单、领料单、转账单、耗损率、加工单等各种资料。根据成本核算的内容和目的不同，这些资料还要从不同的角度分类，使成本资料为不同的成本核算目的服务。如采购成本核算和厨房成本核算、库房盘点核算和菜单成本核算等所需要的资料就不完全相同。在收集成本资料时，要以原始记录和实测数据为准。不能用估计毛值，以保证成本核算的准确性。

（二）核算餐饮成本

餐饮产品的成本核算分为采购成本核算、库房成本核算、厨房成本核算、餐厅成本核算和会计成本核算等多种。上述各种核算互相联系、互相依存，往往前一步的成本数须与此相衔接。就厨房成本核算而言，又包括原料加工成本核算、成品生产成本核算、餐厅每日成本核算等多种。虽然分类不同，核算方法不完全相同，但核算出来的数据又必须是互相联系和互相衔接的。因此，成本分类核算是餐饮产品成本核算的主要环节，必须认真做好。

（三）做好成本分析

成本核算的目的：一是准确掌握成本消耗，形成成本报表，考核经营效果；二是为餐饮产品的生产经营活动提供决策参考，引导管理人员降低成本消耗。因此，在成本核算的基础上，应定期对成本核算的结果及其核算资料进行成本分析，提出分析报告。一般说来每周、每月都应进行一次成本分析，以指导餐饮生产经营活动的顺利开展。

（四）提出改进建议

在成本核算和成本分析的基础上，对采购、库房、厨房、餐厅等各部门、各环节成本管理中存在的问题，应分析具体原因，找出漏洞和偏差，提出改进建议，以便为高中层管理人员加强成本控制、降低成本消耗提供客观依据。

四、食品成本日报表

上面已提及编制食品成本日报表是做好餐饮成本核算的基础性工作，如果餐饮部能每天编制食品成本日报表，那么核算成本就非常容易了。食品的日成本主要由直接采购原料成本和库房发料成本两部分组成。直接采购的原料购进后直接发送至厨房，应在购进时就算作成本，因而有必要算出每日直接采购原料的总额。这个数据可以从验收日报表的直接采购原料总额中获得。采购后送入库房的原料是在发料时才记入成本，成本控制员要每日计算原料的发料金额。由于所有发出的原料都必须凭领料单，所领原料都必须列在领料单上，所以将各领料单总额相加就能得出每日发料总额。许多企业的食品和饮料的成本额都会有所转移和调整。例如，在食品成本中要减去填在食品饮料调整单上、转到饮料成本中的橘子、柠檬、花生等成本，并加上厨房调味等用的饮料成本。此外，职工用餐、招待用餐、食品饮料质量试验用料、员工关系消耗、客房赠客水果等成本都应该减去。

食品日成本计算方法如下。

直拨原料采购额	（取自验收日报表）
+ 库房发料成本额	（汇总领料单数据）
+ 转食品的饮料成本额	（汇总调拨单数据）
- 转饮料的食品成本额	（汇总调拨单数据）
- 职工用餐成本额	（转经营费用及企业管理费）

－招待用餐成本额　　　　（转经营费用及企业管理费）

－其他杂项扣除额　　　　（转经营费用及企业管理费）

净食品日成本额

计算出食品日成本后，还要从会计记录中获取日销售额数据，这样就可以计算成本对销售额的比率——成本率。

日成本的计算并不是十分精确的，有的原料不一定每日采购，也许隔日采购；当日从库房里发出的原料也不会每日都正好用完；有些原料在使用日之前就领出来，例如，盐及其他调料，也许一周领一次，免得天天去领；有些大块肉领来可用几天……上述情况都会使计算的日成本额偏离真实的消耗情况。

为了减少由于人为的原因使成本额的计算出现高低波动的情况，有必要统计成本的累积值数据，即从本月 1 日到当日累积值，数日后的累积值就比较精确了。因为，某日多领料或多购了原料，当日积存较多，次日就不必要多领或多购，累积日子越长，数据的精确度就越高。

为了更好地搞好控制和管理，有必要将食品成本日报表和销售日报表合并一起，编制成餐饮营业日报表。许多企业将饮料的成本和销售情况也列在一起。

餐饮营业日报表的内容包括以下几个。

整个企业成本耗用情况

各餐厅成本耗用情况

成本调整情况

各餐厅就餐客人数、营业额和平均消费额

这张营业日报表能反映上日整个企业和餐厅的销售情况和成本控制情况。如果销售或成本控制不理想，可及时找出销售不佳和成本泄漏的责任部门。以下是一家四星级饭店 8 月 31 日的成本消耗净额（见表 7-5）。

$$15621.34 + 4972.66 + 153.20 - 120.30 - 3644.24 - 10349.10 = 6633.56\text{（元）}$$

当日销售额为 37901.55 元，当日成本率为

$$6633.56/37901.55 \times 100\% = 17.5\%$$

当月累积成本额为 321432.52 元，累积销售额为 950871.00 元，当月累积成本率为

$$321432.56/950871.00 \times 100\% = 33.8\%$$

用同样的方法可以算出金门餐厅、咖啡厅和宴会厅的本日成本净额和成本率以及本月累积成本率。日报表上还反映了企业的销售状况，因而能及时地了解酒店餐饮部门的成本控制和经营情况。

五、月食品成本的核算及餐饮成本月报表

（一）月食品成本的计算

计算月食品成本与计算日食品成本的一个不同之处是月食品成本要根据库存的实际盘点额来核算，而日成本额的核算对存货额一般不作计算。有些企业只计算库房的库存额，而对厨房的库存额忽略不计。厨房的库存额往往数额很大，若忽略不计，成本额计算则会有较大出入，故许多企业也计算厨房的库存额。这样整个企业总体的月食品成本

表 7-5 食品营业日报表

日期：8 月 31 日
星期六
天气晴

	总额			金门餐厅		咖啡厅		宴会厅	
食品成本消耗	直拨原料采购额	￥15621.34		￥1087.41		￥1420.29		￥2788.80	
	库房领料成本额	￥4972.66		￥482.67		￥473.47		￥1203.79	
	转食品的饮料成本	￥153.20		￥23.10		￥101.10		￥29	
	转饮料的食品成本	￥120.30		￥15.20		￥32.40		￥40.20	
	职工用餐成本额	￥3644.24							
	其他杂项扣除额	￥10349.10		￥128.10		￥547.44		￥212.73	
	本日净额成本合计	￥3633.56		￥1449.88		￥1415.02		￥3768.66	
	本月累积成本额	￥321432.52		￥191883.27		￥62208.62		￥67340.63	
食品销售状况	今日		本月累计	今日	本月累计	今日	本月累计	今日	本月累计
	销售额	￥37901.55	￥950871.00	￥17450.05	￥586761.23	￥13552.00	￥192740.52	￥6899.50	￥171369.25
	早餐	￥4950.50	￥142234.25	￥4950.50	￥142234.25				
	午餐	￥11468.60	￥265681.39	￥3331.60	￥93534.89	￥6174.00	￥105782.77	￥1963.00	￥66363.73
	晚餐	￥21482.45	￥542955.36	￥9167.95	￥350992.09	￥7378.00	￥86957.75	￥4936.50	105005.52
	就餐人数	679	18372	415	14166	162	2125	102	2081
	早餐	151	4216	151	4216				
	午餐	182	4337	70	2231	68	1171	44	935
	晚餐	346	9819	194	7719	94	954	58	1146
	平均消费额	￥55.82	￥51.76	￥42.04	￥41.42	￥83.65	￥90.70	￥67.64	￥82.35
	早餐	￥32.78	￥33.74	￥32.78	￥33.74				
	午餐	￥63.01	￥61.26	￥47.59	￥41.93	￥90.79	￥90.34	￥44.61	￥70.98
	晚餐	￥62.09	￥55.30	￥47.26	￥45.47	￥78.49	￥91.15	￥85.11	￥91.63
食品成本率	今日		本月累计	今日	本月累计	今日	本月累计	今日	本月累计
	17.50%		33.80%	8.3%	32.70%	10.44%	32.28%	54.62%	39.30%

的计算公式为

月初库房库存额　　(上月末实际库额)
+月初厨房库存额　(上月末实际库额)
+本月库房采购额　(验收单数据汇总)
+本月直拨采购额　(验收单数据汇总)
–月末库房库存额　(月末实际盘点库存额)
–月末厨房库存额　(月末实际盘点库存额)
±成本调整额
–各项扣除额

月净额成本

为了将成本控制差异的责任分摊到各个部门，各个厨房的成本也要分别核算。各厨房月成本的计算公式为

月初厨房库存额　　(上月末厨房实际盘点库存额)
+本月库房领料额　(本月厨房向库房领料单汇总额)
+本月直拨采购额　(本月向厨房直拨原料采购额)
–月末厨房库存额　(本月末厨房实际盘点库存额)
±成本调整额
–各项扣除额

各厨房月成本净额

（二）成本调整额

成本调整额包括以下 3 点。

1. 各厨房向酒库和酒吧领用的用于烹饪调味用的酒水

这些成本额应分别加在各厨房的成本额中，并且分别在酒库和酒吧的成本中减去。

2. 各酒吧以及客房小酒吧向食品库房和各厨房领取的调酒用配料和跟酒小吃

这些成本额必须加在各酒吧和小酒吧的成本额中，并从食品库房和各厨房的成本中减去。

3. 各厨房间相互调拨原料的成本额

拥有多个餐厅和厨房的企业，从甲厨房调拨到乙厨房的成品、半成品和原料的成本额必须从甲厨房的成本额中减去，在乙厨房的成本额中加上。

为了较精确地计算各厨房的成本和整个企业的总成本，这些调整额都应分别在库房、厨房、酒吧的成本额中加以调整（见表 7-6）。例如，食品成本调整总额为

+转食品的饮料成本　¥1200
–转饮料的食品成本　¥2800

表 7-6　食品成本整表

单位：元

	食品库房	金门餐厅	咖啡厅	宴会厅	酒库	酒吧	泳池酒吧	客房小酒吧
烹饪调味用酒水		+350	+700	+150	–500	–400	–300	
调酒用配料	–400	–200	–100			+500	+200	

续表

	食品库房	金门餐厅	咖啡厅	宴会厅	酒库	酒吧	泳池酒吧	客房小酒吧
跟酒小吃	−100	−450	−100	−300		+550	+400	
客房小酒吧食品	−1150							+1150

（三）各项扣除额

各项扣除额包括不应计算在对客人销售的餐饮产品成本中的各项成本。各企业每天会发生不同的杂项成本。主要的项目有以下 4 个。

1. 客房内赠客的水果、饮品

这项开支可以计入推销费用中，其目的是改善对客关系，以增加客源。

2. 招待用餐成本

管理人员为了使经营正常开展，需要招待业务上的各方人士。这笔开支可分别计入各部门的营业费用或企业管理费用中。

3. 职工用餐成本

在整个企业的原材料总消耗中包括职工用餐涉及的原材料，需要从餐饮营业成本中减去。有的企业有单独的职工食堂，职工食堂的成本根据食堂从库房领取的原料和直接采购的原料以及其他餐厅转入食堂的原料成本汇总。有的企业没有单独的职工食堂，按每一职工用餐的标准成本额从营业成本中扣除。这笔开支应该分别计入各部门的营业费用或企业管理费用中。

4. 其他杂项扣除

有的企业以成本价向职工出售原料，其收入应从原料成本中扣除。有的企业对食品、饮品和厨师技术进行试验等，这些开支都应从餐饮成本中扣去，计入营业费用中。

（四）食品成本月报表的内容

食品成本月报表应反映企业一个月消耗食品原料的总额，显示食品成本的调整额和各项扣除额，列出一个月食品成本的净额。在月报表上要列出食品月营业收入总额，算出实际成本率。

$$\text{食品实际成本率} = \frac{\text{食品实际成本净额}}{\text{食品销售额}} \times 100\%$$

在食品成本月报表上列出标准成本率可使管理人员对本月成本控制的效果一目了然。为了方便管理人员，提供的信息要尽量简洁。许多企业将食品成本月报表与饮料成本月报表列在一张纸上。食品成本月报表的内容如表 7-7 所示。

表 7-7　× × 酒店餐饮成本 2019 年 9 月报表

制表日期：2019.10.3　单位：元

项目	食品		饮料	
月初库房库存额	326317.04		254637.15	
月初厨房 / 酒吧库存额	153561.41		86244.86	
本月库房采购额	212820.30		147018.29	
本月直拨采购额	174126.06			

续表

项目	食品		饮料	
月末库房库存额		271655.40		257536.72
月末厨房 / 酒吧库存额		181104.50		123764.73
本月食品饮料总消耗	414064.91		106598.85	
转食品饮料成本	12549.57			12549.57
转饮料的食品成本		4270.03	4270.03	
客房赠客水果		9290.33		
赠客饮料				10719.92
招待用餐 / 饮品		21430.67		3058.88
职工工作餐		84158.34		3288.81
其他杂项扣除		8807.16		4246.90
扣除总额		127956.53		33864.08
净食品 / 饮料成本额	298657.95		77004.80	
食品饮料净营业收入		755759.95		289818.59
标准成本率		35%		25%
实际成本率	39.52%		26.57%	

按月报表的数据计算，×× 饭店 2019 年 9 月的食品成本净额为

$$
\begin{aligned}
&326317.04\\
&+153561.41\\
&+212820.30\\
&+174126.06\\
&-271655.40\\
&-181104.50\\
&+12549.57\\
&-4270.03\\
&-9290.33\\
&-21430.67\\
&-84158.34\\
&-8807.16\\
\hline
&=298657.95
\end{aligned}
$$

该酒店的食品销售额为 755759.95 元，月食品实际成本率为

$$298657.95\text{ 元}/755759.95\times 100\% = 39.52\%$$

酒店的标准成本率为 35%，实际成本率比标准成本率大 4.52%，说明该饭店在成本控制方面还存在许多问题，也有可能是这个月高档菜销售偏多，若是高档菜销售偏多，可把这个月的食品销售额与上个月的销售额相比较即可看出，这有待进一步研究分析。

六、饮料的成本核算

(一) 饮料的日成本核算与成本日报表

每日饮料成本的核算是根据每日发料额来计算。为了便于控制和检查，许多酒店要求餐厅和酒吧对每一种酒水和饮料的贮存要符合规定的数量，即建立标准贮存量制度。标准贮存量制度能有效地防止饮料的短缺。每日向各餐厅发放饮料的数量要使每日营业开始时其贮存量就达到标准量。

许多酒水和饮料的价值很贵，为了更有效地随时发现饮料的短缺，有些企业实行保留空瓶制度。对零杯销售和混合销售的饮料要求保留空瓶，使这些酒水瓶子总保持在标准数量。整瓶销售的饮料往往由服务员将整瓶送到桌边，有时难以保证 100% 地回收空瓶，这样，要求服务员填写整瓶销售单。在领料时，各餐厅和酒吧不仅需填写领料单，而且要附上空瓶和整瓶销售单。那么，每日饮料发料额就是各餐厅和酒吧各饮料的空瓶数和整瓶销售数乘以每种饮料单价的总和。

一些企业不推行凭空瓶领料制度，由各餐厅和酒吧通过清点库存量来算出领料量。

领料量 = 各种饮料标准贮存量 − 库存量

如果采取标准贮存量制度，则每日的领料额实际就是上日的饮料消耗额。

上日饮料消耗额 = 本日各种饮料发料瓶数 × 每瓶成本单价

若不采取标准贮存量制度，则当日的发料额即为当日饮料的消耗总额。不管是否采取标准贮存量制度，在饮料消耗总额上还要加减成本调整额和各项扣除额才是日饮料成本净额。

本日饮料发料额
\+ 转饮料的食品成本
− 转食品的饮料成本
− 赠客饮料成本
− 招待用饮料成本
− 其他扣除成本额
―――――――――――
日饮料成本净额

由于每日的饮料成本核算没有将酒吧或餐厅库存的没售完的半瓶量的酒考虑进去，因而不十分精确。在日饮料成本表中，列出逐日累积的成本额，精确度就较高。

某饭店饮料成本日报表实例如表 7-8 所示。

表 7-8　× × 饭店饮料成本日报表

日期：8 月 31 日
星期六
天气晴

项目	当日		当月累积	
	成本	百分比 /%	成本	百分比 /%
饮料发料总额	4660.18		132361.24	
+转饮料的食品成本	120.30		3999.32	
−转食品的饮料成本	153.20		3115.62	
−其他杂项扣除	933.49		22732.24	

续表

项目	当日		当月累积	
	成本	百分比 /%	成本	百分比 /%
宴会	591.70	30.04	18571.80	31.40
金门厅	170.20	30.04	4162.70	29.70
西餐厅	707.59	24.20	24689.60	24.70
酒吧	1163.13	20.10	32789.90	21.00
客房小酒吧	1059.17	25.30	30298.70	24.60
净额成本合计	3693.79	23.94	110512.70	24.43
	饮料营业收入			
宴会	1969.70		59145.86	
金门厅	559.87		14015.82	
西餐厅	2923.93		99957.90	
酒吧	5786.20		156142.38	
客房小酒吧	4186.44		123165.45	
净额成本合计	15426.14		452427.41	

（二）月饮料成本的核算与月报表

对月饮料成本的核算，需要进行库存盘点。一般来说，需要对库房的饮料以及餐厅和酒吧结存的饮料都进行盘点。而有的管理人员却认为，如果在餐厅和酒吧实行标准贮存量制度，则餐厅和酒吧的贮存量在月末和月初不会有很大差别，可不必考虑在内。在库房盘点时，要清点各种酒水和饮料的瓶及罐的数量，再乘以各种饮料的单价，就能汇总得出库房的饮料库存额。在餐厅和酒吧清点时，除了要清点整瓶数，还要对各类酒水的不满整瓶的数量作估计，或称重算出估计量，再核算出金额。月成本额是通过对期初库存额、本月采购额和期末库存额的汇总，算出本月的消耗总额，再加减调整额和各项扣除额，得出饮料净成本额。

月初库房库存额	￥15000（取自上月末库存额数据）
+月初餐厅 / 酒吧库存额	￥12000（取自上月末库存额数据）
+本月采购额	￥19000（汇总验收单数据）
—月末为房库存额	￥9000（取自本月末库房实际盘存额）
—月末餐厅 / 酒吧库存额	￥14000（取自本月末餐厅 / 酒吧实际盘存额）
本月饮料消耗总额	￥23000
本月饮料消耗总额	￥23000
+转饮料的食品成本	￥2000
—转食品的饮料成本	￥1500
—其他扣除额	￥3000
本月饮料成本净额	￥20500

月饮料成本报表要反映每个月饮料的消耗情况和饮料的营业收入，由此算出饮料的月成本率。将月成本率与标准成本率进行比较，便能清楚地反映出一个月饮料成本控制

的效果。饮料成本月报表应尽量简洁，很多企业将它与食品成本报表列在一起，方便管理人员使用。

第三节　成本分析与控制

成本核算是成本控制的基础，为进一步寻找成本控制的漏洞，制定成本控制的措施，有必要进行成本分析，这就需要更为详细的成本和经营的信息。

一、餐饮成本分析报表

在进行餐饮成本分析时，要反映以下内容。

1. 成本差异

反映实际消耗的成本与标准成本的差异，本期消耗的成本与历史成本的差异，从而找出成本控制的差距。

2. 成本差异的责任

分析造成成本差异的地方和责任所在。

3. 成本差异的原因

分析造成成本差异的原因，找出成本泄漏的环节，便于管理人员确定改进的措施以杜绝漏洞。

餐饮成本月报表较简洁，能帮助管理人员一目了然地掌握餐饮的运营和成本控制概况，但要进一步分析成本差异的状况、责任和原因，就有必要编制餐饮成本和营业分析报表。这个报表应该包括以下信息。

（1）本期整个企业、库房和各餐厅、酒吧的食品饮料消耗总额。

（2）本期整个企业总成本净额以及各餐厅和酒吧的食品成本净额。该数据可通过整个企业和各餐厅的原料消耗总额加（减）成本调整额和扣除额而得。

（3）企业本期的总收入以及各餐厅、酒吧的营业收入。

（4）本期实际成本率和标准成本率以及去年同期成本率。

（5）各餐厅和酒吧本月以及去年同期的销售情况。

月食品及饮料的成本和营业分析报表如表 7-9、表 7-10、表 7-11 所示。

二、成本差异和差异责任

在餐饮行业中，成本差异分析通常是将实际成本与标准成本和去年同期的数据进行对比分析。分析表上要列出标准成本率和去年同期成本率。去年同期成本率采用去年的实际发生的成本率。

（一）标准成本率的确定

标准成本率的确定方法有以下 3 种。

1. 综合标准成本率分解法

该方法是先根据本章前一节所介绍的方法，以餐厅的目标经营利润为前提，制定综合标准成本率指标。

$$综合标准成本率 = 1 - 经营利润率 - 经营费用率 - 营业税率$$

有的企业要求餐饮部分摊一定比例的企业管理费，则经营利润指标若减去管理费的话，则在上述公式中还要减去企业管理费用率。有些企业给餐厅下达毛利率指标，则综合标准成本率指标为

$$综合标准成本率 = 1 - 毛利率指标$$

确定综合标准成本率指标后，再按从实践经验获得的标准销售比例分解到各餐厅和各餐别，要求各餐厅的标准成本率和标准销售比例相乘之和达到综合标准成本率。该方法的优点是所确定的标准成本率能保证餐厅和企业达到利润指标。例如，在表 7-5 的实例中，中餐厅、咖啡厅和宴会厅的标准销售比例分别为 40%、35% 和 25%，综合标准成本率是 35%，要达到 35% 的综合标准成本率，三个餐厅的标准成本率分别为

$$40\%C_1 + 35\%C_2 + 25\%C_3 = 35\%$$

管理人员根据各餐厅各菜品的特点、客源的性质、餐厅的档次和以前的成本率，确定各餐厅的成本率，并进一步调节，定出 C_1、C_2、C_3 分别为 40%、33% 和 30%，最终使综合成本率为 35%。

$$40\% \times 40\% + 35\% \times 33\% + 25\% \times 30\% = 35\%$$

表 7-9 ×× 酒店 9 月份食品成本和营业分析表

制表日期：2019.10.3　　单位：元

项目	总计	食品库房	中餐厅	咖啡厅	宴会厅
月初库存额	479878.45	326317.04	69102.63	49139.65	35319.13
本月采购额	386946.36	212820.30	66167.90	75431.25	32526.91
库房领料额	258369.08	（258369.08）	89674.54	46480.78	63009.53
包括职工食堂领料	（59204.23）				
月末实际库存额	452759.90	271655.40	68819.71	47632.51	64652.28
本月食品消耗总额	414064.91	267481.94	156125.36	123419.17	66203.29
转食品的饮料成本	12549.57		1500	11049.57	
转饮料的食品成本	4270.03	2925.28	245.75	856	243
客房赠客水果	9290.33		7774.74	1515.59	
招待用餐	21430.67	3074.51	6761.08	8374.49	3220.59
职工工作用餐	84158.34		3159.40	19996.91	1797.80
包括职工食堂成本	（59204.23）				
其他杂项扣除	8807.16	713.02	3094.14	2500	2500
扣除总额	127956.53	6712.81	21035.11	33242.99	7761.39
库房丢失及损坏	（2400.05）				
本月食品成本净额	298657.95		136590.25	101225.75	58441.90
本月食品营业收入	755759.95		317419.18	272073.58	166267.19

成本率分析	总计		中餐厅		咖啡厅		宴会厅	
	本月	去年同期	本月	去年同期	本月	去年同期	本月	去年同期
实际成本率	39.52%	38.75%	43.03%	42.5%	37.21%	36.6%	35.15%	35.5%
实际销售比例	100%	100%	42%	40.37%	36%	38.46%	22%	21.16%
标准成本率	35%		40%		33%		30%	
标准销售比例	100%		40%		35%		25%	

表 7-10　××酒店 9 月份饮料成本和营业分析表

制表日期：2019.10.1　　单位：元

项目	总计	酒库	中餐厅	咖啡厅	宴会厅	客房小酒吧	大堂酒吧
月初库存额	340882.01	254637.15	978	2325.20	1793	69114.06	12124.60
本月采购额	147018.29	147018.29					
本月领料额			15518.98	42182.97	2227.91	15079.99	40520.71
月末实际库存额	381301.45	257536.72	2739	18231.40	1937	72130.63	28726.70
本月饮料消耗总额	106598.85		13757.98	26186.77	22083.91	2063.42	23918.61
转饮料的食品成本	4270.03		128.75	468		2897.28	776
转食品的饮料成本	12549.57	2309.12					10240.45
赠客饮料成本	10719.92	3880.80		1779.12			5060
招待用饮料	3058.88	196.14	880	570	608.88		803.86
职工用餐	3288.81			3288.81			
其他杂项扣除	4246.90	1202.10	790	578.80	746		930
扣除总额	33864.08	7588.16	1670	6216.73	1354.88		17034.31
净饮料成本	77004.80		12216.73	20438.04	20729.03	14960.70	7660.30
饮料营业收入	289818.59		43472.79	82454.65	64778.23	48574.60	50538.32
实际成本率	26.57%		28.1%	26%	32%	30.8%	15.16%
标准成本率	25%		30%	25%	30%	30%	20%
实际销售百分比	100%		15%	28.45%	22.35%	16.76%	17.44%
标准销售百分比			10%	30%	10%	15%	35%
去年同期营业收入	281103.87		42314.80	76945.75	62780.31	49584.70	49478.31
去年同期实际成本率	28.12%		32%	27%	31%	30%	21%
去年同期销售百分比	100%		15.05%	27.37%	22.33%	17.64%	17.6%
去年同期饮料成本	79035.73	13540.73	20505.35	19461.90	14875.41	10652.34	

表 7-11　食品营业收入分析

		本月销售状况				去年同期销售状况			
		销售收入	客人数	平均消费额	座位数	销售收入	客人数	平均消费额	座位数
中餐厅	早餐	105806.33	5454	19.40	200	97487.68	5356	18.20	200
	午餐	88877.37	2539	35.00		89878.40	2643	34.00	
	晚餐	122735.48	3030	40.50		102846.50	2637	39.00	
	合计	317419.18	11023	28.80		290212.58	10636	27.29	
咖啡厅	早餐	73459.86	2099	35.00	100	74367.84	2187	34.00	100
	午餐	78761.50	1866	42.20		79862.40	1972	40.50	
	晚餐	119852.22	2481	48.31		122244.30	2675	45.70	
	合计	272073.58	6446	42.21		276474.54	6834	40.46	
宴会厅	午餐	56530.84	1178	47.99	60	53340.70	1185	45.01	60
	晚餐	109736.35	1942	56.50		98746.38	1822	54.20	
	合计	166267.19	3120	53.29		152087.08	3007	50.58	
总计		755759.95	20589	36.71		718774.20	20477	35.10	

2. 实际销售比例汇总法

这种方法要求统计每份菜的销售数量，根据每份菜的标准成本率和实际销售比例，汇总出综合标准成本率。例如以下各菜品每份菜的标准成本率和销售比例统计如表 7-12 所示。

表 7-12　各菜品每份菜的标准成本率和销售比例统计

品名	每份菜成本 / 元	售价 / 元	每份菜标准成本率	销售份数	销售比例
金牌烤排骨	￥11.76	￥42.00	28%	542	15.7%
盐焗鸡	￥11.55	￥33.00	35%	324	9.4%
盐酥带鱼	￥9.60	￥30.00	32%	672	19.5%
蒜香海蜇皮	￥13.68	￥36.00	38%	721	20.9%
叉烧肉	￥10.50	￥42.00	25%	328	9.5%
白玉仙掌	￥10.80	￥45.00	24%	243	7%
卤水大肠	￥14.04	￥36.00	39%	621	18%
总计 / 平均值			32.94%	3451	100%

综合标准成本率 $=\sum$各菜品（餐别）标准成本率 × 实际销售比例

上例中的综合标准成本率为

$$28\%\times15.7\%+35\%\times9.4\%+32\%\times19.5\%+38\%\times20.9\%$$
$$+25\%\times9.5\%+24\%\times7\%+39\%\times18\%=32.94\%$$

这种方法的优点是能较科学地根据每份菜和每种餐别的标准成本率确定综合标准成本率。其最大缺点是要统计每种菜品（或餐别）的销售数量，每月都要统计标准成本率，而通常菜单和饮料单上的品种很多，这样工作量过大，同时不能反映由于销售结构差异所引起的成本差异。

这种方法得出的结果，与表 7-5 所示实例中的三个餐厅的标准成本率确定后，按实际销售比例汇总得出的综合标准成本率会略有差异。中餐厅、咖啡厅和宴会厅的标准成本率分别为 40%、33%、30%，它们的实际销售比例分别为 42%、36%、22%，按这些数据汇总出的综合标准成本率为

$$综合标准成本率 = 40\% + 33\% \times 36\% + 30\% \times 22\% = 35.28\%$$

3. 标准销售比例汇总法

有的企业采用一段试验期，在掌握各种菜的销售比例后，将此比例作为标准比例，再根据各份菜菜谱上的标准成本率一次性地算出各餐厅的标准成本率。同样，再根据试验期各餐厅的营业收入中的百分比和各餐厅的标准成本率相乘之和，确定企业的综合标准成本率。表 7-5 的例子采用上法确定中餐厅、咖啡厅和宴会厅的标准成本率分别为 40%、33% 和 30%，经过试验期的测试这三个餐厅的销售额百分比为 40%、35% 和 25%，以此百分比作为标准销售比例，就可算出企业综合的标准成本率为

$$40\% \times 40\% + 33\% \times 35\% + 30\% \times 25\% = 35\%$$

根据试验期的销售情况确定标准成本率的方法，可以一次性地算出标准成本率，而不同每日或每月统计销售额（或数量）来计算标准成本率。这样确定的标准成本率不仅能考核各餐厅成本控制的效果，还能考核餐厅销售高价菜和饮料的效果，考核毛利率高的餐厅的销售比例。

（二）成本差异的计算

餐饮企业进行的成本差异分析主要是对实际成本与标准成本的差额进行分析。

成本差异 = 实际成本 – 实际销售额 × 标准成本率

在表 7-5 的实例中，成本差异为

$$298657.95 - 755759.95 \times 35\% = 34141.96（元）$$

（三）成本差异的责任

在计算成本差异额后，要分析确定产生这些差异的部门，这样可将成本差异的责任追查到部门和负责人，以便找出原因和采取有力措施来加强泄漏点的控制。在表 7-5 的实例中，成本差异的责任可明确地追查到库房和各餐厅的厨房。

1. 库房的库存短缺

引起成本差异的第一个环节是库房库存的短缺。库房库存的短缺不完全是由于库房管理不善，它还涉及原料的采购、验收、贮存和发料等环节。

库存短缺的计算是标准库存额与实际库存额的差额。在表 7-5 中，食品库房的标准库存额应为

月初库房库存额	326317.04
+ 本月库房采购额	+212820.30
– 各餐厅、职工食堂领料额	–258369.08（= 89674.54 + 46480.78 + 63009.53 + 59204.23）

－库房各项扣除额 －6712.81 （＝2925.28＋3074.51＋713.02）

月末标准库房库存额 274055.45

库房库存短缺＝274055.45 — 271655.40＝2400.05（元）

库存短缺率＝2400.05/（258369.08＋6712.81）＝0.9%

在成本差异总额中，有2400.05元是由于库存差异而致，它与库房发料的比例不足1%，说明该饭店的库存差异虽引起成本加大，但尚属较正常的差异范围。

2. 厨房成本控制差异

各厨房的库存管理和食品生产的计划和控制中也会引起成本差异。在表7-5的实例中，中餐厅厨房的实际成本为

月初中餐厅厨房库存额 69102.63

＋本月直拨中餐厅厨房采购额 ＋66167.90

＋本月中餐厅厨房领料额 ＋89674.54

－月末中餐厅厨房库存额 －68819.71

＋转食品的饮料成本 ＋1500

－各项扣除额 －21035.11（＝245.75＋7774.74＋6761.08＋3159.40＋3094.14）

中餐厅实际成本净额 136590.25

中餐厅成本差异＝136590.25－317419.18×40%＝9622.58（元）

用同样的方法算出

咖啡厅成本差异＝101225.75－272073.58×33%＝11441.46（元）

宴会厅成本差异＝58441.90－166267.19×30%＝8561.74（元）

将上述数据整理在表格中，可清楚地看出成本差异的责任如表7-13所示。

表7-13 成本差异责任分析

	库房库存短缺	中餐厅成本差异	咖啡厅成本差异	宴会厅成本差异
差异额/元	2400.05	9622.58	11441.46	8561.74
实际成本率与标准成本率之差异/%	0.9	3.03	4.21	5.15
实际成本率与去年同期成本率之差异/%		0.53	0.61	−0.35

另外，各餐厅实际销售的百分比与标准销售百分比有差别也会引起成本差异。

这种成本差异分析能使管理人员清楚地了解各部门对成本差异所应承担责任的大小，各部门的实际成本控制、标准成本率和去年同期的成本率相比差距有多大，从而找出造成成本差异的关键部门和关键环节。

三、产生成本差异的原因

在餐饮管理的各个环节上管理不严都会引起成本差异。下面对各个环节上引起成本

差异的主要原因进行分析。

（一）对库房库存短缺原因的分析

引起库房库存短缺的环节是采购、验收和库存保管。

采购、验收人员对购进物资的质量控制不严，以次品充正品，会使库房原料损坏率增加；对原料数量控制不严，会使库房原料短缺率增加；在验收处已办好验收入库手续的原料未及时发到库房而被偷盗，也会使库房原料消耗量增加。

库房保管员对贮存条件控制不好，对库存物资的安排和循环使用管理不严，会使得原料损坏率增加。对发料控制不严，对未持领料单的人发料或未严格按领料单上的数量发料，使真正发料量超过领料单汇总的数额，会使库房库存产生差异。同时库房管理不严造成库存物资被偷盗或被职工私用，都会使库存原料短少。

（二）对餐厅成本差异原因的分析

引起餐厅成本差异的环节很多，必须从各个环节上加以严格控制。

1. 直拨厨房的采购和领料控制

直拨厨房或从库房领来的原料，如果在数量上控制不严，比如拨入厨房 50 千克原料，实际只有 45 千克，则每公斤原料的真正成本会增加。如果对领入厨房的原料在质量或档次上控制不严，会使加工生产过程中的折损率增加，生产过程中需要使用的原料数量也会增加。领入厨房的原料成本单价提高，会使餐厅成本额提高。

2. 厨房库存管理

厨房库存最难管理，往往因无专人管理和不上锁，最易被“顺手牵羊”。直拨采购的物资易腐性大，如管理不善，使用不及时，损坏率会增加，会使原料损失量人为地提高。

3. 生产管理

由于生产计划不周，预测不准，造成生产数量过剩，是引起原料浪费的一个重要环节。

在生产过程中，对加工切配折损率控制不严，原料综合利用不够，会使原料的数量增加。

烹调过程中没按标准烹调法生产或烹调技术不高，菜品质量不合格，会使客源减少，顾客退菜率增加，这样也会使成本率提高。

（三）销售管理差异

如果餐厅对高价菜和对饮料推销不力，毛利低的菜比例过高，会使餐厅或餐别的成本率提高。同样，在总销售额相同的情况下，成本率低的餐厅或餐别的销售比例减少，会使企业综合成本率提高。

在表 7-5 的实例中，三个餐厅的实际综合成本率为

$$(298657.95 - 2400.05)/755759.95 = 39.20\%$$

如果各餐厅实际成本率仍然不变，按标准销售比例计算，综合成本率为

$$43.03\% \times 40\% + 37.21\% \times 355 + 35.15\% \times 25\% = 39.02\%$$

比实际综合成本率低：$39.20\% - 39.02\% = 0.18\%$

由于销售结构差异引起的成本差异额为：$755759.95 \times 0.18\% = 1360.37$（元）

1. 客源差异

尽管营业成本是变动成本，但不完全是有规则地成正比变化。一般餐厅营业收入减

少会使成本率提高。影响营业收入高低有两大因素：各人数和平均消费额。衡量吸引客源效果的好坏可采用座位周转率来表示。根据前面介绍的方法，在表 7-7 实例中，中餐厅的平均座位周转率为：11023/（200×3×30）= 0.61

中餐厅早餐的座位周转率为：5454/（200×30）= 0.91

以同样方法可算出各餐厅各餐的座位周转率，如表 7-14 所示。

表 7-14　座位周转率分析

	平均	早餐	午餐	晚餐
中餐厅	0.61	0.91	0.42	0.51
咖啡厅	0.72	0.70	0.62	0.83
宴会厅	0.87		0.65	1.08
总计	0.64			

通过对座位周转率的分析，可看出该酒店的总体座位周转率较低，特别是中餐厅需要采取增加午餐和晚餐客源的措施，咖啡厅和宴会厅需要提高午餐的客源。若有条件，宴会厅可增加晚餐的座位，因为宴会客人就餐的时间通常都比较长。

2. 人均消费额差异

人均消费额影响营业收入和餐饮的毛利，人均消费额会导致成本率提高。在表 7-7 的实例中企业的人均消费额为：755759.95/20589 = 36.71（元）

此数值虽略高于去年，但因每年的物价均呈上涨趋势，因而人均消费额仍需继续提高。

在表 7-7 的实例中，没有给出标准人均消费额、标准座位周转率数据，餐饮管理人员可根据去年同期的数据和销售额的百分比数据进行综合分析，如表 7-15 所示。

表 7-15　人均消费额、座位周转率及销售额分析

	人均消费额 / 元		座位周转率		销售额百分比	
	本年值	比去年增减值	本年值	比去年增减值	本年值	比去年增减值
中餐厅	28.80	+1.51	0.61	+0.02	42%	+2%
咖啡厅	42.21	+1.75	0.72	−0.04	36%	+1%
宴会厅	53.29	+2.71	0.87	+0.03	22%	−3%
总计	36.71	+1.61	0.64	+0.003		

分析表 7-11 可清楚看出，中餐厅销售额比例超过标准，座位周转率最低，说明人均消费额还能令人满意。在提高营业收入方面，中餐厅的任务是增加客源，特别是要提高午餐和晚餐的客源。咖啡厅的销售额比例虽略高于标准比例，但低于去年同期，座位周转率也低于去年同期。该餐厅需要提高早、午餐的座位周转率，并增加人均消费额。宴会厅的座位周转率很高，特别是晚餐，而宴会的销售额比例低于标准，说明提高宴会营业收入的关键是提高人均消费额。

3. 餐饮推销和销售控制

搞好餐饮推销和销售控制是增加销售额、提高毛利、降低成本的重要因素，这些内

容前面已有提及，这里不再赘述。

（四）职工用餐成本控制差异

职工用餐对食品和饮料的耗用量很大，如果对职工用餐成本控制不好，会使食品饮料的总消耗量增加，并使职工用餐费用增加。

对职工用餐成本的控制，必须确定平均每位职工每天的标准用餐成本，然后核算实际成本，加以对照控制。

如酒店有单独的职工食堂，职工用餐实际成本额的核算方法如下

月初食堂库存额	474560.40
本月直拨食堂采购额	+323050.50
本月库房领料额	+592040.23
月末食堂库存额	–491020.20
职工用餐实际成本额	898630.73

该酒店共有 898 位职工，每天人均标准成本为 28 元。

$$\text{职工用餐人均成本差异}=\frac{\text{实际职工用餐成本额}}{\text{职工人数}\times\text{天数}}-\text{每天人均标准成本}$$

$$=898630.73/（898\times30）-28=5.36$$

职工用餐实际成本总额与标准成本总额的差异为

$$898630.73-898\times30\times28=144310.73（\text{元}）$$

如果企业没有单独的职工用餐食堂，职工用餐究竟花费了多少成本，有时难以区分。有的企业按职工每天每人的标准成本从宾客用餐成本中扣除。这样，如果对职工用餐不加以严格的成本控制，实际成本的超额部分会被吸收在宾客的用餐成本之中，成为构成餐饮部客人餐饮成本加大的一个重要因素。

（五）其他扣除项目成本的控制

耗用餐饮原料的还有许多其他项目。例如，管理人员接待与本单位有业务关系的各机关部门和重要人物；对重要宾客的宴请；为营业推销而搞的各种赠客食品饮料活动（如向宾客赠送生日蛋糕、欢迎饮料等）；另外还有食品饮料的质量检验、厨师烹调技术考核等。如果对这些活动的成本控制不严或统计不细就会引起餐饮成本的加大，为此必须采取措施加强管理。

1. 各种接待用餐和食品饮料的赠送要认真作好记录

要记清成本额的正确数据，注明这些成本应归哪个部门，属哪项费用开支，做何用途。这种记录本身就是一种控制，使企业中的任何人不能浑水摸鱼，耗用餐饮成本，从而使每项费用合理化。若不作记录，笼统地归在餐饮成本之中，就会引起这笔成本的失控。

2. 严格规定审批权和预算额

为严格控制这项成本，要规定企业中哪些部门、哪些管理人员有权审批接待用餐和食品饮料的赠送。未经批准，绝不允许任何人私自接待和赠送。每个部门、每项用途的费用要规定一定的预算额，使接待用餐和赠客等餐饮成本有效地得到控制。

3. 成本效益评估

这些招待和推销活动必须有利于企业的营业开展、扩大企业的影响，对这些活动的

效益要进行评估。大多数活动并不一定带来直接的经济效益，要评估其长远的影响和经济效益。有些推销活动对客户的接待和赠客活动会产生较直接的经济效益。可以采用下式进行评估

$$\frac{\text{推销后增加营业收入}-\text{增加成本和费用}}{\text{推销用餐饮成本}}$$

上式可评估开展推销活动所涉及的每一元费用所带来的纯经济效益。当然这个公式对那些无形的和长远的推销效应是难以评估的。

第四节 人工成本控制

人工成本控制的主要目的是在确保企业餐饮服务质量的前提下，提高职工的劳动生产率。为了达到这个目的，餐饮管理者应充分认识影响企业餐饮服务人工成本的各种因素，科学地制订各岗位劳动定额指标，准确预测和分析营业量变化，合理地进行劳动组织和工作安排。

一、影响人工成本的因素

影响餐饮企业人工成本的因素多种多样，对餐饮服务来说，主要有以下几个方面。

（一）食品原料加工烹制工作量

餐饮企业厨房原料加工准备和食品制作烹调所需的时间或工作量多少是影响人工成本的一大因素。如果餐饮企业供应菜肴的所有原料都由厨房进行粗加工，如宰杀、切割、洗涤，或者所有原料包括最简单的调味品、面包、乳制品等都由厨房加工准备，那就必然导致较高的人工成本。事实上，餐饮企业使用的方便食品或成品食物越多，便越能降低人工成本费用。例如，饭店或餐馆可以采购已经拣洗的某些蔬菜，已经加工切割的肉类、禽类及成品食物如冰激凌、面包等，这样就可以减少粗加工的职工人数以及制作冰激凌、面包的厨师人数，从而降低人工成本。虽然方便食品和成品食物的价格比毛料价格更高，因为其中包括加工费用，但这部分费用随着企业餐饮产品销售量的大小而变化，是可变成本，而粗加工职工及冰激凌、面包厨师的工资费用则不论销售量高低通常都固定不变，因而是固定成本。这些职工、厨师的人工成本与方便食品价格中加工费用之间的差额，正是企业人工成本中可以免去的部分。

（二）菜式品种数量

从人工成本的角度出发，饭店或餐馆加工烹调 500 份相同菜肴所需的劳力费用远远低于加工烹调 10 种不同的每种各 50 份的菜肴。而当这 10 种菜肴所采用的加工烹调方法各不相同时，差异则越明显。这就是为什么 500 份相同菜肴或许只需要 1 名厨师就能完成，而同样数量但加工烹调方法不同的菜肴往往得由数名厨师才能对付，特别是当大型宴会所有菜肴需同时上桌时，情况更是如此。因此适当减少或控制菜式品种数量是餐饮部控制人工成本的一个重要因素。

（三）服务形式

企业采用不同的餐厅服务形式也会影响企业人工成本的高低。例如，自助餐厅及自

助餐服务由于食品可以集中预制加工，餐厅只需要较少服务，因而厨师和餐厅服务员的人工费用也就相对较低。提供一般服务的中档餐厅，其人工费用也适中。而大型宴会、法式服务、派菜服务等则一般都需要较高的人工费用。因此，餐饮企业应合理地选择和采用服务形式，以使人工费用控制在适当的范围内。

（四）厨房布局

在大部分餐饮企业中，老饭店餐饮部分的人工成本一般都比较高，这与其厨房设计布局欠合理不无关系。老饭店的厨房不仅面积大，而且其中操作点布局、设备布局不甚科学合理，厨师行走距离过长，增加体力和时间的消耗，降低了劳动生产率。因此，现代化的饭店厨房更讲究布局紧凑，方便操作以降低厨师工作时耗，提高生产率。

（五）机械化程度

厨房加工食品的机械化程度对人工费用的高低有很大的影响。原料拣洗、削皮、切片以及餐具、炊具洗涤等工作如能使用现代化的机械设备，则能有效地降低人工费用。例如，50 千克的土豆用削皮机处理一般只需 20 分钟左右，若用人工则非数小时不可；切菜机的速度比人工快 5 ～ 6 倍。简言之，厨房食品加工机械的数量、种类越多，效率则越高，饭店就越有可能减少职工人数，降低人工费用。

（六）职工技术培训

很显然，受过良好培训的职工不仅工作质量高，而且速度快、效率高。因此，从长远的观点看，抓好职工技术培训不仅是提高服务质量的需要，也是企业节省人工费用以增加赢利的需要。企业管理者应十分注意职工培训，既要抓好新职工的上岗培训，也要抓好在职职工的培训，使他们不断改进技术，提高工作效率。同时，企业应注意控制职工流失率。餐饮企业职工流失率过高，不仅会降低总体服务质量，还会增加新职工培训费用，影响工作效率，导致人工费用上升。

（七）菜肴销售量

就像工厂生产产品时产量越高，生产效率越高，而产品的单位人工成本越低一样，餐饮企业的菜肴销售量越高，分摊到每份菜肴的人工成本就越低，职工工作效率越能得到发挥。但由于企业餐饮服务的营业量受市场需求的支配，作为旅游企业之一的餐饮企业不可避免地有营业旺季和淡季之分，一天三餐的营业量也各不相同，因此，为了降低人工成本，企业除了应加强推销，提高菜肴销售量外，还必须妥善安排劳力，合理分工。

二、制定劳动定额指标

劳动定额指标是指对各工种职工在一定服务时间内应提供的服务或应生产的产品所作的数量规定。制定合理的劳动定额指标，应根据企业所确定的各项服务或产品的质量标准，并分析各项工作任务的特点、难度及所需时间，不能为了提高定额指标而随意减少完成工作任务所需的规定时间，这样做势必会降低服务和产品质量。事实上，由于各家饭店或餐馆的具体情况不同，如等级、餐饮内容、服务形式、设备条件等，各自的定额指标也必然有所差异。

作为大型的餐饮企业实体，饭店餐饮部通常多按各工种的上班小时数为时间单位规定各种定额指标。一般说来，厨师、洗碗工等岗位的定额指标多以八小时工作时间为单位制定。餐厅服务员的定额指标应按早、午、晚三餐营业时间分别制订，如早餐 2 小时，午餐 3 小时，晚餐 4 小时。酒吧服务员的定额指标也应根据实际营业时间长短确定。

各类厨师的劳动定额指标一般以菜肴、食物的制作份数表示。洗碗工的劳动定额指标以洗涤餐具套数表示。餐厅服务员的劳动定额指标一般以接待宾客人数表示，但有的企业也以营业收入金额表示，因为酒吧宾客的消费情况与餐厅就餐宾客不同。餐厅就餐宾客的用餐时间和消费额一般相差不大，但在酒吧里，一位宾客很可能会自始至终占同一个席位，连续饮用 10 杯饮料，如果每杯饮料 10 元，酒吧的营业收入为 100 元，但也很可能有 10 位宾客先后使用该席位，而每人只饮用 1 杯相同的饮料，酒吧营业收入同样是 100 元。因此，以营业收入金额来表示酒吧服务员的劳动定额指标更为合理。现代大型旅游酒店餐饮部各类服务人员的劳动定额指标如表 7-16 所示。

表 7-16 现代大型旅游酒店餐饮部各类服务人员的劳动定额指标

工种	定额指标	工作时间
咖啡厅服务员	40 ～ 55 客	3 小时
正餐厅服务员	25 ～ 30 客	3 小时
酒吧服务员	3.00 美元	8 小时
厨师	90 ～ 120 份	8 小时
洗碗工	150 ～ 200 套	8 小时

三、人员配备标准

在制定各工种劳动定额指标的基础上，酒店或大型餐馆便能确定不同营业量时，各类服务人员的配备标准。企业可以按每月、每周、每天或每餐的营业量来确定配备的服务人员人数，并采用试验期的方法使配备标准达到应有的准确性。试验期通常为一周或数周。在试验期内，餐厅应记录每天或每餐的营业量，管理人员应认真观察分析不同营业量水平时各类服务员的生产效率，判断是否可以减少服务人员或必须增加服务人员。表 7-17 为某咖啡厅午餐服务人员配备测试示例。

表 7-17 咖啡厅人员配备测试午餐 11：00—14：00

日期	7.1	7.2	7.3	7.4	7.5	7.6	7.7
供应客数	275	415	395	350	400	425	520
服务人员	8	8	8	8	8	8	8
人员配备评估	差（只需 5 名服务员）	优	一般	差（只需 7 名服务员）	一般	优	差（需要 10 服务员）
洗碗工人数	3	3	3	3	3	3	3
人员配备评估	差（只需 2 名洗碗工）	优	较好（人力稍有浪费）	差（只需 2 名洗碗工）	较好（人力稍有浪费）	优	差（必须加班）
厨房职工人数	4	4	4	4	4	4	4
人员配备评估	差（只需 3 名厨师）	好	一般	差（可减少 1 名）	一般	好	优

通过测试期的观察分析，管理者便能确定该咖啡厅午餐不同营业量时各类服务人员的配备标准如表 7-18 所示。

表 7-18　咖啡厅人员配备标准午餐（11：00—14：00）　单位：人

供应客数	200 ～ 299	300 ～ 399	400 ～ 499	500 ～ 599
餐厅服务员	5	7	9	10
洗碗工	2	2	3	4
厨房职工	3	3	4	4

与此同时，管理人员还应确定不同营业量水平所需要的各类服务人员的工时数标准，以作为安排职工工作时间的依据，并检查不同营业量时是否能保证服务质量。

在本例中，如果确定营业时间在 3 小时，在确保服务质量的前提下，供应 500 客食品需要 10 名餐厅服务员，那么，餐厅服务员的工时数为 10 人 ×3 小时 = 30 工时。企业即可把 30 工时作为该餐厅午餐期间供应 500 客食品的服务员工时标准。在相同的营业量水平上，如果服务员所花工时数大于此标准，说明某些服务员的工作时间安排过多，导致生产效率降低；如果服务员所花工时数小于此标准，则说明该餐厅提供的服务未达到应有的质量标准。不同的营业量显然需要不同的工时数，但供应数低于 500 客而应该减少的工时数或供应数高于 500 客而必须增加的工时数，却并不与供应数的减少量或增加量成正比。在本例中，供应 500 客食品时服务员标准工时数为 30 工时数，则每一工时可供应 16.67 客食品。但营业量在 400 客时，管理人员得安排 9 名服务员上班，共 27 工时；营业量在 300 客时，管理人员也得安排 7 名服务员，共 21 工时，但每 1 工时所供应的客数前者为 14.81 客，后者为 14.29 客。由此可见，随着营业量的增加，每 1 工时所能供应的客数也有所增加。换言之，每提供 1 客食品的工时数有所减少。因此，直到营业量增加至必须增加服务员人数才能保证服务质量和服务速度的限度，提高餐厅服务员的工作效率不仅是可能的，而且也是应该的。基于上述分析，本例中不同营业量水平时各类服务人员的工时标准或可做如下配置，如表 7-19 所示。

表 7-19　咖啡厅服务员工时标准行餐　午餐 11：00—14：00

供应客数 / 客	餐厅服务员 / 小时	洗碗工 / 小时	厨房职工 / 小时
200 ～ 299	15	6	8
300 ～ 399	20	6	8
400 ～ 499	26	8	11
500 ～ 599	29	10	12
600 ～ 699	32	10	12

四、营业量预测和职工工作时间安排

营业量预测是餐饮企业人工成本控制中的重要环节。对于酒店餐厅来说，客房出租率预测是酒店其他各部门营业量预测的基础，餐厅酒吧的营业量在很大程度上取决于客房出租率的高低。然而，绝大多数类型饭店的宾客皆属于非控制型宾客，酒店无法强制他们非得在酒店的餐厅就餐，同时，酒店中各餐厅的餐饮内容、规格档次、供应餐别也往往不尽相同，因此，酒店餐饮部应在客房出租率预测的基础上，根据餐饮营业具体情况对各餐厅、酒吧每月、每周、每天、每餐的营业量进行预测，如表 7-20 所示。

表 7-20 餐厅营业量预测

（5 月 6 日～5 月 12 日）

餐厅	星期一 5.6	星期二 5.7	星期三 5.8	星期四 5.9	星期五 5.10	星期六 5.11	星期日 5.12	合计
正餐厅	780	810	830	860	845	890	750	5765
午餐	295	340	350	365	380	395	240	2365
晚餐	485	470	480	495	465	495	510	3400
咖啡厅	625	695	745	780	760	835	550	4990
早餐	345	370	395	405	380	425	300	2620
午餐	160	185	200	210	225	230	150	1360
晚餐	120	140	150	165	155	180	100	1010

在日常工作中，管理人员应根据每天具体情况及时修正预测数。根据不同的营业量预测，管理人员便可对照人员配备标准，决定各餐厅每月、每周、每天或各餐所应配备的职工人数和工时数。

然而，上述预测并不说明餐厅在一天的哪段时间里需要多少职工，因而并不能帮助管理者决定怎样安排职工的具体上班时间。毫无疑问，在正常情况下，酒店餐厅早、午、晚开餐期间需要较多的职工。但如果为了满足营业需要和保证服务质量，而从早到晚配备相同的职工人数，那么在两餐之间的那段时间里，职工的劳力就得不到充分使用，造成不同程度的浪费。况且，在各餐开餐期间，营业量水平也不可避免地有高、中、低之别。因此，为了合理使用劳力、尽量降低人工成本，餐饮部还应对各餐厅每小时的营业量进行记录和分析，并据此做出每小时营业量水平预测。

表 7-21 记录了某咖啡厅连续五天的每小时营业量水平情况，当然酒店餐饮部可做更多天数的记录。在每小时营业量数据中，管理人员应取其中值，作为预测数据，用以指导职工工作时间的安排。例如，12 ：00 至 13 ：00 的一小时中，五天的营业量分别为 90、105、107、100 和 85 客，中值为 100 客。中值比平均值更能反映实际营业量水平，因为平均值有受最低值影响的可能。例如，如果这五天的某一小时的营业量分别为 65、66、68、71 和 25 客，其平均值为 59 客，中值为 66 客，那么后者无疑更有代表性。

表 7-21 咖啡厅每小时营业量分析

时间	5.13	5.14	5.15	5.16	5.17
11 ：00—12 ：00	33	30	50	40	60
12 ：00—13 ：00	90	105	107	100	85
13 ：00—14 ：00	89	85	100	105	105
14 ：00—15 ：00	51	68	63	60	65

续表

时间	5.13	5.14	5.15	5.16	5.17
15：00—16：00	6	5	15	10	18
16：00—17：00	7	5	12	18	10
17：00—18：00	45	45	55	50	60
18：00—19：00	78	75	96	90	100
19：00—20：00	95	95	110	100	105
20：00—21：00	90	85	95	95	100
21：00—22：00	73	76	77	75	85
22：00—23：00	48	45	55	50	60
23：00—24：00					

根据上述方法，就可以做出该咖啡厅的每小时营业量预测，并根据劳动定额指标配备服务人员如表 7-22 所示。

表 7-22 咖啡厅每小时营业量预测及职工人数配备

时间	预测客数	服务员人数
10：00—11：00		2
11：00—12：00	40	2
12：00—13：00	100	5
13：00—14：00	100	5
14：00—15：00	63	3
15：00—16：00	10	1
16：00—17：00	10	1
17：00—18：00	50	3
18：00—19：00	90	5
19：00—20：00	100	5
20：00—21：00	95	5
21：00—22：00	77	4
22：00—23：00	50	3
23：00—24：00		2

从表 7-22 中可以看出，管理者根据每名服务员每小时服务 20 客次的标准配备人员，而且在咖啡厅营业开始前一小时和结束后一小时各安排 2 名服务员做准备和收尾工作。如表 7-23 所示，服务员工作时间的安排采取了全日班、半日班、交错班的形式，在本例中，共安排了 7 名服务员，46 工时。三名服务员上半日班，四名全日班服务员中三人为交错班。当然，还可以采取其他安排形式，例如可以让服务员甲上全日班，并接替服务员乙的工作，这样所耗工时相同，但只需安排 6 名服务员上班。

表 7-23 职工工作时间表

服务员	10:00—11:00	11:00—12:00	12:00—13:00	13:00—14:00	14:00—15:00	15:00—16:00	16:00—17:00	17:00—18:00	18:00—19:00	19:00—20:00	20:00—21:00	21:00—22:00	22:00—23:00	23:00—24:00
甲														
乙														
丙														
丁														
戊														
巳														
庚														

根据上述方法，管理者可以排出每位职工的工作时间。职工工作时间表通常以周为单位，规定每位职工在该周内的休假日期及具体上班时间，如表 7-24 所示。

表 7-24 咖啡厅服务员工作的时间表

职工姓名	星期日 19	星期一 20	星期二 21	星期三 22	星期四 23	星期五 24	星期六 25
甲	10-6	10-6	10-6	10-6	休息	10-6	10-6
乙	12-3 5-10	12-3 5-10	12-3 5-10	12-3 5-10	12-3 5-10	12-3 5-10	休息
丙	12-3 6-11	12-3 6-11	12-3 6-11	12-3 6-11	12-3 6-11	休息	12-3 6-11
丁	休息	10-6	10-6	10-6	10-6	10-6	10-6
戊	12-2 6-12	休息	12-2 6-12	12-2 6-12	12-2 6-12	12-2 6-12	12-2 6-12
巳	10-6	10-6	休息	10-6	10-6	10-6	10-6
庚	12-2 6-12	12-2 6-12	12-2 6-12	休息	12-2 6-12	12-2 6-12	12-2 6-12
辛	12-3 5-10	12-3 5-10	12-3 5-10	12-3 5-10	12-3 5-10	休息	12-3 5-10

补充资料

经典案例

揭开杭帮菜的价格秘密

三个朋友在红泥大酒店的包房用餐3小时，从酱鸭、肺片、龙衣香菜等冷盆，吃到苔菜拖黄鱼、酱肉糯米、砂锅牛杂碎等热炒，外加点心、茶水、水果，一结账，总计276元。“酒店环境，排档价格，太合算了。”宾客边往外走边低声交谈。这样的情景在张生记、新开元、万家灯火等“杭帮菜”餐馆经常可以看到。“杭帮菜”究竟用什么魔法做到物美价廉呢？经过多次实地探访，圈内圈外打听，笔者终于揭开了“杭帮菜”的价格秘密。

你知道500克青菜经挑拣洗净后有多重？450克。红泥大酒店的老总告诉笔者。为了控制成本，他们对每一道菜的原料都进行测算，如果500克青菜经清洗后只有425克，那么就要查找原因，到底是清洗工浪费，还是采购来的原料质次？有一回，辅助工在清洗墨鱼的时候怕麻烦，一刀就把头剪下，扔到了垃圾袋里，正巧被老总看到。这么搞怎么行？剩下的完全可以开发出新菜来，让利给宾客。就这样，东坡肉用剩的边角料做成了梅菜肉卷，做鱼丸余下的部分做成了鱼头煲、炒鱼片，连鱼骨都用来熬鱼汤。

用足原料只是降低成本的第一招。通过连锁经营，扩大规模是又一招。红泥，在杭州连开3家的基础上，半年内在上海又开出2家大型餐馆，其中静安店7000平方米，浦东店1.2万平方米，堪称上海餐饮的“航空母舰”。浙江在沪企业家协会副会长说，就像连锁超市一样，连锁餐馆因为采购量大，拥有足够的实力得到优惠价的原料，进价低、成本低，再加上把毛利定得低一点，宾客就能明显地感觉到实惠。

案例分析

食品饮料的原料成本是餐饮部的主要开支，占餐饮收入的比例最大。餐饮部门的成本结构具有可控制的成本比例大、成本泄漏点多等特点。而食品饮料的原料成本是餐饮管理人员能控制的，属于可控制成本；另外，若采购的原料质量不好或对清洗加工控制不严而造成食品饮料的折损和流失，都会引起成本提高。因此在经营管理中，管理者对于可控制成本加强监督和管理，在成本控制的各个环节严加控制，日积月累就会得到不小的收益。

经验总结

本案例中，红泥大酒店正是在餐厅的食品原料成本管理中注意到上述问题，对每一道菜的原料都进行测算，使每一位员工都养成节约原料成本的好习惯，将得到的实惠让利给宾客，从而使宾客成为饭店的回头客。另外，通过连锁经营，采购大量的低进价食品原料，再把毛利定得低一点，也是让宾客感觉到实惠的原因之一。

本章小节

餐饮成本控制与管理是餐饮管理的重要内容。由于餐饮的成本结构直接影响餐饮产品的价格，而餐饮的价格又影响着餐厅的营运和餐厅的入座率，因此，餐饮成本控制是餐饮营运的关键。本章主要讲述餐饮成本概念、成本构成、餐饮成本与费用结构，餐饮成本核算内容与成本报表，成本分析与控制等。加强成本控制和成本管理涉及餐饮管理的各个方面，是一项比较复杂和细致的工作，本章主要探讨餐饮成本控制与成本管理的有关原理和组织管理方法。

走近餐厅

【实训名称】餐饮会计报表分析。

【实训内容】关于餐饮企业原料成本的控制。

【实训点评】能够看懂餐饮成本报表的结构，掌握报表各项目的内容及含义，运用报表有关数据计算相关指标并进行分析。

复习思考题

一、填空题

1. 按其性质分类，成本可分为________和________。

2. 成本核算的工作步骤是________、________、________、________。

3. 标准成本率的确定有________、________、________三种方法。

4. 人工成本控制的主要目的是在________的前提下，提高职工的劳动生产率。

5. 劳动定额指标是指对各工种职工在________内应提供的服务或应生产的产品所作的数量规定。

6. 营业量预测是餐饮企业________中的重要环节。

二、选择题

1. 餐饮部门的成本和费用结构具有以下特点（　　）。

A. 变动成本比例大　　B. 可控制的成本比例小

C. 可控制的成本比例大　　D. 成本泄漏点多

2. 确定标准成本具有的作用是（　　）。

A. 用于控制固定成本　　B. 用于控制实际成本

C. 用于控制可控成本　　D. 用于决策

3.（　　）成本是指增加一定产销量所追加的成本。

A. 固定　　B. 可控

C. 边际　　D. 机会

4. 影响人工成本的因素有（　　）。

A. 食品原料加工烹制工作量　　B. 菜式品种数量

C. 服务形式　　D. 服务员数量

5. 对于成本的划分，按成本和决策的关系分，则可分为（　　）。

A. 可控制成本和不可控制成本　　B. 标准成本和实际成本

C. 固定成本和变动成本　　D. 边际成本和机会成本

6. 衡器是餐饮成本核算的必备计算工具，其中用于大宗食品原料计量的是（　　）。

A. 天秤　　B. 天平秤或电子秤

C. 案秤　　D. 量杯

三、简答题

1. 何谓餐饮变动成本和固定成本？
2. 何谓可控成本与不可控成本？
3. 何谓边际成本和机会成本？
4. 何谓标准成本与实际成本？
5. 餐饮成本核算的基础工作有哪些？成本核算要经过几个基本步骤？
6. 餐饮营业日报表的内容有哪些？
7. 何谓餐饮成本差异？成本差异的责任与原因是什么？
8. 影响人工成本的因素有哪些？
9. 如何制定劳动定额指标？
10. 怎样做好餐厅营业量预测和职工工作时间的安排？

第八章 CHAPTER 8

餐饮服务质量管理

动脑筋

某市商业中心开了一家餐馆，开业当天，餐馆门前装饰喜庆，多个花篮列成两排，蔚为壮观。前来贺喜的，还有闻讯赶来的宾客，把餐馆的大厅和包厢坐得满满的，形势非常喜人。

餐馆很注重服务员的仪容仪表，尤其是直接与宾客接触的一线服务员，高挑的身材、姣好的面容，把餐厅的环境衬托得更加庄重、典雅。

开业当天，来了两位宾客，引领员忙把他们请到餐桌面前坐下，在用餐的一个多小时中，服务员走动勤快，换餐碟很及时，菜品色、香、味、形俱佳，服务员主动地介绍每一道菜品，两位宾客也非常满意。

在他们就餐完毕准备结账之际，服务员大声地对他们说："两位先生今晚吃了315元，不知哪位付账？"宾客满腔的热情顿时化为乌有，那位年长的宾客轻声对服务员说："请你别这么大声叫好吗？我们听得见，不会赖账的。"

"这是酒店的规定，宾客结账我们要唱收唱付。"服务员似有满腹委屈，她不明白有什么不对。

宾客匆忙付了钱，头也不回，快速地离开了餐厅。

请思考：案例中的服务员有哪些做得规范的地方？哪些做法不规范？

第一节　餐饮服务质量概述

餐饮企业属于服务性行业，其为宾客提供的产品主要是服务，由于餐饮产品具有生产、销售、消费同时发生的特点，餐饮产品一经出售，如果发生质量问题就没有弥补的机会了，因此，餐饮服务质量显得尤为重要。可以说，服务质量是餐饮企业生存发展的基本生命线。

质量意识应成为餐饮管理者必须具有的一种观念，而对餐饮服务质量含义的正确理解，对餐饮服务质量特点、内容的把握是进行餐饮质量管理最基本的前提。

一、餐饮服务质量的含义

1982 年，芬兰学者提出了宾客感知的服务质量这样一个概念，指出服务质量取决于宾客对服务质量的预期（即心中期望的服务质量水平）同他实际感知到的服务水平（即实际体验的服务质量情况）之间的比较。有关服务质量的定义，尽管学者们会有不同的看法，但是他们却普遍认为服务质量属于一个主观范畴，服务质量是指宾客通过比较其接受的服务与期望得到的服务水平得出的对某一特定服务的感知。

餐饮服务质量是指酒店餐饮部以其所拥有的设备设施为依托，为宾客所提供的服务在使用价值上适合和满足宾客物质需要和心理需要的程度。所以，餐饮部提供的服务既要满足宾客生活的基本需要（即物质上的需求），也要满足宾客的心理需要（即精神上的需求）。适合是指餐饮部为宾客提供服务的使用价值能否为宾客所接受和喜爱；满足是指该种使用价值能否为宾客带来身心愉悦和享受。因此，餐饮服务的使用价值适合和满足宾客需要的程度高低即体现了餐饮服务质量的优劣。适合和满足宾客的程度越高，服务质量就越好；反之，服务质量就越差。

关于餐饮服务质量的理解通常有两种：一种是广义上的餐饮服务质量，它包括组成餐饮服务的三要素，即设备设施、实物产品和劳务服务的质量，是一个完整的服务质量的概念；另一种是狭义上的服务质量，是指餐饮劳务服务的质量，它指纯粹由服务员的服务劳动所提供的，不包括以实物形态提供的使用价值。

二、餐饮服务质量的内容

餐饮服务是有形产品和无形劳务的有机结合，餐饮服务质量则是有形产品质量和无形产品质量的完美统一。有形产品质量是无形产品质量的凭借和依托，无形产品质量是有形产品质量的完善和体现，两者相辅相成，即构成完整的餐饮服务质量的内容。

（一）有形产品质量

有形产品质量是指餐饮部提供的设备设施和实物产品以及服务环境的质量，主要满足客人物质上的需求。

1. 餐饮设备设施的质量

餐饮部是凭借其设备设施来为宾客提供服务的。所以，餐饮设备设施是餐饮部赖以生存的基础，是餐饮劳务服务的依托，它反映出该餐厅的接待能力。同时，餐饮设备设施质量也是服务质量的基础和重要组成部分，是餐饮服务质量高低的决定性因素之一。餐饮设备设施包括客用设备设施和供应用设备设施。

客用设备设施也称前台设备设施，是指直接供宾客使用的设备设施，如餐厅、酒吧的各种设备设施等。它要求做到设置科学，结构合理；配套齐全，舒适美观；操作简单，使用安全；完好无损，性能良好。其中，客用设备设施的舒适程度是影响餐饮服务质量的重要方面，是提高餐饮服务质量的重要环节。

供应用设备设施是指餐饮经营管理所需的生产性设备设施，如厨房设备设施等。供应用设备设施也称后台设备设施，要求做到安全运行，保证供应，否则也会影响服务质量。所以，餐饮部只有保证设备设施的质量，才能为宾客提供多方面的感觉舒适的服务，进而提高餐饮的声誉和服务质量。

2. 餐饮实物产品质量

餐饮实物产品可直接满足餐饮宾客的物质消费需要，其质量高低也是影响宾客满意程度的一个重要因素。餐饮实物产品质量通常包括以下几方面。

（1）菜点酒水质量。人们经常说，食比住重要。随着地点的改变，时间的推移，住的酒店变化不会太大，但餐饮的变化会非常大。餐饮管理者必须认识到饮食在宾客的心目中占有的重要位置以及不同宾客对饮食的不同要求。如有的宾客为求满足其新奇感而品尝名菜佳肴，而有的宾客只为了寻求符合口味的食品而喜爱家常小菜。但无论哪种宾客，他们通常都希望餐饮饮食产品富有特色和文化内涵，要求原料选用准确、加工烹制精细、产品风味适口等。

（2）客用品质量。客用品也是餐饮实物产品的一个组成部分。它是指餐饮服务过程中直接供宾客消费的各种生活用品，包括一次性消耗品（如牙签等）和多次消耗品（如棉织品、餐酒具等）。客用品质量应与饭店星级相适应，避免提供劣质客用品。餐饮部提供的客用品数量应充裕，能够满足客人需求，而且供应要及时。

（3）服务用品质量。服务用品质量是指餐饮部在提供服务过程中供服务员使用的各种用品，如托盘等。它是提高劳动效率、满足宾客需要的前提，也是提供优质服务的必要条件。

3. 服务环境质量

常常会出现这种情况，某些宾客对一家餐厅的印象特别好，但却说不出为什么。这种良好的印象只是一种感觉，实际上，这种感觉常常是因为受到该餐饮服务环境的影响。服务环境质量就是指餐饮设施的服务气氛给宾客带来感觉上的享受和心理上的满足。它主要包括独具特色的餐厅建筑和装潢，布局合理且便于到达的餐饮服务设施和服务场所，充满情趣并富于特色的装饰风格，以及洁净无尘、温度适宜的餐饮环境和仪表仪容端庄大方的餐饮服务员。所有这些构成餐饮所特有的环境氛围。它在满足宾客物质需求的同时，又可满足其精神享受的需要。

通常对服务环境质量的要求是整洁、美观、有秩序和安全。在此基础上，还应充分体现一种带有鲜明个性的文化品位。

（二）无形产品质量

无形产品质量是指餐饮部提供的劳务服务的使用价值的质量，即劳务服务质量，主要是满足宾客心理上、精神上的需求。劳务服务的使用价值使用以后，其劳务形态便消失了，仅给客人留下不同的感受和满足程度。如餐厅服务员有针对性地为宾客介绍其喜爱的菜肴和饮料，前厅问讯员圆满地回答宾客关于餐饮内各种服务项目的信息的询问，都会使客人感到愉快和满意。

劳务服务质量也是餐饮服务质量的主要内容之一。它主要包括以下几个方面。

1. 礼节礼貌

礼节礼貌是以一定的形式通过信息传输向对方表示尊重、谦虚、欢迎、友好等态度的一种方式，礼节偏重于仪式，礼貌偏重于语言行动。它表明了餐饮的基本态度和意愿。餐饮礼节礼貌主要要求服务人员具有端庄的仪表仪容、文雅的语言谈吐、得体的行为举止等，是餐饮业提供优质服务的基本点。

2. 职业道德

在餐饮服务过程中，许多服务是否到位取决于员工的素质和责任感，因此遵守社会公德和职业道德也是餐饮服务质量的最基本构成之一，它不可避免地影响着餐饮的服务质量。

2017 年 10 月 18 日，习近平同志在十九大报告中指出，要培育和践行社会主义核心价值观。要以培养担当民族复兴大任的时代新人为着眼点，强化教育引导、实践养成、制度保障，发挥社会主义核心价值观对国民教育、精神文明创建、精神文化产品创作生产传播的引领作用，把社会主义核心价值观融入社会发展各方面，转化为人们的情感认同和行为习惯。因此，作为餐饮员工，应努力践行“富强、民主、文明、和谐、自由、平等、公正、法治、爱国、敬业、诚信、友善”的社会主义核心价值观。并遵循“热情友好，宾客至上；真诚公道，信誉第一；优质服务，文明礼貌；不卑不亢，一视同仁；团结协作，顾全大局；遵纪守法，廉洁奉公；钻研业务，提高技能”的旅游职业道德规范，做到敬业、勤业、乐业。

3. 服务态度

服务态度是指餐饮服务员在对宾客的服务中所体现出来的主观意向和心理状态，餐饮行业要求服务员应具有“宾客至上”的服务意识，并能够主动、热情、耐心、周到地为宾客提供服务。服务态度是无形产品质量的关键所在，直接影响餐饮服务质量。

4. 服务技能

服务技能是餐饮部提高服务质量的技术保证，是指餐饮服务员在不同场合、不同时间对不同宾客提供服务时，能适应具体情况而灵活恰当地运用其操作方法和作业技能以取得最佳的服务效果，从而所显现出的技巧和能力。只有掌握好服务技能，才能使餐饮服务达到标准，保证餐饮服务质量。

5. 服务效率

餐饮服务效率主要有三类。

（1）用工时定额来表示的固定服务效率。如摆台用 5 分钟等。

（2）用时限来表示服务效率。如办理结账手续不超过 3 分钟，接听电话铃响不超过三声等。

（3）时间观念。没有明确的时限规定，是靠宾客的感觉来衡量的服务效率，如点菜后多长时间上菜等。服务效率问题在餐饮工作中大量存在，若使宾客等候时间过长，很容易让宾客产生烦躁心理，并会引起不安定感，进而直接影响宾客对餐饮部的印象和对服务质量的评价。但服务效率并非仅指快速，而是强调适时服务。

6. 安全卫生

餐饮安全卫生主要包括餐饮部各区域的清洁卫生、食品饮料卫生、用品卫生、个人卫生等。餐饮清洁卫生直接影响宾客身心健康，是优质服务的基本要求，所以必须加强管理。

劳务服务质量除上述内容外，还包括员工的劳动纪律、服务的方式方法、服务的规范化和程序化等内容，同样应为餐饮管理者所关注。

上述有形产品质量和无形劳务质量的最终结果是宾客满意程度。宾客满意程度是指宾客享受餐饮服务后得到的感受、印象和评价。它是餐饮服务质量的最终体现，因而也是餐饮服务质量管理努力的目标。宾客满意程度主要取决于餐饮服务的内容是否适合和满足宾客的需要，是否为宾客带来享受感。餐饮管理者重视宾客满意度自然也就必须重视餐饮服务质量构成的所有内容。

小链接

餐饮宾客的需求

餐饮顾客在物质上和精神上的需求多种多样，概括起来为下列8点40个字。

物美与价廉　　及时与周到　　安全与卫生　　舒适与方便

热情与诚恳　　礼貌与尊重　　亲切与友好　　谅解与安慰

物美与价廉。二者是辩证统一的关系，物美是建立在一定价格基础上，宾客要求用自己所付出的代价来得到相应满意的“物”，也就是说，以合理的费用得到满意的饮食和服务。

及时与周到。餐饮产品的色、香、味、形、器、名、质、营养均佳，且价格合理，是服务质量好的基础。要使宾客满意，很重要的一点就是服务及时和周到，及时与周到是服务效率的体现。

安全与卫生。安全与卫生是人类最基本的生理需求之一，安全卫生的用餐环境，优质诱人的餐饮产品，清洁整齐的餐具用品，不仅会使宾客产生安全感，也会给他们留下难忘的用餐经历。

舒适与方便。酒店完善先进的餐饮设施和服务氛围，会使宾客感到在餐厅用餐是一种美好的享受。方便是指餐厅有形设施的使用价值及完整的餐饮服务项目、服务员主动的服务意识，这是服务中最重要的方面。

热情与诚恳。指服务员对宾客主动、积极、微笑、暖人的服务。它是建立在敬业爱岗的基础上的，服务员在整个服务过程中应始终保持精神饱满、专心致志的状态。

礼貌与尊重。餐饮服务强调服务员应具有良好的仪表、仪容、举止、礼节、服务态度和服务技能，要尊重宾客，使宾客的精神需求得到满足。

亲切与友好。服务要有人情味，要和善、友好地为宾客服务。在为宾客服务时不得流露厌烦、冷淡、愤怒、僵硬、紧张和恐惧的表情。交谈要用敬语，用诚意和友善的言行消除与宾客的距离感。

谅解与安慰。餐饮服务的对象来自不同国家和地区，信仰不同，价值观念各异。每当出现突发事件时，服务员都应把“对”让给宾客，要理解、谅解宾客的各种心理，使宾客的心理需求得到最大限度的满足。

三、餐饮服务质量的特点

餐饮服务是人与人、面对面的服务形式，其服务的特点以及餐饮服务质量特殊的构成内容使其质量内涵与其他企业有着极大的差异。

（一）餐饮服务质量构成的综合性

餐饮服务质量的构成内容包括多种因素，且每一因素又由许多具体内容构成，贯穿于餐饮服务的全过程。它既涵盖了衣食住行等人们日常生活的基本内容，也包括办公、通信、娱乐、休闲等层面的活动。因此，人们常用“一个独立的小社会”来说明餐饮服务质量的构成所具有的极强的综合性。

餐饮服务质量构成的综合性的特点要求餐饮管理者树立系统的观念，把餐饮服务质量管理作为一项系统工程来抓，既要抓好有形产品的质量，又要抓好无形服务的质量；不仅做好本职工作，还要顾及餐饮其他部门或其他服务环节，从而提高餐饮的整体服务质量。

（二）餐饮服务质量评价的主观性

尽管餐饮企业自身的服务质量水平基本上是一个客观的存在，但由于餐饮服务质量的评价是由宾客享受服务后根据其物质和心理满足程度进行的，因而带有很强的个人主观性。要求餐饮管理者在服务过程中通过细心观察，了解并掌握宾客的物质和心理需要，不断改善对客服务，为宾客提供有针对性的个性化服务，用符合宾客需要的服务本身来提高宾客的满意度，从而提高并保持餐饮服务质量。正如一些餐饮管理者所说“我们无法改变宾客，那么就根据宾客需要改变自己”。

（三）餐饮服务质量显现的短暂性

餐饮服务质量是由一次又一次的内容不同的具体服务组成的，而每一次具体服务的使用价值均只有短暂的显现时间，即使用价值的一次性，如微笑问好，介绍菜点等。这类具体服务不能储存，一结束，就失去了其使用价值，留下的也只是宾客的感受而非实物。因此，餐饮服务质量的显现是短暂的，不像实物产品那样可以返工、返修或退换。进行服务后的调整，也只能是另一次的具体服务。也就是说，即使宾客对某一服务感到非常满意，评价较高，并不能保证下一次服务也能获得好评。因此，餐饮管理者应督导员工做好每一次服务工作，争取使每一次服务都能让宾客感到非常满意，从而提高餐饮整体服务质量。

（四）餐饮服务质量内容的关联性

宾客对餐饮服务质量的印象，是通过他从进入餐厅直至离开餐厅的全过程而形成的。在此过程中，宾客得到的是各部门员工提供的一次又一次具体的服务活动，但这些具体的活动不是孤立的，而是有着密切关联的。这就要求餐饮企业各部门、各服务过程、各服务环节之间协作配合，确保餐饮服务全过程和全方位的“零缺点”。

（五）餐饮服务质量对员工素质的依赖性

餐饮产品生产、销售、消费同时性的特点决定了餐饮服务质量与餐饮服务员表现的直接关联性。餐饮服务质量是在有形产品的基础上通过员工的劳务服务创造并表现出来的，这种创造和表现能满足宾客需要的程度取决于服务员的素质高低和管理者的管理水平高低。所以，餐饮服务质量对员工素质有较强的依赖性，要求餐饮管理者应合理配备、培训、激励员工，发挥他们的服务主动性、积极性和创造性，同时提高自身素质及管理能力，从而培养出满意的员工。

（六）餐饮服务质量的情感性

餐饮服务质量还取决于宾客与餐饮部之间的关系。如果关系融洽，宾客就比较容易谅解餐饮部的难处和过错；而关系不和谐，宾客则很容易小题大做或借题发挥。事实上，餐饮服务质量问题总是会出现在餐厅的任何时间和空间。所不同的是存在问题的数量和层次，这是一个不能回避的客观事实。作为餐饮部管理者所应做的是积极地采取恰当的措施，将出现的服务质量问题给宾客造成的影响降至最低，通过一些真诚为宾客考虑的服务赢得宾客，使宾客最终能够谅解餐饮部的一些无意的失误。

第二节　餐饮服务质量分析

加强餐饮服务质量管理是提高服务质量的基本保证，通过服务质量分析可以找出餐饮企业存在的主要服务质量问题以及引起这些问题的原因，从而采取有效的方法解决。

一、餐饮服务质量分析的内容

餐饮服务质量的构成因素是服务质量分析的对象，如服务态度、礼节礼貌、语言动作、安全卫生、设施设备、工作效率、操作规程、食品质量等。在实际工作中，要把企业的服务质量与其他企业作横向比较，并分析本企业服务质量的稳定性程度和存在什么质量问题，这就构成了服务质量分析的内容。

（一）餐饮服务质量水平分析

以实际具体的检查考核资料、统计数据和信息反馈资料，正确分析评价本企业服务质量的现实情况，与其他同类餐饮企业相比较的相对水准，本企业的绝对水准。在服务质量方面有哪些成绩和不足，有何潜力和后劲。

（二）餐饮服务质量的稳定性分析

餐饮服务质量的稳定性包括各部门各岗位工作协调的稳定；相互间服务质量不出现明显的差距；餐饮企业服务质量水平在时间上保持稳定，不发生明显的波动。服务质量的稳定性分析一般选定几个对质量影响较大的项目，通过画图作实际的分析。

（三）餐饮服务质量的问题分析

主要分析几个“什么”：服务质量上出现了什么问题？产生问题的原因是什么？用什么方法解决问题？

二、餐饮服务质量分析的主要方法

餐饮管理者在对服务质量进行分析时，常采用圆形百分比分析图法、ABC 分析法、因果分析图法、PDCA 循环法。

（一）圆形百分比分析图法

圆形百分比分析法是指通过计算服务质量信息中有关数据的构成比例，以图示的方法表示存在的质量问题。其具体分析步骤如下。

1. 收集质量问题信息

餐饮管理者通过各种原始记录、质量信息报表、质量检查结果、客人意见调查表、客人投诉处理记录、质量考核表等方式多方收集现存的餐饮质量问题的信息。

2. 信息的汇总、分类和计算

对收集到的质量问题信息进行汇总，并根据不同的内容将其分类，然后计算每类质量问题的构成比例。

3. 画出圆形图

画出圆形图即可清晰地掌握餐饮存在的服务质量问题及其程度。

例如，某餐饮部在上季度共发现服务质量问题45例，其中，菜肴质量问题17例，服务态度问题15例，服务技能问题6例，安全卫生问题4例，其他问题3例（见图8-1）。由图8-1分析可知，本餐饮部当前需要重点解决的问题是菜肴质量和服务态度。

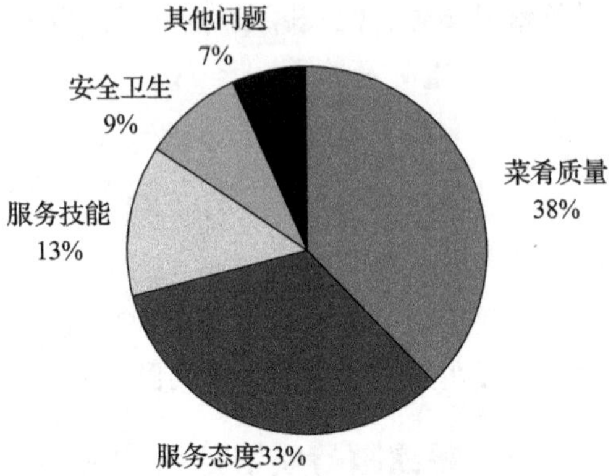

图8-1 服务质量问题分析圆形图

（二）ABC分析法

ABC分析法的核心思想是“关键的是少数，次要的是多数”，也就是影响餐饮服务质量的问题可能很多，但关键的、主要的是其中的一两个问题，找到这个关键问题，并予以解决，提高服务质量就有了重点和方向。

ABC分析法主要用于找出影响餐饮服务质量的主要因素，可分四个步骤进行分析。

1. 收集服务质量问题信息

通过宾客意见表、投诉处理记录、各种原始记录等方式收集有关服务质量的信息。

2. 分类、统计、制作服务质量问题统计表

将收集到的质量问题信息进行分类统计、排列，制作统计表（见表8-1），并计算出问题比率和累计比率。

表8-1 服务质量问题统计表

质量问题	问题数量（个）	比率（%）	累计比率（%）
菜肴质量	17	37.78	37.78
服务态度	15	33.33	71.11
服务技能	6	13.33	84.44
安全卫生	4	8.89	93.33
其他问题	3	6.67	100.00
合计	45	100%	100%

3. 根据统计表绘制排列图

图8-2中横坐标代表现存的质量问题，左侧纵坐标表示问题的数量，右侧纵坐标表示质量问题的累计比率。

4. 分析找出主要质量问题

排列图上累计比率在0～70%的问题为A类问题，即主要问题；在70%～90%的问题为B类问题，即次要问题；在90%～100%的问题为C类问题，即一般问题。找出主要问题就可以抓住主要矛盾。

（三）因果分析图法

因果分析图又称鱼刺图、树枝图（见图8-3），是分析质量问题产生原因的一种有效工具。在餐饮管理过程中，影响服务质量的因素错综复杂。因果分析图通过对存在的质

量问题及其产生的原因进行系统的整理分析，并以图示的方法直观地表示两者之间的因果关系，其分析过程如下。

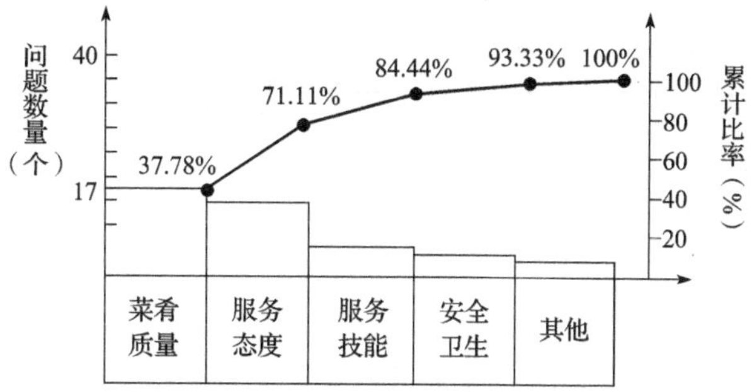

图 8-2　服务质量问题排列图

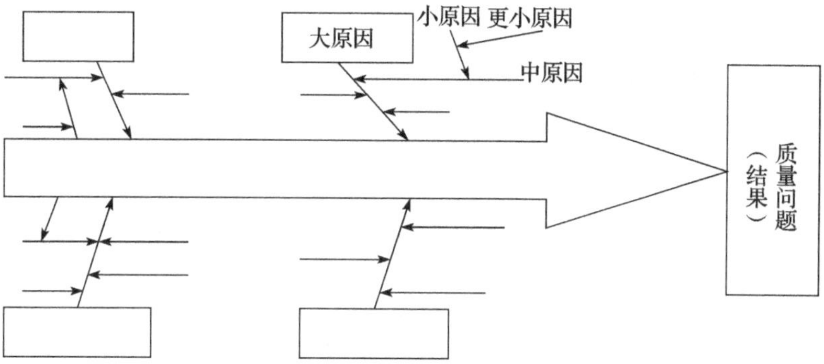

图 8-3　因果分析图

1. 找问题

用排列图找出现存的质量问题。

2. 找原因

讨论、分析、找出产生问题的各种原因。应从大到小，从粗到细，追根究源，直到能采取具体措施为止。

3. 画图

罗列找到的各种原因，按其因果关系画出因果图。

例如，上例中的菜肴存在质量问题，其产生原因可用因果分析图法（见图 8-4）。

（四）PDCA 循环法

PDCA 即计划（Plan）、实施（Do）、检查（Check）、处理（Action）。PDCA 循环法是指按计划、实施、检查、处理四个阶段进行管理工作，并循环不止地进行下去的一种科学管理方法。PDCA 循环转动的过程，就是质量管理活动开展和提高的过程。PDCA 循环法的工作程序分四个阶段。

1. 计划阶段（P）

PDCA 循环法的计划阶段内容包括：分析服务质量现状，用圆形图找出存在的质量问题；进而用因果图分析产生质量问题的原因；然后找出影响质量问题的主要原因；最后，提出解决质量问题的质量管理计划，即应达到的目标及实现目标的措施方法。

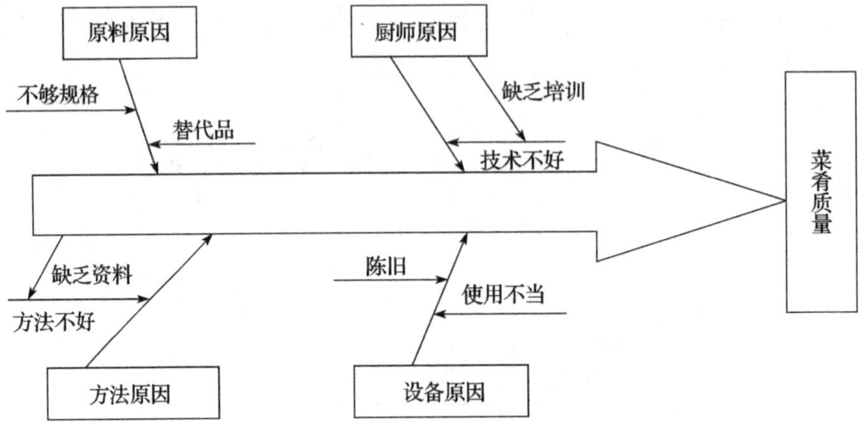

图 8-4 菜肴质量问题因果分析图

2. 实施阶段（D）

这是餐饮管理者组织有关部门或班组以及员工具体地实施质量管理计划所规定目标的阶段。

3. 检查阶段（C）

餐饮管理者应认真、仔细地检查计划的实施效果，并与计划目标进行对比分析，看是否存在质量差异，是正偏差还是负偏差。

4. 处理阶段（A）

这是总结成功的管理经验，使之标准化，或编入服务规程，或形成管理制度加以推广应用的阶段。同时，吸取失败的教训，提出本轮 PDCA 循环悬而未决的问题，自动转入下一个循环的第一步，并开始新一轮的 PDCA 循环。

处理阶段是 PDCA 循环的关键。因为处理阶段就是解决存在问题，总结经验和吸取教训的阶段。该阶段的重点又在于修订标准，包括技术标准和管理制度。没有标准化和制度化，就不可能使 PDCA 循环转动向前。

在质量管理中，PDCA 循环法得到了广泛的应用，并取得了很好的效果，因此有人称 PDCA 循环法是质量管理的基本方法。之所以将其称之为 PDCA 循环，是因为这四个过程不是运行一次就完结，而是要周而复始地进行。“计划—实施—检查—处理”的 PDCA 循环管理模式，体现着科学认识论的一种具体管理手段和一套科学的工作程序。PDCA 管理模式的应用对我们提高日常工作的效率有很大的益处，它不仅在质量管理工作中可以运用，同样也适合于其他各项管理工作。

小链接

2019 年 11 月 20 日，中国烹饪协会在深圳召开 2019 中国餐饮企业家大会，揭晓了“向祖国 70 周年献礼”全国餐饮行业百城万店惠民生活动优秀社团和企业，70 家社团和企业获奖。同时揭晓的还有 2019 年度餐饮十大品牌，以及正餐、快餐、火锅十大品牌等奖项。

肯德基、必胜客、避风塘、东来顺等品牌获得 2019 年度餐饮十大品牌金奖。

会议解读了《关于新时代服务业高质量发展的指导意见》，就如何推动餐饮服务创新、深化餐饮产业融合、塑造餐饮服务品牌展开分享讨论。

作为中国餐饮百强之首，“百胜中国”此次荣获“惠民生”活动优秀企业表彰，“百胜中国”旗下品牌肯德基和必胜客均斩获2019年度餐饮十大品牌金奖，小肥羊荣获2019餐饮优秀品牌。根植中国32年，百胜中国不仅致力于为中国消费者带来健康美味的美食和创新餐饮体验，同时积极践行社会责任，坚持以爱心回馈社会，在精准扶贫、社区关爱，以及通过教育与赋能，帮助儿童和青少年健康成长等方面长期投入，形成了多个具有广泛社会影响力的公益项目，其中，肯德基与安徽砀山县联手，用砀山梨膏为原料推出“芭梨恋语乌龙茶”，以创新型扶贫模式，助力当地产业发展和乡村振兴。

第三节　餐饮服务质量控制

进行餐饮服务质量控制的目的是使餐厅的每一项工作都围绕着为宾客提供满意的服务。

一、餐饮服务质量控制的基础

要进行有效的餐饮服务质量控制，必须具备若干基本条件。

（一）制订服务规程

餐饮服务规程能使服务工作规范化、系列化、系统化。餐饮服务工作本身既然不可能较多的用具体的数量表示其质量标准，又不可能用仪器量具测定其标准，只能在具体业务过程中，用一系列标准的方法规定其质量标准。

服务规程由于具体规定服务过程的规格、程序和标准，并具有整套语言动作等规定，就使本来较琐碎的服务工作规范化；规程从整套动作出发，规定某一服务内容全过程的程序和标准要求，就使服务过程从杂乱的和随心所欲的状态转化为规范化、系统化；餐饮企业各服务规程自成一体又互相联系、互相衔接，从而能使企业的服务工作形成系列。

餐厅中的工种很多，各岗位的服务内容和操作要求都不相同，为了检查和控制服务质量，餐厅必须分别对散餐、团体餐和宴会以及咖啡厅、酒吧等的整个服务过程制订出迎宾、引座、点菜、走菜、酒水服务等全套的服务程序。

制订服务规程时，首先要确定服务的环节和顺序，再确定每个环节服务人员的动作、语言、姿态、质量、时间，以及对用具、手续、意外处理、临时措施的要求等。每套程序在开始和结尾处应有与相邻服务过程中相互联系、相互衔接的规定。

（二）收集质量信息

餐饮管理人员应该知道服务的结果如何，即宾客是否感到满意，从而采取改进服务、提高质量的措施。应该根据餐饮服务的目标和服务规程，通过巡视、定量抽查、统计报表、听取宾客意见等方式来收集服务质量信息。

（三）抓好全员教育和培训

对员工进行服务质量管理教育，其主要目的是使全体员工牢固树立服务质量第一的思想，懂得服务质量是企业的生命线；还要教育员工知道服务质量管理的科学方法，自觉提高服务质量，自觉参加服务质量管理；对员工进行业务技术培训，使每位员工熟悉服务规程的内容，自觉执行服务规程。

二、餐饮服务质量控制的方法

根据餐饮服务的三个阶段——准备阶段、执行阶段和结束阶段，餐饮服务质量的控制可以按照时间顺序相应地分为预先控制、现场控制和反馈控制。

（一）餐饮服务质量的预先控制

所谓预先控制，就是为使服务结果达到预定的目标，在开餐前所做的一切管理上的努力。预先控制的目的是防止开餐服务中所使用的各种资源在数量和质量上产生偏差。

预先控制的主要内容包括人力资源、物质资源、卫生质量与事故。

1. 人力资源的预先控制

餐厅应根据自身的特点灵活安排人员班次、保证开餐时有足够的人力资源。那种“闲时无事干，忙时疲劳战”、开餐中宾客与服务员在人数比例上大失调等情况都是人力资源使用不当的现象。

2. 物质资源的预先控制

开餐前，必须按规格摆好餐台，准备好餐车、托盘、菜单、点菜单、预订单、开瓶工具及工作车小物件等。另外，还必须备足相当数量的“翻台”用品，如桌布、餐巾、餐纸、刀叉、调料、火柴、牙签等物品。

3. 卫生质量的预先控制

开餐前半小时，对餐厅的环境卫生从地面、墙面、柱面、天花板、灯具、通风口到餐具、餐台、台布、台料、餐椅、餐台摆设等，都要做一遍仔细检查。发现不符合要求的地方，要安排迅速返工。

4. 事故的预先控制

开餐前，餐厅主管必须与厨师长联系，核对前后台所接到的客情预报或宴会通知单是否一致，以免因信息的传递失误而引起事故。另外，还要了解当日的菜肴供应情况，一旦宾客点到售罄的菜，服务员就可及时地向宾客道歉，避免事后引起宾客不满和投诉。

（二）餐饮服务质量的现场控制

所谓现场控制，是指监督现场正在进行的餐饮服务，使其程序化、规范化，并迅速妥善地处理意外事件。餐饮服务质量现场控制的主要内容包括服务程序、上菜时机、意外事件及开餐期间的人力。

1. 服务程序的控制

开餐期间，餐厅主管应始终站在第一线，通过亲身观察、判断，监督、指挥服务员按标准程序服务，发现偏差，及时纠正。

2. 上菜时机的控制

掌握好上菜时机要根据宾客用餐的速度、菜肴的烹制时间等，做到恰到好处，既不要让宾客等候太久，也不能将所有菜肴一下全上。餐厅主管应时常注意并提醒服务员掌握上菜时间，尤其是大型宴会，每道菜的上菜时间应由餐厅主管亲自掌握。

3. 意外事件的控制

餐饮服务是与宾客面对面直接交往，极容易引起宾客的投诉。一旦引起投诉，主管一定要迅速采取弥补措施，以防止事态扩大，影响其他宾客的用餐情绪。

4. 开餐时间的人力控制

一般餐厅在工作时实行服务员分区看台负责制，服务员在固定区域服务（可按照每个服务员每小时能接待 20 名散客的工作量来安排服务区域）。但是，主管应根据客情变化，对服务员在班中进行第二次分工、第三次分工……当用餐高潮已经过去，则应让一部分员工先休息一下，留下另一部分员工继续工作，到了一定的时间再进行交换，以提高员工的工作效率。这种方法对于营业时间长的散席餐厅、咖啡厅等特别有效。

（三）餐饮服务质量的反馈控制

所谓反馈控制，就是通过质量信息的反馈，找出服务工作在准备阶段和执行阶段的不足，采取措施，加强预先控制和现场控制，提高服务质量，使宾客更加满意。

质量信息反馈由内部系统和外部系统构成。内部系统的信息反馈来自酒店和餐饮部内部员工，比如服务员在服务过程中或经理在检查中暴露出的问题等。因此，在每天的餐饮工作结束后，应召开简短的总结会，及时总结经验及教训。外部系统的信息反馈，来自就餐宾客的信息。为了及时获取宾客的意见，餐桌上可放置宾客意见表；在宾客用餐后，也可主动征求宾客意见。宾客通过大堂、旅行社、新闻传播媒介等反馈回来的投诉，属于强反馈，应予以高度重视，切实保证以后不再发生类似的服务质量问题。建立和健全两个信息反馈系统，餐厅服务质量才能不断提高，从而更好地满足宾客的需求。

第四节 餐饮服务质量监督与检查

餐饮服务质量的监督与检查是餐饮管理的重要内容之一。在酒店服务质量系统中，部门和班组是执行系统的支柱。其以岗位责任制和各项操作规范为保证，以提供优质服务为主要内容。

一、餐饮服务质量监督的内容

（1）制订并负责执行各项管理制度和岗位规范，抓好礼貌待客、优质服务教育，实现服务质量标准化、规范化。

（2）通过反馈系统了解服务质量情况，及时总结工作中的正反典型事例的经验和教训并及时处理宾客投诉。

（3）组织调查研究，提出改进和提高服务质量的方案、措施和建议，促进餐饮服务质量和餐饮经营管理水平的提高。

（4）分析管理工作中的薄弱环节，改革规章制度，整顿工作纪律，纠正不正之风。

（5）组织定期或不定期的现场检查，开展评比和组织优质服务竞赛活动。

二、餐饮服务质量检查

根据餐饮服务质量内容中对服务员礼节礼貌、仪容仪表、服务态度、清洁卫生、服务技能和服务效率等方面的要求，将其归纳为“服务规格”“就餐环境”“仪容仪表”“工作纪律”四个大项，并按顺序列出一个详细的检查表。这种服务质量检查表既可以作为餐厅常规管理的细则，又可以将其数量化，作为餐厅与餐厅之间、班组与班组之间、个人与个人之间竞赛评比或餐饮服务员考核的标准。

餐厅服务质量检查表在使用的时候可视酒店本身的等级和本餐厅的具体情况增加或减少检查细则项目，可以将四个大类的检查项目分成四张检查表在不同场合使用（见表 8-2）。在“等级”栏目中，可将“优、良、中、差”分别改为得分标准，如将“优”改为得 4 分，“良”得 3 分，“中”得 2 分，“差”得 1 分，最后将四个项 90 个细则得分统计并进行比较；也可按优、良、中、差各个等级的得分率来进行比较，得出结论。

表 8-2 餐厅服务质量检查表

餐厅 / 班组 / 姓名：________ 时间：____月____日____时 检查者：______

服务规格检查

序号	检查细则	等级			
		优	良	中	差
1	对进入餐厅的宾客是否问候、表示欢迎？				
2	迎接宾客是否使用敬语？				
3	使用敬语时是否点头致意？				
4	在通道上行走是否妨碍宾客？				
5	是否协助宾客入座？				
6	对入席宾客是否端茶、送巾？				
7	是否让宾客等候过久？				
8	回答宾客提问是否清脆、流利、悦耳？				
9	与宾客谈话，是否先说“对不起，麻烦您了”？				
10	发生疏忽或不妥时，是否向宾客道歉？				
11	对告别结账离座的宾客，是否说“谢谢”？				
12	接受点菜时，是否仔细聆听并复述？				
13	能否正确地解释菜单？				
14	能否向宾客提建议并进行适时推销？				
15	能否根据点菜单准备好必要的餐具？				
16	斟酒是否按照操作规程进行？				
17	递送物品是否使用托盘？				
18	上菜时，是否介绍菜名？				
19	宾客招呼时，能否迅速到达桌旁？				
20	撤换餐具时，是否发出过大声响？				

续表

序号	检查细则	等级			
		优	良	中	差
21	结账是否迅速、准确、无误？				
22	是否检查餐桌、餐椅及地面（有无宾客失落的物件）？				
23	是否在送客后马上翻台？				
24	翻台时，是否影响周围宾客？				
25	翻台时，是否按操作规程作业？				
26	与宾客谈话是否点头行礼？				
27	是否能根据菜单预先备好餐具及佐料？				
28	拿送玻璃杯是否叠放？持杯时，是否只握下半部？				
29	领位、值台、上菜、斟酒时的站立、行走、操作等服务姿势是否符合规程？				

就餐环境检查

序号	检查细则	等级			
		优	良	中	差
1	玻璃门窗及镜面是否清洁、无灰尘、无裂痕？				
2	窗框、工作台、桌椅是否无灰尘和污渍？				
3	地板有无碎屑及污痕？				
4	墙面有无污痕或破损处？				
5	盆景花卉有无枯萎、带灰尘现象？				
6	墙面装饰品有无破损、污痕？				
7	天花板是否清洁，有无污痕？				
8	天花板有无破损、漏水痕迹？				
9	通风口是否清洁，通风是否正常？				
10	灯泡、灯管、灯罩有无脱落、破损、污痕？				
11	吊灯照明是否正常？吊灯是否完整？				
12	餐厅内温度和通风是否正常？				
13	餐厅通道有无障碍物？				
14	餐桌椅是否无破损、无灰尘、无污痕？				
15	广告宣传品有无破损、灰尘、污痕？				
16	菜单是否清洁，是否有缺页、破损？				
17	台料是否清洁卫生？				

续表

序号	检查细则	等级			
		优	良	中	差
18	背景音乐是否适合就餐气氛?				
19	背景音乐音量是否过大或过小?				
20	总的环境是否能吸引宾客?				

员工仪表仪容检查

序号	检查细则	等级			
		优	良	中	差
1	服务员是否按规定着装并穿戴整齐?				
2	制服是否合体、清洁?有无破损、油污?				
3	名号牌是否端正地挂于左胸前?				
4	服务员的打扮是否过分?				
5	服务员是否留有怪异发型?				
6	男服务员是否蓄胡须、留大鬓角?				
7	女服务员的头发是否清洁、干净?				
8	外衣是否烫平、挺括、无污边、无褶皱?				
9	指甲是否修剪整齐、不露出指头之外?				
10	牙齿是否清洁?				
11	口中是否发出异味?				
12	衣裤口袋中是否放有杂物?				
13	女服务员是否涂有彩色指甲油?				
14	女服务员发夹式样是否过于花哨?				
15	除手表戒指外，是否还戴有其他的饰物?				
16	是否有浓妆艳抹现象?				
17	使用香水是否过分?				
18	衬衫领口是否清洁并扣好?				
19	男服务员是否穿深色鞋袜?				
20	女服务员着裙时是否穿肉色长袜?				

工作纪律检查

序号	检查细则	等级			
		优	良	中	差
1	工作时间是否扎堆闲谈或窃窃私语?				
2	工作时间是否大声喧哗?				
3	工作时间是否有人放下手中的工作?				

续表

序号	检查细则	等级			
		优	良	中	差
4	是否有人上班时间打私人电话？				
5	有无在柜台或值班区域内随意走动？				
6	有无交手抱臂或手插入衣袋现象？				
7	有无在前台区域吸烟、喝水、吃东西现象？				
8	上班时间有无看书、干私事行为？				
9	有无在宾客面前打哈欠、伸懒腰行为？				
10	值班时有无倚、靠、趴在柜台的现象？				
11	有无随背景音乐哼唱现象？				
12	有无对宾客指指点点的动作？				
13	有无嘲笑宾客失慎的现象？				
14	有无在宾客投诉时作辩解的现象？				
15	有无不理会宾客询问的？				
16	有无在态度上、动作上向宾客撒气的现象？				
17	有无对宾客过分亲热的现象？				
18	有无对熟客过分随便的现象？				
19	对所有宾客能否做到一视同仁，又能提供个别服务？				
20	有没有对老、幼、残宾客提供方便服务？是否对特殊情况提供了针对性服务？				

三、提高餐饮服务质量的主要措施

（1）从餐饮部经理到各级管理人员都应具备丰富的质量管理经验，并以身作则。有关质量的标准和准则，如无强有力的督查手段不可能被所有员工自觉地全盘接受并加以维护。

（2）关心和负责质量控制和质量维持的责任不仅是几个人的事情，只有全员进行全过程的管理和参与，才能有服务质量的稳定和提高。

（3）餐饮各部门应该有清晰地职能划分，各个岗位的工作人员应该有明确的职责分工，并严格遵循服务规格和规程，才能为宾客提供高质量的服务。

（4）对已取得的质量成果要不断加强和巩固，并坚持长期不懈地做出系统化的努力。

（5）前台质量与后台质量必须一致，对两者的控制也应步调一致。前台质量管理的目的是确立并加强通向积极循环的机制；后台质量管理的目的是拥有可供选择的各种质量管理的策略。

（6）随着消费变革、价格波动和服务项目的变化而提出新的质量标准和实施计划，并跟踪监督实施。

（7）加强现场指挥，切实提高销售水平和服务质量。

补充资料

金陵饭店股份有限公司荣膺全球服务业领域最高奖项“五星钻石奖”

金陵饭店股份有限公司由金陵饭店集团有限公司于2002年12月控股设立，2007年4月在上海证交所上市。以五星级金陵饭店为主体，以酒店连锁经营为核心，构建了“酒店投资管理、旅游资源开发、酒店物资贸易”三大板块的发展格局。

金陵饭店股份有限公司在全国服务业率先创立了“细意浓情4-8-32”质量经营模式，“细在精准、意在卓越、浓在超值、情在人文”的品质内涵已升华到魅力质量的全新境界，实现了营销全球化、管理精细化、采购网络化、技术智能化。金陵饭店股份有限公司作为全国服务业的代表，荣膺“全国质量工作先进单位标兵”“中国质量奖提名奖”“质量之光”2017年度魅力品牌、“全国文明单位”“全国旅游系统先进集体”等荣誉，七度蝉联“中国最受欢迎本土酒店品牌”，九度蝉联全球服务业领域最高奖项“五星钻石奖”(世界品牌实验室评定)。

公司创立了品牌营运、质量管理、市场营销、中央采供、食品研发、信息技术等十大专业化连锁支撑系统，完善服务质量预警、突发事件应急处理机制，在全国酒店业率先通过ISO9001质量、ISO14001环境、OHSAS18001职业健康安全三大体系的一体化认证。在酒店经营中融入人性化设计、精细化管理和亲情化服务，推出了睡眠关爱计划、金牌管家服务、宴会会议策划顾问、侍酒师、营养师等数十项超值服务。

小知识

世界品牌实验室（World Brand Lab）：为全球三大品牌价值评估机构之一，总部设在美国纽约，由1999年诺贝尔经济学奖得主、“欧元之父”罗伯特·蒙代尔教授（Robert Mundell）担任主席。世界品牌实验室致力于品牌评估、品牌传播、品牌管理和品牌保护，2000名专家和顾问来自哈佛大学、耶鲁大学、麻省理工学院、牛津大学、剑桥大学等世界顶级学府，其研究成果已成为许多企业并购过程中无形资产评估的重要依据。

案例分析

餐饮部经理在现场管理时，发现某包厢的宴会服务员是新上岗的员工。按酒店的星级和严格的水准来讲，该服务员的作业程序、对客语言存在着一些不规范的问题，而且在一桌宴会的服务中重复出现。如果你是餐饮部经理，你认为你当时会想到什么？你该做些什么？今后又该做些什么？

本章小节

餐饮产品的销售过程就是服务员的服务过程，其同步提供的服务质量的优劣会直接影响销售的效果，影响宾客对餐饮服务质量的评价，影响宾客的满意度和忠诚度，最终会影响酒店的经济效益。本章首先介绍了餐饮服务质量的含义、内容和特点。通过服务质量分析找出餐饮企业存在的主要服务质量问题以及引起这些问题的原因，并举例介绍ABC分析法、圆形分析图法、因果分析图法、PDCA循环法等四种餐饮服务质量分析方法。为了使餐厅的每一项工作都围绕着为宾客提供满意的服务而进行，在餐饮服务的3个阶段要相应地进行餐饮服务的预先控制、现场控制和反馈控制，并同时进行餐饮服务质量的监督检查。

走近餐厅

【实训名称】餐饮服务质量控制的方法。

【实训内容】根据餐饮服务的三个阶段——准备阶段、执行阶段和结束阶段，完成餐饮服务质量的预先控制、现场控制和反馈控制。

要求：（1）以班级为单位分成若干小组（根据班级人数灵活确定小组数量，一般小组人数6～10人）。

（2）每组设组长一名担任领班角色。

（3）每班设班长一名担任主管角色。

考核基本时间：三个小时。

【实训点评】评分项目及标准。

（1）预先控制的主要内容包括：人力资源的预先控制、物资资源的预先控制、卫生质量的预先控制与事故的预先控制。

（2）现场控制的主要内容包括：服务程序的控制、上菜时机的控制、意外事件的控制及开餐期间的人力控制。

（3）反馈控制由内部系统和外部系统构成，就是每餐结束后召开简短的总结会和收集就餐宾客的信息，找出不足，采取措施，提高服务质量，使宾客更加满意。

复习思考题

一、填空题

1. 餐饮部向客人提供的服务通常是由________、________、________共同组成。

2. 餐饮服务质量中有形产品质量包括________、________、________。

3. 餐饮服务质量中无形产品质量包括________、________、________、________、________、________。

4. PDCA循环法的工作程序分四个阶段，分别为________、________、________、________。

5. 根据餐饮服务质量内容中对服务员礼节礼貌、仪容仪表、服务态度、清洁卫生、服务技能和服务效率等方面的要求，可将其归纳为________、________、________、________四个大项并按顺序列出一个详细的检查表。

二、选择题

1. 属于餐饮劳务质量范畴的是（　　）。

A. 工作效率　　B. 设施用品　　C. 餐厅环境　　D. 菜点酒水

2.（　　）是无形产品质量的关键所在，直接影响餐饮服务质量。

A. 服务技能　　B. 服务效率　　C. 服务态度　　D. 礼节礼貌

3. 餐饮服务质量的构成内容既包括有形的设备设施质量、服务环境质量、实物产品质量，又包括无形的劳务服务质量等多种因素。其中，（　　）是餐饮服务质量的基础，（　　）是表现形式。

A. 设施设备、劳务服务；实物产品、服务环境

B. 设备设施、实物产品；服务环境、劳务服务

C. 实物产品、劳务服务；服务环境、实施设备

D. 实物产品、服务环境；设施设备、劳务服务

4.（　　）又称鱼刺图、树枝图，是分析质量问题产生原因的一种有效工具。

A. 因果分析图　　B. ABC 分析法

C. PDCA 循环法　　D. 圆形百分比分析图法

5.（　　）是指按计划、实施、检查、处理这四个阶段进行管理工作，并循环不止地进行下去的一种科学管理方法。

A. “零缺点”质量管理　　B. 全面质量管理

C.PDCA 管理循环　　D. 现场巡视管理

三、简答题

1. 餐饮服务质量的特点是什么？

2. 餐饮服务质量分析的内容有哪些？

3. 如何对餐饮服务质量进行控制？

第九章 CHAPTER 9

餐饮食品安全管理

动脑筋

一起酒店食物中毒案例分析

2005年7月2日中午，约有530人在四川省资阳市某大酒店参加婚宴。食谱为：卤牛肉、姜汁豇豆、炝拌笋尖、糖拌西红柿、盐水鸭、白水兔丁、韭菜绿乌鸡、笋子牛楠、双椒武昌鱼、珍珠甲鱼、青豆烧田鸡、姜汁肘子、豆沙甜烧白、南瓜绿豆汤；两个时令蔬菜、两道小吃、一个水果拼盘，酒水自带。饭后部分就餐者陆续出现腹痛、腹泻、发热、恶心、呕吐等症状，腹泻开始为稀便，后为水样便、黏液脓血便，腹泻多达每天10余次。最早发病者为7月2日晚21时，末例病人为7月3日晨4时，年龄最大者75岁，最小者15岁，中毒人数累计69人，无中毒病人死亡，所有病人经对症治疗于7月9日都已康复。经检验，在剩余食品中均检出大肠菌群超过国家标准150倍，判定本次食物中毒为细菌性食物中毒。

请思考：1. 请初步判断该次食物中毒的原因是什么？

2. 应采取何种紧急处理措施？

第一节　餐饮业食品安全管理

一、食品安全与食品污染

（一）食品安全的概念

食品是指各种供人食用或者饮用的成品和原料以及按照传统既是食品又是中药材的物品，但是不包括以治疗为目的的物品。一般将食品中的成分划分为内源性和外源性两部分，其中内源性物质成分是食品本身所具有的成分，而外源性物质成分则是在食品从加工到摄食全过程中进入的成分。

《中华人民共和国食品安全法》(以下简称为《食品安全法》)规定：食品安全，指食品无毒、无害，符合应当有的营养要求，对人体健康不造成任何急性、亚急性或者慢性危害。无毒无害是食品的首要条件和起码要求。

《食品安全法》规定了禁止生产经营的食品。

（1）用非食品原料生产的食品或者添加食品添加剂以外的化学物质和其他可能危害人体健康物质的食品，或者用回收食品作为原料生产的食品；

（2）致病性微生物，农药残留、兽药残留、生物毒素、重金属等污染物质以及其他危害人体健康的物质含量超过食品安全标准限量的食品；

（3）营养成分不符合食品安全标准的专供婴幼儿和其他特定人群的主辅食品；

（4）腐败变质、油脂酸败、霉变生虫、污秽不洁、混有异物、掺假掺杂或者感官性状异常的食品；

（5）病死、毒死或者死因不明的禽、畜、兽、水产动物肉类及其制品；

（6）未按规定进行检疫或者检疫不合格的肉类，或者未经检验或者检验不合格的肉类制品；

（7）被包装材料、容器、运输工具等污染的食品；

（8）标注虚假生产日期、保质期或者超过保质期的食品；

（9）无标签的预包装食品；

（10）国家为防病等特殊需要明令禁止生产经营的食品；

（11）其他不符合法律、法规或者食品安全标准的食品。

当食品生产经营者违法经营上述所列食品，导致食物中毒、食源性疾病、食品污染，对消费者健康造成实质性危害或可能危害时，即构成了食品安全事故。

（二）食品污染及预防

1. 食品污染

食品污染是指危害人体健康和安全的有毒、有害物质进入正常食品的过程。这些有毒、有害物质也称食品安全危害，包括可影响食品质量和安全性的不能接受的污物、活菌，或是在食品中产生、残留的诸如毒素、酶或微生物的代谢产物等不可接受的物质。

正常食物本身一般不含有毒、有害物质，或含量极少，不足以对人体健康造成危害。但食品从种植或饲养、生长、收割或宰杀、生产、加工、贮存、运输、销售、烹调直到上餐桌食用以前的各个环节中，由于环境或人为因素影响，可能使有毒、有害物质进入食品中造成污染，导致食品营养价值和卫生质量降低。食用这类食品，就会对人产生不同程度的危害，导致食源性疾病、中毒甚至死亡等严重后果。目前已知有 200 种以上的食品污染物能导致食源性疾病，食品污染按性质不同可分成生物性污染、化学性污染和物理性污染三类。

2. 食品腐败变质及预防

（1）食品腐败变质的概念。

食品原料在生产、收购、运输、加工、包装、储藏时若受到微生物污染，当放置一段时间后，受食品中微生物和环境条件的影响和作用，食品会出现长霉、变色变味、腐烂等现象。

食品安全学中的食品腐败变质泛指在以微生物为主的各种因素作用下，食品的色、香、味、形及营养成分发生了从量变到质变的变化，从而使食品质量下降，以致完全不能食用的过程。例如，鱼、肉、禽、蛋的腐败，粮食的霉变，蔬菜水果的溃烂，油脂的酸败等。狭义的腐败变质专指在厌氧菌作用下，蛋白质产生的以恶臭为主的变化。从商品学角度讲，食品腐败变质是指食品受微生物等因素的作用失去了其应有的商品价值。

（2）食品腐败变质的原因和条件。

食品腐败变质是以食品本身的组成和性质为基础，在环境因素影响下，主要由微生物的作用而引起，是食品本身、环境因素和微生物三者互为条件、相互影响、综合作用的结果。变质的食物不能供人们食用。

① 食品本身的成分和性质。食品的营养成分构成、水分含量、pH 值及渗透压等对食品中微生物的繁殖、菌相构成及优势菌种均有重要影响，从而决定食品腐败变质的进程及特征。食品的状态及所含的不稳定物质也对食品的腐败变质起作用，如不饱和脂肪酸、色素、芳香物质等的变化均可引起食品色、香、味、形的改变，鲜奶的凝固、面包的老化、水果的变色等均属此类。

② 微生物。在食品腐败变质过程中起主要作用的是细菌、酵母和霉菌，尤其是细菌更占优势。

③ 环境因素。无论是食品自身的性质变化，还是微生物引起的变化而导致食品腐败变质都与环境条件如温度、湿度、氧气、光照等密切相关。例如，食品中的一些不稳定物质，如不饱和脂肪酸在氧、光照、温度的作用下而发生氧化和酸败；食品或食品原料由于机械损伤等导致食品的组织或细胞被破坏，如果所处环境条件（温度、湿度、pH、空气）适宜，更易被微生物作用而加速腐败变质。

（3）食品腐败变质的危害。

① 腐败变质的食物都不同程度具有使人们难以接受的感官形状，如刺激性气味、异常颜色、组织溃烂及黏液污秽等。

② 食物成分的分解可使其营养价值严重降低，不仅是蛋白质、脂肪、碳水化合物，甚至维生素、无机盐也有大量的破坏和流失。

③ 腐败变质的食物一般微生物污染严重，菌相复杂，菌量增加，使致病菌和产毒霉菌存在的机会增多。

④ 食品腐败变质的产物也可对人体造成直接的损害。例如，鱼类腐败可引起人的组胺中毒；脂肪酸败产物引起人的不良反应及中毒；腐败形成的胺类物质是亚硝胺形成的前体物质等。

（4）预防食品腐败变质。

预防食品腐败变质是通过一定的手段、方法和技术对新鲜食品进行加工处理，将食品中的微生物杀灭或减弱其生长繁殖的能力，以延长食品保藏和可供食用的期限。食品保藏的基本原理是改变或控制食品的温度、水分、pH 值、渗透压，使其不适于有害微生物的生长繁殖及其酶的活动，抑制和破坏食品原料组织中酶的活性，或采用抑制、杀灭食品中微生物的措施，将食品中的微生物杀灭或减弱其生长繁殖的能力。餐饮业经营中常见的食品保藏方法有以下几种。

① 低温保鲜法。这是餐饮业最普遍和常见的方法。低温可以有效地抑制或杀灭微生物，也能延缓或停止其生活过程。所以一般烹饪原料都可以用低温的方法保鲜保藏。

低温保鲜或冷冻的温度决定于原料的性质，如畜禽肉类、鱼类温度一般要在0℃以下，而蔬菜则不能低于冰点，一般在0～4℃。食品冷藏可采用多种方法，短期保藏原料常将其放置在0℃左右的环境下；长期保藏，必须采用冷冻法。食品冷冻保藏应采用极速冷冻、缓慢解冻的方法。

② 高温保藏法。高温保藏也是餐饮企业用来防止腐败变质的常用方法，因为微生物一般对高温的耐受力较弱，当温度超过80℃时微生物的生理机能即减弱并逐步死亡。当然，热处理不当也可产生营养素损失，形成有害热解产物等。采用高温加热后的原料应立即降温，否则原料或食品内部的温度不迅速散发，也会引起变质。高温处理后的原料还要注意防止重新污染。食品高温保藏通常采用两种方法：巴氏杀菌法和高温杀菌法。采用巴氏杀菌法的食品有牛奶、蔬菜、果汁罐头、啤酒、醋、葡萄酒等。食品的高温灭菌还可用微波加热法。

③ 脱水干燥保藏法。食品脱水干燥保藏是通过降低食品水分，抑制可引起食品腐败变质的微生物的生长的保藏方法。食品脱水的方法主要有传统的日晒、晾晒风干、加热烘干，工业化生产中常使用冷冻干燥、喷雾干燥、滚筒薄膜干燥、蒸发干燥等。

④ 腌渍和熏制保藏法。腌渍和熏制是食品加工制作的方法，可以起到避免食品腐败变质和长期保藏食品的目的，同时增加食品的风味特色，主要有盐腌、糖渍、酸渍、酒渍、熏制等。

⑤ 真空密封保鲜法。密封保藏是将原料或食品严密封闭在特殊容器或包装袋中，有时需抽出其中的空气，使其和日光、空气隔绝，以防止被污染和氧化。这种保藏方法可以使食品保藏较长的时间。

⑥ 活养保鲜。餐饮业中活的动物性原料，如某些鱼类、虾类、蟹类等水产以及禽类产品可暂养保鲜，随用随杀。这样不但可以最大程度保持食物原料的鲜活和营养，而且烹调出来的菜肴更为美味。活养的要求是养活、养好、便于烹调，水产品一般需要清洁的水、充足的氧气。

⑦ 化学保藏法。是指使用化学防腐剂来抑制微生物的生长繁殖，达到防止和延缓食品腐败变质的目的。防腐剂既可以直接加入食品中，也可以只对食品进行表面处理。多数化学药品都有一定的毒性，因此只有相对少数的被允许用于食品防腐。此外应注意针对不同食品正确使用防腐剂。

（三）食物中毒及预防

1. 食物中毒的概念

食物中毒是指人们由于食用被生物性、化学性有毒有害物质污染的食品，或者食用含有毒有害物质的食品后出现的一类以急性、亚急性感染或中毒为主要症状的食源性疾病。

2. 食物中毒的特点

食物中毒种类多，病因复杂，但发病具有以下几个共同特点。

（1）发病潜伏期短而集中，发病率高，来势急剧，一般在24小时之内，常呈集体性暴发。

（2）同期中毒病人有类似的临床表现并有急性胃肠炎的症状，如恶心、呕吐、腹痛、腹泻等。

（3）发病与摄入的食物有关，患者在相同或相近的时间内都食用过同样的食物，一旦停止食用有毒食物，发病立即停止。

（4）人与人之间不直接传染，食物中毒呈一次性暴发，停止食用有毒食物后，不再出现新患者。

（5）食物中毒的发生有一定的季节性和地域性。细菌性食物中毒主要发生在 5 ～ 10 月份，化学性食物中毒全年均可发生。绝大多数食物中毒的发生有明显的地域性。

3. 食物中毒的类型

食物中毒主要有细菌性食物中毒、有毒动植物食物中毒、化学性食物中毒、真菌毒素和霉变食物中毒四种基本类型。

（1）细菌性食物中毒。

细菌性食物中毒是指摄入被细菌或细菌毒素污染的食品而引起的食物中毒，它是食物中毒中最多见的一类，涉及中毒人数最多，发病率较高，但病死率较低，且主要发生在气温较高的夏、秋季。

① 细菌性食物中毒发生的原因。食物被致病菌污染。食品在生产、加工、运输、贮藏、销售等过程中受到致病菌污染的机会很多，食品常常由于采购疏忽、保存不善、烹调不当、从业人员带菌污染、操作污染、工具容器使用前不清洗消毒污染、生熟交叉污染和二次污染或剩余食物处理不当等原因而造成污染。

具有适合致病菌生长繁殖或产生毒素的条件。合适的温度、食品中充足的水分、适宜的 pH 以及营养条件可使食物中的致病菌大量生长繁殖并产生毒素，食用后引起中毒。

② 餐饮企业经营中细菌性食物中毒的预防和处理。控制病原体繁殖及外毒素的形成。绝大部分致病菌生长繁殖的最适宜温度为 20 ～ 40℃，在 10℃以下繁殖减弱，低于 0℃多数细菌不能繁殖和产毒。因此，食品应存放在低温和通风阴凉处，以控制细菌繁殖和毒素的形成。食品中加盐量达 10% 也可控制细菌繁殖及形成毒素。

食品食用前彻底加热以杀灭病原体及破坏毒素是防止食物中毒的关键措施。为彻底杀灭肉中病原体，肉块不应太大，并务必使内部温度达到 80℃以上，持续 12 分钟；蛋类应彻底煮熟。

食品加工、贮存和销售过程要严格遵守食品安全制度，严防食品被病原体污染。食具、容器、砧板、刀具等应严格生熟分开使用，做好消毒工作，避免生熟交叉污染和二次污染。生产场所、厨房、食堂要有防蝇、防鼠设备。

饮食行业人员和炊事人员应严格遵守个人卫生制度，认真执行就业前体检和录用后定期体检制度，应经常接受食品卫生教育，养成良好的个人卫生习惯。患化脓性疾病和上呼吸道感染的病人，在治愈前不应参加接触食品的工作。

（2）有毒动植物食物中毒。

有毒动植物食物中毒是指一些动植物本身含有天然有毒成分或由于贮存条件不当形成有毒物质，被人食用后所引起的中毒，主要包括：河豚、有毒贝类等引起的有毒动物中毒，毒蕈、豆角、木薯、含氰甙果仁等引起的有毒植物中毒。该类食物中毒发病率及病死率较高。

① 有毒动植物食物中毒的分类。动物性中毒食品分两类：一类是将天然含有有毒成分的动物或动物的某一部分当作食品（如河豚）；一类是在一定条件下产生大量的有毒成

分的动物性食品（如鲐鱼）。

植物性中毒食品可分为三类：一是将天然含有有毒成分的植物或者其加工制品当作食品（如大麻油、桐油等）；二是加工过程中未能破坏或除去的有毒成分的植物性食品（如木薯、苦杏仁等）；三是在一定条件下产生了大量的有毒成分的植物性食品（如发芽的马铃薯等）。

② 河豚中毒预防措施。河豚中毒的发生，主要是误食而引起，有的则因为喜食河豚，但未将毒素除净以致食后引起中毒。一般居民往往不易做到安全食用。因此，卫生部门应做好下列工作。

加强宣传，使群众了解河豚有毒，并能识别形状，以防误食中毒。

加强市场管理，禁止出售河豚。市场出售海杂鱼类时应事先经过仔细的挑选，将拣出的河豚妥善处理，不可随便丢掉，以防发生意外。

在生产过程中对捕获的河豚应分别装运，由水产部门统一收购，集中加工。加工后经鉴定合格，证明无毒方能出厂。

③ 贝类中毒的预防措施。贝类中毒与海水中甲藻类的大量繁殖和集结形成“赤潮”有关。当贝类摄食大量有毒藻类，使其毒素被贝类富集，尽管对贝类本身没有毒性，但当人食用贝肉后，毒素迅速被释放并对人产生毒性作用。

在海藻大量繁殖期及出现所谓“赤潮”时，禁止采集、出售、贩运和食用贝类。

在贝类生长的水域采取藻类进行显微镜检查，如有毒的藻类大量存在，即有发生中毒的危险，有关部门应定期预报，有关人员应注意收听。

贝类的毒素主要积聚于内脏，应注意去除。

④ 蕈类中毒的预防措施。毒蕈中毒多发生在高温多雨的夏、秋季，往往因采摘野生鲜蕈又缺乏经验而误食中毒。广泛宣传毒蕈中毒的危险性，提高广大群众对毒蕈的识别能力，对不认识和未食用过的蕈类，不要采摘和食用，以防止误食中毒。肉眼鉴定，以下为毒蕈的特征，应避免采摘。

颜色鲜艳，蕈盖上长疣，蕈柄上有蕈环、蕈托。

多生于腐物或粪肥上，不生蛆，不长虫，有腥、辣、苦、酸、臭味。

碰坏后容易变色或流乳状汁液，煮时能使银器或大蒜变黑的蕈属有毒。

⑤ 其他有毒动植物食物中毒的预防（见表 9-1）。

表 9-1 其他有毒动植物食物中毒的预防

名称	中毒原因	治疗及预防
四季豆中毒（扁豆、芸豆等）	食用了没有煮熟的四季豆	对症处理。扁豆、芸豆、豆角等要烧熟煮透至失去原有生绿色
鲜黄花菜中毒	鲜黄花菜的烹调加工方法不当	最好食干制品，鲜黄花菜须用水浸泡或用开水烫后弃水炒煮后食用
动物肝脏中毒（狗、鲨鱼、海豹等）	一次食入大量动物肝脏	对症处理。含大量维生素 A 的动物肝脏不宜过量食用
甲状腺中毒	误食动物甲状腺引起中毒	抗甲状腺素药对症处理。畜肉加工前除净甲状腺

续表

名称	中毒原因	治疗及预防
有毒蜂蜜中毒	因蜜蜂采了有毒花粉酿蜜所致	对症治疗，加强蜂蜜的检验工作，防止毒蜜流入市场
发芽马铃薯中毒	马铃薯储藏不当发芽	催吐、洗胃、对症处理。马铃薯贮存干燥阴凉处。食用前挖去芽眼、削皮，烹调时加醋
桐油中毒	误作食用油食用	食用油与非食用油分开存放，储存容器也应严格分开，以免误食
山大茴香中毒	误作八角茴香食用	洗胃，给胃黏膜保护剂和输液等。熟悉两者的区别，不收购、不出售、不食用山大茴香
白果中毒	与烹调方法有关	白果需去皮加水煮熟煮透后弃水食用，不吃生白果或变质白果
黑斑甘薯中毒	甘薯贮藏不当霉变所致	做好甘薯保藏，防止霉变。对症治疗

小案例

福建诏安县6渔民吃河豚中毒

2009年2月1日晚，诏安县梅岭镇下傅村6名渔民因食用河豚中毒，食用者出现面部及四肢麻木、乏力及眩晕的症状，随即被送往县医院抢救，目前6名中毒者均已脱离生命危险。

据梅岭镇一干部介绍，当天6名渔民出海时捕获一条500多克的河豚，当晚6名渔民自行处理后进食。大约过了3个多小时，食用者先后出现不适症状，家属发现后及时将其送往县医院抢救。据医生介绍，患者到达医院后，医院及时采取催吐、导泄、输液等措施进行抢救，至2月2日上午已有3名患者出院，另3名仍继续住院接受治疗，但均已脱离生命危险。

医生表示，河豚含有的河豚毒素，是一种耐热毒素，不会在烹煮过程中分解，千万不要贪图其美味而冒险食用，以免发生意外。

为什么河豚不能吃?

河豚毒素的毒性，排在所有毒素的前10名之内，是氰化钾的1000倍。一条500克的河豚体内，能提取出约0.5毫克毒素，这是一个人所能承受的最大毒量。

河豚有剧毒，缘于其体内有河豚毒素。一般它的皮肤、内脏和血液均有毒，其中卵巢、肝脏最毒，肾、眼、血液、鳃、皮肤次之。一般老百姓都认为，河豚是一种鱼，事实上，河豚鱼种类有100多种，我国沿海常见的有40几种，河豚毒素大小因河豚鱼的种类而异。从品种来看，雌鱼的毒性比雄鱼大，从脏器来看，各部位含毒强弱的一般顺序为：卵、肝、皮、肠、胃、眼、鳃、脊髓、脾、血、精巢、肌肉。河豚毒素性质稳定，耐热、耐酸，盐腌、日晒或烹调均不能破坏其毒性。

（3）化学性食物中毒。

化学性食物中毒是指由于食用被有毒化学物污染的食品而引起的食物中毒，主要包括亚硝酸盐、有机磷农药、鼠药、有毒重金属及其化合物等引起的食物中毒。该类食物中毒发病的季节性、地区性均不明显，但发病率和病死率较高。化学性食物中毒的预防措施有以下几种。

① 加强亚硝酸盐管理，防止误食。蔬菜应注意保鲜，防止腐烂。胃肠功能不好时，不要在短期内食用大量蔬菜。盐渍蔬菜时要选用新鲜蔬菜，腌菜要腌透，至少 20 天以上再食用。但现腌的菜，最好马上食用，不能存放过久。

② 严格做好农药的保管和使用。砷剂农药及其包装外部须标明有毒标志。食品生产加工使用的化学物质如食品添加剂、盐酸、碱等砷含量必须符合国家食品卫生标准要求。

③ 使用安全的容器。禁止使用锌铁桶盛放酸性食物、醋及清凉饮料；食品加工储存不可使用镀锌容器，镀锌工具不可接触酸性食物，做好锌化物的保管。

（4）真菌毒素和霉变食物中毒。

真菌毒素和霉变食物中毒是指食用被真菌及其毒素污染的食品而引起的食物中毒，如食用赤霉病麦、霉变甘蔗等引起的中毒。此类食物中毒发病率、死亡率较高，发病的季节性及地区性较明显，且被污染的食物用一般的烹调方法加热处理不能破坏其中的真菌毒素。

霉变食品中毒主要是真菌毒素中毒，它同其他食物中毒一样，没有传染性，病人不能成为一种传染源去传染别人。但它不同于一般化学性食物中毒，在流行病学上仍然受着生物学因子的支配，因此，真菌毒素中毒往往具有地方性、相对的季节性和波动性等流行特点。主要预防措施如下。

① 做好粮食在储藏期的防霉工作，粮食烹煮前应拣去霉粒，并淘洗干净。

② 不食霉变食物。

4. 食物中毒的抢救措施

食物中毒发生以后，卫生防疫人员应及时到达现场并应组织好抢救病人的工作。同时，采取如下措施：禁止继续出售和食用可疑食物，并予以暂时封存；搜集可疑中毒食物及患者的吐泻物送检。在重大食物中毒现场，应成立临时急救指挥小组，以便顺利开展工作。

（1）排出未被吸收的毒物。排出未被吸收毒物的方式有以下几种：催吐，常用手指、筷子等刺激咽部或者服用催吐剂；此外，还有洗胃以及导泻、灌肠等。

（2）阻滞毒物的吸收和保护胃黏膜。局部应用拮抗剂，直接与胃肠道中尚未被吸收的毒物发生作用，使其毒性降低或变成无毒物质，减少毒物对胃肠黏膜的作用，延缓吸收。常用口服拮抗剂有通用解毒剂、中和剂以及沉淀剂和氧化剂等。

（3）促进毒物排泄。一般毒物进入人体后多在肝脏解毒，经肾脏随尿排出。大量饮水或静脉输液对稀释体内毒物，保护肝、肾，促进毒物排出十分重要。一般可饮用糖盐水，静脉滴注生理盐水、5% 或 10% 葡萄糖溶液等。如尿量少，可静脉滴注 20% 甘露醇或 25% 山梨醇 100 ～ 250 毫克，加速尿液排出。

（4）对症治疗。毒物已损及有关脏器，出现各种危重症状时，如不积极治疗，必将影响病人的康复甚至危及生命。因此，及时对症处理很有必要。抢救时，排毒解毒和对症治疗同时并用，可取得更好效果。

二、餐饮业食品安全管理办法

（一）食品生产经营的安全要求

食品生产经营应当符合食品安全标准，并符合下列要求。

（1）具有与生产经营的食品品种、数量相适应的食品原料处理和食品加工、包装、贮存等场所，保持该场所环境整洁，并与有毒、有害场所以及其他污染源保持规定的距离。

（2）具有与生产经营的食品品种、数量相适应的生产经营设备或者设施，有相应的消毒、更衣、盥洗、采光、照明、通风、防腐、防尘、防蝇、防鼠、防虫、洗涤以及处理废水、存放垃圾和废弃物的设备或者设施。

（3）有专职或者兼职的食品安全专业技术人员、食品安全管理人员和保证食品安全的规章制度。

（4）具有合理的设备布局和工艺流程，防止待加工食品与直接入口食品、原料与成品交叉污染，避免食品接触有毒物、不洁物。

（5）餐具、饮具和盛放直接入口食品的容器，使用前应当洗净、消毒，炊具、用具用后应当洗净，保持清洁。

（6）贮存、运输和装卸食品的容器、工具和设备应当安全、无害，保持清洁，防止食品污染，并符合保证食品安全所需的温度、湿度等特殊要求，不得将食品与有毒、有害物品一同贮存、运输。

（7）直接入口的食品应当使用无毒、清洁的包装材料、餐具、饮具和容器。

（8）食品生产经营人员应当保持个人卫生，生产经营食品时，应当将手洗净，穿戴清洁的工作衣、帽等；销售无包装的直接入口食品时，应当使用无毒、清洁的容器、售货工具和设备。

（9）用水应当符合国家规定的生活饮用水卫生标准。

（10）使用的洗涤剂、消毒剂应当对人体安全、无害。

（11）法律、法规规定的其他要求。

（二）餐饮服务的基本要求

根据《餐饮服务食品安全监督管理办法》的规定，国家食品药品监督管理总局主管全国餐饮服务监督管理工作，地方各级食品药品监督管理部门负责本行政区域内的餐饮服务监督管理工作。餐饮服务应符合以下基本要求。

（1）必须依法取得《餐饮服务许可证》，按照许可范围依法经营，并在就餐场所醒目位置悬挂或者摆放《餐饮服务许可证》。

（2）应当建立健全食品安全管理制度，配备专职或者兼职食品安全管理人员。

（3）应当建立并执行从业人员健康管理制度和健康档案，从业人员应当每年进行健康检查，取得健康合格证明后方可参加工作。

（4）应当组织从业人员参加食品安全培训，学习食品安全法律、法规、标准和食品安全知识，明确食品安全责任，并建立培训档案。

（5）应当建立食品、食品原料、食品添加剂和食品相关产品的采购查验和索证索票制度。按照产品品种、进货时间先后次序有序整理采购记录及相关资料，妥善保存备查。记录、票据的保存期限不得少于2年。

（6）实行统一配送经营方式的餐饮服务提供者，可以由企业总部统一查验供货者的许可证和产品合格的证明文件等，建立食品进货查验记录。企业各门店应当建立总部统一配送单据台账。

（7）禁止采购、使用和经营《食品安全法》中规定的禁止生产经营的食品。

（8）应当按照国家有关规定和食品安全标准采购、保存和使用食品添加剂，做到专柜存放、明确标示、妥善保管并建立使用台账。

（9）应当严格遵守国家食品药品监督管理部门制定的《餐饮服务食品安全操作规范》，不得加工使用腐败变质或者其他感官性状异常的食品及食品原料，保持贮存食品原料的场所和设备、食品加工经营场所内外环境的清洁和整洁，定期维护、清洁、消毒加工设备设施与工具、餐具饮具，食品与原料或半成品分开存放，保持良好的操作人员个人卫生。

（10）应当配合食品安全监管部门的抽样检验工作，如实提供被抽检样品的货源、数量、存货地点、存货量、销售量、相关票证等信息。

（三）餐饮服务食品安全事故处理

（1）食品药品监管部门发现食品安全事故或接到举报，经初步核实为食品安全事故的，应当立即向同级卫生行政、农业行政、工商行政管理、质量监督等相关部门通报，并采取措施控制事态发展，依法处置，及时向上级监管部门报告。

（2）县级以上食品药品监督管理部门按照有关规定开展餐饮服务食品安全事故调查，有权向有关餐饮服务提供者了解与食品安全事故有关的情况，索要相关资料和样品。

（3）餐饮服务提供者应当制订食品安全事故处置方案，定期检查和落实，及时消除食品安全事故隐患。

（4）餐饮服务提供者发生食品安全事故，应当立即封存导致或者可能导致食品安全事故的食品及其原料、工具及用具、设备设施和现场，在2小时之内向所在地县级人民政府卫生部门和食品药品监督管理部门报告，并按照相关监管部门的要求采取控制措施。应当配合监管部门进行调查处理，按照要求提供相关资料和样品。

（四）餐饮企业食品安全管理机构与人员管理

（1）餐饮企业的法定代表人、负责人或业主是本单位食品安全的第一责任人，对本单位的食品安全负法律责任。

（2）餐饮企业应根据其规模相应设置食品安全管理机构并配备专职或兼职的食品安全管理员。食品安全管理人员应身体健康并持有有效健康证明，具备2年以上餐饮服务食品安全工作经历，持有有效培训合格证明。

（3）从业人员在上岗前需取得健康证明，并每年进行一次健康检查，必要时进行临时健康检查；应建立每日晨检制度，有发热、腹泻、皮肤伤口感染、眼部炎症等有碍食品安全疾病的人员，不得从事接触直接入口食品的工作，应当将其调整到其他不影响食品安全的工作岗位，待查明原因并将有碍食品安全的病症治愈后，方可重新上岗。

（五）餐饮场所与设施设备管理

餐饮企业选址、建筑结构布局、设施设备及工具等应符合规范要求。应建立餐饮服务加工经营场所及设施清洁制度、消毒制度，各岗位相关人员按规定开展清洁工作，使场所及其内部各项设施随时保持清洁；应建立餐饮服务加工经营场所及设施维修保养制度，并按规定进行维护和检修，以使其保持良好的运行状况；食品处理区不得存放与食品加工无关的物品，各项设施也不得用作与食品加工无关的用途。

（六）操作过程管理

餐饮企业应制订并执行加工操作规程，加强在采购验收、粗加工与切配、烹饪加工、备餐及供餐、凉菜配制、裱花操作、生食海产品加工、饮料鲜榨及果汁品牌制作、面点制作、烧烤加工、食品再加热、食品添加剂使用、餐用具清洗消毒保洁、集体用餐食品分装及配送、中央厨房食品包装及配送、甜品站、食品留样、贮存、检验、餐厨废弃物处置、记录管理、信息报告、备案和公示、投诉处理等方面的过程控制。

第二节　餐饮卫生管理

餐饮经营场所是指与食品生产经营直接或间接相关的场所，包括食品处理区、非食品处理区和就餐场所。这些场所以及与食品加工直接或间接接触的人员直接影响着餐饮食品安全，所以，为了确保餐饮食品安全就要对这些区域场所及从业人员进行严格的管理。

一、厨房卫生管理

厨房是餐饮企业食品生产加工的主要场所，是人们为了满足饮食需要而特定设置的用来从事烹饪活动的场所。只有清洁卫生的厨房环境和符合操作规程要求的安全加工制作方法才能保证食品质量，满足消费者对健康、安全、卫生的需求。厨房管理是餐饮服务食品安全管理的中心环节。

（一）粗加工间

（1）每日清扫作业区域，保持操作环境卫生。

（2）粗加工人员对待加工的食品原料进行感官检验，对不合格的原料予以退回。

（3）对蔬菜、水果经摘选去除不可食用的部分后，进行初洗、浸泡，再用流水洗净；对肉类应清除污秽不洁、有害腺体或变质等不可食用部分，洗净后装专用盛具供切配用；对水产品去除鳞、内脏或外壳，用流水清洗干净后盛于专用容器；摘除的废弃物投放到指定位置的专用垃圾桶内。

（4）保持解冻、洗涤水池的卫生。解冻原料按不同品种要求分类解冻。易腐败变质原料要缩短加工时间，以保持原料的新鲜度。

（5）对用过的设备、刀、砧板、工作台、容器、抹布等要清洗消毒。

（6）加工后的原料要分类盛装，并分类放入冷库备用；冷库应干净整洁。

（二）配菜间

（1）每日清扫配菜间，保持卫生整洁。工作厨台及橱柜下内侧及厨房死角，应注意清扫。

（2）对用过的刀、砧板、工作台、容器、配菜盘、抹布等要求清洁卫生。

（3）需冷藏保鲜原料应分类放入冰箱内，每日开餐前检查原料是否变质。配菜中注意原料卫生状况和新鲜度，以保证原料质量。

（4）食物应在工作台上料理操作，并将生、熟食物分开处理。

（三）冷荤间

（1）单独配置冷荤加工间，做到专室、专人、专工具、专冷藏、专消毒、专用工作服。

（2）对设备、刀、砧板、容器、餐具、抹布等要每日清洗，定期消毒。

（3）进入冷荤间前要洗手消毒，空气和台面每日用紫外线消毒。

（4）每日清理冰箱，保持食品卫生。需冷藏保鲜食品应分类放入冰箱内，生、熟食品要分开存放，防止交叉污染。

（5）严格操作规程，分别供生、熟食品用的刀、砧板、容器、抹布等不能混用。

（6）罐头开瓶后倒入专用餐具使用，隔日罐头不能再用。

（四）烹调热加工间

（1）开餐前要将炒锅、手勺、笊篱等用品清洗干净，保持抹布的卫生。

（2）调味品应以适当容器装盛，使用后随即加盖，保证调味品、食品添加剂、油品的质量和卫生；对已变质或污染的原料不能烹调。

（3）烹调要烧熟煮透，防止外熟里生。对烹制的菜肴应用消毒后的碗碟盛装。在烹调操作尝试口味时应使用汤匙，保证烹调食品的卫生。

（4）生熟原料及制品要分开。厨房中加工的半成品及熟食品，要与生原料分开存放，使用的一切用具、容器不能混用或串用，以防止加工好的熟食品再次受到生鲜原料中的细菌、寄生虫卵（虫）等的交叉污染。

（5）每日营业结束时，清洁台面、灶台、烤箱、蒸笼等设备，洗刷炒锅、汤锅、手勺等用具，清理调料，洗刷地面。

（五）洗消间

（1）对用后的餐具、酒具、茶具、容器要清洗。可采用沸煮、蒸汽、红外线、紫外线等物理消毒，也可采用氯、过氧化物、酒精类消毒剂等进行化学消毒。

（2）清洗消毒后的餐具、酒具、茶具等应保证洁净无菌、无水渍、光亮，并分类存放。

（3）餐具、茶具、酒具分设三个专用清洗池，坚持清除油污、化学消毒、清水冲洗三道工序。

（4）每日清扫洗消间，保持卫生清洁。

（六）垃圾处理

（1）粗加工间、洗消间等操作间的垃圾盛放在指定位置的垃圾桶内，防止其污染食品、餐具、用具和设备，保证每日至少一清。清洁完毕，清扫用具应集中处置。

（2）垃圾盛放处要保持清洁，防蝇、防虫、防鼠、防止细菌繁殖。

（3）杀菌剂和洗涤剂不得与杀虫剂等放在一起，有毒的物质要标明并放在固定场所及指定专人管理。

二、餐厅卫生管理

从餐饮食品生产加工和销售的流程来看，餐厅服务是继厨房加工生产后的又一个重要环节。餐厅的环境卫生主要是指餐厅、通道、走廊、厕所、休息室、工作间等场所的卫生。餐饮产品卫生质量在一定程度上也受餐厅卫生和服务的影响，餐厅的卫生管理也是饭店餐饮卫生管理工作的一个中心内容。如图 9-1、图 9-2 所示。

图 9-1 餐厅环境卫生（一）

图 9-2 餐厅环境卫生（二）

（一）餐厅卫生基本要求

（1）餐厅应光亮、宽敞和干燥，厅内布置要优雅美观，色调和谐，给进餐者创造一个舒适、清洁、愉快的环境。

（2）餐厅、宴会厅温度：一级餐厅（宴会厅）夏季 24 ～ 26℃，冬季 20 ～ 24℃；二、三级餐厅夏季 24 ～ 26℃，冬季 20 ～ 24℃；四级餐厅夏季 25 ～ 28℃，冬季 22 ～ 24℃。

（3）餐厅的相对湿度：一级餐厅夏季 55% ～ 65%，冬季 40% ～ 50%；二、三级餐厅夏季 65%，冬季 30%。

（4）餐厅、宴会厅的噪声：一级餐厅小于 35 分贝；二、三级餐厅小于 40 分贝；四级餐厅小于 50 分贝。

（5）餐厅、宴会厅换气次数为 10 ～ 12 次 / 小时，咖啡厅为 10 ～ 12 次 / 小时，酒吧间为 12 ～ 15 次 / 小时。

（6）餐桌台布和口布要求干净、平整、洁白。一餐换一次台，不得重复使用。

（7）餐具、茶具、酒具要保持清洁，无口纹、水纹、指纹。

（二）餐厅日常卫生管理

人们的食欲往往受进食环境和食品色、香、味、形等感官性质的影响，如果就餐环境清洁卫生，食品色、香、味、形好，则会增强用餐者的食欲和就餐的情绪，满足人们饮食及相关的心理需求。餐厅是宾客就餐的场所，其装饰、设施的清洁程度和维修状况对于食品经营的卫生管理和饭店的整体形象都是至关重要的，因为宾客对饭店的全部体验就在餐厅。他们对于餐桌、座椅、地面的清洁有时很挑剔，这些往往会在宾客心中留下第一印象，这些地方每次开餐之前和结束之后都需要仔细的清洁。餐厅日常卫生工作应做到经常化、制度化、规格化、责任化。

正常营业开始之前，餐厅经理应把餐厅的全部灯都打开，巡视一遍所有的设施，这是全面准备工作的一部分。首先，要检查地面、墙面、天花板，看有没有需要维修的地方；其次，要检查桌椅和雅座是否清洁；最后，对菜单也要进行检查，及时清洁上面的污点。

餐厅日常卫生要坚持每日“三小搞”，保持地面、桌面清洁，玻璃光亮，设备整洁。餐厅大项卫生坚持每周“一大搞”，地面定期打蜡磨光，有计划地为家具、灯具等清洁打蜡。定期有计划地分批进行座椅和墙面的清洗。

1. 地面卫生

餐厅地面一般铺有地毯，或者是水磨石地面，其清洁应根据地面的性质和受污染的程度不同而有所区别。通常的清洁工作内容包括清除地面及餐椅上的食物碎屑及污迹，清洁桌椅腿，地面吸尘及磨光等。

（1）一般地面。餐前餐后将食物残渣、汤汁清除干净，再用拖把湿拖干净即可。

（2）地毯。需要使用吸尘器和地毯清洗机，以及专门的清洗剂进行清洁去污。豪华酒店的餐厅地毯，每日要安排全面清洁保养，一般在夜晚停业之后至次日开餐之前进行。

2. 餐桌餐椅卫生

每日营业前应彻底擦拭餐桌、餐椅，应注意餐桌边、桌腿、凳腿上的食物残渣。

（1）使用沙发椅时，应在椅面上加布套，以利于经常洗涤和更换，保持干净。

（2）油腻桌面要先用碱水清洗，然后用清水擦干。

（3）备有转盘的桌面，打扫卫生时，应取掉转盘，打扫完毕，再将转盘放好备用。

（4）每次进餐完毕必须及时清除食物残渣。

（5）台面上的餐具、茶具、酒具要保持清洁卫生，摆放整齐美观。

（6）开饭前应将餐桌上的糖罐、口纸杯、牙签盅、四味架擦净续满，并定期刷洗，保持其清洁卫生。

（7）桌面要清洁，各种用具摆放有条理，整齐卫生，进餐完毕用台布盖好。

3. 台布和餐巾卫生

（1）台布和餐巾直接与客人口腔接触，关系到餐具卫生和客人的安全。每次进餐完毕，必须翻台更换干净台布，保持餐桌卫生。禁止一块台布多次重复使用，以免影响饭菜卫生。

（2）餐巾在正式宴席上折成各种口布花，除了显示出宾主落座的次序和位置，装饰美化餐厅环境以外，主要是起清洁卫生的作用。但是应该特别注意的是，每次在餐前由服务员折制成形插入玻璃杯，或摆入餐盘上操作时，一定要事先洗干净手，或戴上干净的白手套操作，以保证餐巾的卫生。

（3）每次更换下来的台布、餐巾应及时送洗涤间洗涤和消毒，熨平待用，同时注意保管时的卫生。

（4）餐巾纸应选用正规厂商产品，储存时应注意干净卫生，对启封剩余品要妥善保管，以免污染而影响饭菜卫生。

4. 香巾卫生

（1）香巾就是在清洁的小方巾上洒上香水，它对宾客起提神、醒酒和清洁卫生的作用。冬天给宾客送热香巾，夏天送湿冷香巾。其主要是在餐前和餐后，供宾客擦掉脸、嘴边和手上的灰尘、油污等。

（2）每次香巾用完后要用洗涤剂洗净，并要用开水浸泡消毒，应该注意开水浸泡时间，以保证杀灭香巾上的病菌，保持毛巾的干净、清洁、卫生。在向宾客送之前可洒点香水。

5. 工作台卫生

（1）工作台是服务员工作和存放饮料、酒水及其他所用物品的地方，要定期或不定期地进行打扫，使工作台内外和存放的物品及用具保持整洁卫生。

（2）要有防蟑螂措施，防止蟑螂滋生污染食品及用具，影响菜肴卫生。

6. 临时售货点的卫生管理

临时售货点指那些在短时间内出售食品的机构，一般只出售那些只需简单准备的食品。

（1）所用的设备必须安装得易于清洗和消毒，能止污染。如果没有配备餐具消毒的设备，只能让顾客使用一次性的餐具。

（2）必须配备足够数量、适合饮用的水，以便于食品准备工作、餐具的清洗消毒以及手的清洗。

（3）对产生的垃圾的处理必须符合法律规定，禁止把垃圾或废品扔在营业点附近的地面上。

（三）餐厅服务卫生规范

餐厅服务中的卫生规范与服务员个人卫生有着密切联系。卫生规范有助于减少卫生风险，并可能提高宾客满意度。服务员熟悉并牢记以下规范要求后，会提高保持卫生的自觉性。

（1）烹饪制作是一项手工操作，因此，手部的清洁是最重要的，工作中应随时保持手的干净。有下列动作之后应立即洗手：用手摸过头发或皮肤；擦过鼻涕或咳嗽时捂过嘴；用过手绢或卫生纸；抽过烟；上过厕所；拿过使用过的或弄脏了的餐具。

（2）禁止在餐厅或厨房中抽烟、嚼口香糖或吃东西。这种事情只能在经理限定的区域里做。不要对着菜肴大声讲话、咳嗽或打喷嚏。

（3）绝对不能把从盘子里滑出或掉到地上的食品拿给宾客吃。掉到地上的餐具或餐巾，应立即替换。

（4）餐具跟食品或宾客的嘴接触的部位，服务员的手尽可能不要去碰，尤其注意不能在宾客面前将手触摸到以下部位：拿杯子时，应拿杯把或杯子的下部，禁止拿杯子的上缘；拿餐具应拿柄，禁止拿餐勺的头、碗边、餐刀的刃部、餐叉的叉齿；端盘子、碗或餐碟时，应小心不要碰到食品，或把手指伸进餐具的边缘。

（5）不要把抹布或围裙搭在肩上或夹在腋下，或把工作围裙当毛巾来擦手、擦脸。

（6）把盘子等餐具放到宾客餐桌上之前，要确定它的底部确实是干净的。所有用脏了的餐具应立即撤走，并送到洗碗间去，防止不经清洗和消毒就再次使用。

（7）托盘的上面、下面和四边，都应保持清洁。这样可防止弄脏制服、餐具和台布。

（四）服务过程中的卫生管理

（1）及时上菜不仅是提高服务效率和服务质量的要求，装盘和传菜环节如果衔接紧凑，菜的温度就可以保持，卫生方面就可以减少风险。服务员在把菜装到托盘上去时应当小心，不要发生差错。服务员在被允许从事一部分炊事工作时，如分菜（汤）、切点心、加作料时，应当教给他们如何遵守饭店的卫生规程。

（2）对于端盘服务方式来说，菜肴的温度在厨房中就已安排得适于食用，关键是尽快送到宾客桌上。餐厅的通风设备必须能够把热气、油烟和烧菜的味道排掉。当在宾客面前点燃酒精炉加热时，应注意安全。

（3）自助餐、冷餐酒会等大型宴会，应注意有的菜要加盖予以保护。

（4）在宾客离开之后，应当及时清理台面，摆上干净的料品和杯盘餐具。手在拿过脏碗盘后，整理台面前必须清洗。台面清理完以后还要看看椅子是否干净。一切都要按接待下一批宾客要求来准备。

（5）关于服务员所用的设备和物料的清洁工作。服务员所用的设备都应该是清洁的和经过消毒的。经过消毒的用具，其存储和拿放的方式都应当避免引起污染。对于碟子、杯子、盘子和玻璃杯来说，服务员手拿的部位都不应是食品或宾客的嘴可能接触的部位。如，拿盘子应当用四个手指托住底部，用大拇指扣住边沿而不能碰到食物。

（6）服务员所用的餐具和食品，应贮存起来，防止污染。所有用脏了的餐具、台布及其他用品都不得放在服务柜上。

（7）开始营业之前，应把桌椅打扫干净，把地面收拾干净。窗框应每天擦拭一次。餐桌上摆的调味料瓶罐每天至少要清洁一次。

（8）开餐之前一般应把餐巾叠好，不能弄脏。布质餐巾每次用后都要洗净。不宜用台布、餐巾去擦餐具、杯子。开始服务之前，应对托盘进行双重检查。底部、面上、四边都不应有油污、食品或别的残渣。

（9）供宾客自行取用的调味品、作料，必须装在有保护的容器或分配器内，或者小包装内，最好不要使用易引起污染的宽口瓶。给宾客供应冰，必须由服务员使用专用工具，禁止宾客自取。用于取冰的工具，在不用时应当注意保持卫生。分菜应一律使用专用工具，工具在不使用时应放在食品中，柄把朝外。绝不可以让服务员或宾客用手取拿食物。用剩食物收回厨房后就不能再用。另外，吃自助餐的宾客在走回供应区添加食物时，不宜使用原来用过的餐具，只有喝饮料的杯子可以继续使用。

（10）饭店还应当教育服务员，使他们也和厨师一样懂得饮食业的质量水平。服务员往往是上菜之前，最后一个对菜品进行质量控制和检查的人。服务员应熟悉每一种产品的质量标准，并应自始至终都能够坚持饭店的质量标准；同时，需要掌握不用品尝，只需看形状、颜色和纹理，凭温度等就可以对菜品质量做出判断的能力。

三、餐具卫生管理

餐具一般是塑料制品、金属制品以及搪瓷、陶瓷、玻璃制品等。餐饮企业中餐厅服务的主要工具就是各种瓷器餐具以及不锈钢、银餐具等，其种类主要有各种碗、碟、壶、匙、盘等，名称不一，使用各异，但保养方法基本相同。

（一）消毒原理和方法

餐饮经营中时刻离不开各种餐茶具和厨房生产加工工具，对这些生产服务中所用的餐具、炊具、机械设备等，若不注意卫生，用后不及时清洗消毒，即可因微生物大量生长繁殖而造成污染，从而对消费者身体健康造成危害。食品安全法规强调餐饮企业所用食品容器、工具、设备要进行清洗消毒，作为餐饮企业的管理者或餐饮生产经营人员，必须十分重视这个问题。餐具卫生管理应抓好餐茶具的消毒，以及存放时的保洁。消毒是指用物理或化学以及其他方法来杀灭某些致病微生物。

1. 物理消毒法

物理消毒法是指用湿热、干热、紫外线等物理因素达到消毒目的以符合食品安全规范要求的方法，主要有以下几种。

（1）煮沸消毒法。将洗净的餐具全部放入沸水锅中，煮沸 5 分钟以上，即可达到消毒要求。这种方法效果可靠，简便易行，是广大餐饮企业普遍推行的一种方法。

（2）蒸汽消毒法。洗净的餐具放入蒸汽消毒箱或蒸笼内，蒸汽温度达到 95 ～ 100℃，持续蒸 15 ～ 30 分钟，可达到消毒要求。这种方法也很可靠，有锅炉的适于采用。

（3）远红外线消毒法。远红外线消毒箱的温度达 120℃以上并维持 30 分钟以上，可达到消毒要求。

（4）紫外线消毒法。用紫外线消毒灯对空气及台面进行消毒（距台面 1 米以内），紫外线强度不低于 70 微瓦 / 平方厘米，时间 30 分钟，可达到消毒要求。

2. 化学消毒法

化学消毒法是指用化学药物实施消毒的方法。该类化学药物称为消毒剂，消毒剂种类很多，目前餐饮企业主要采用食用碱、食用级乙醇（酒精）、漂白粉、过氧乙酸、84 消毒液等，以达到消毒的目的。

使用化学消毒法需要注意以下几种。

（1）使用消毒剂应在保质期限内，并按规定的温度等条件贮存。

（2）严格按规定浓度进行配制，固体消毒剂应充分溶解。

（3）配好的消毒液定时更换，一般每 4 小时更换一次。

（4）使用时定时测量消毒液浓度，浓度低于要求时必须立即更换。

（5）保证消毒时间，一般餐具、工具消毒应作用 5 分钟以上。

（6）应使消毒物品完全浸没于消毒液中。

（7）餐具消毒前应洗净，避免油垢影响消毒效果。

（8）消毒后以洁净水将消毒液冲洗干净，沥干或烘干。

（二）餐具清洗消毒注意事项

餐具的清洗消毒过程可以简单概括为：一刮、二洗、三冲、四消毒、五保洁。在餐具清洗消毒过程中要注意以下几点。

（1）餐具清洗的三步消洗程序（一刮、二洗、三冲）要分别进行，即“三池分开”。在洗碗消毒机上这三步也是分别进行的。

（2）凡是能用热力消毒的餐具，尽量用蒸煮法消毒，对不能蒸煮的玻璃餐茶具、酒具，可采用药物消毒。

（3）要有与营业相适应的专门消毒设备，要有足够周转数量的餐具，以便保证餐具件件消毒。

（4）要有固定专人负责，定时进行消毒。

（5）消毒过的餐茶具，应放在密闭保洁橱内，防止污染。

（6）使用的消毒剂必须是经过卫生主管机关批准的，并按认可的产品说明来配制使用。对操作人员无伤害，易于冲洗，消毒效果可靠。

四、从业人员卫生管理

（一）个人卫生标准

餐饮服务行业从业人员直接从事餐饮的生产经营，他们的个人卫生习惯、身体健康状况和遵守卫生操作规程的程度直接影响着食品卫生质量。因此，加强对从业人员的卫生培训，提高食品安全知识，控制食品生产经营过程中的污染，对保证食品质量有重要意义。

1. 身体卫生

餐饮服务行业人员应当养成每天洗澡的卫生习惯，及时更换内外衣，做到从上到下，从里到外清洁卫生。身上无异味，头发应当经常洗净梳理，无味、无头屑，这样可减少服务中的卫生问题。女服务员应留短发，或工作时将头发盘起，或带上发网，以防头发掉入食品或饮料中。常洗手、勤剪指甲是保持身体卫生的一个关键，尤其是指甲的清洁。洗手应用流动水洗，并应使用肥皂等清洁剂，洗后冲净。早晚和饭后应刷牙或漱口，上班前不吃带异味的食物。针对餐饮服务行业人员流动性大的特点，应定期进行健康检查，每年进行全面体检，新员工、临时工、钟点工必须经体检合格后，持证上岗。

2. 着装

餐饮服务员都应按规定着装，定期清洗和修补，使之保持整洁。男服务员着装要求：西服裤长度适中，裤线分明；上衣平整光鲜，熨烫得体，纽扣齐全；衬衣一日或两日一换，保持领子袖口无污渍；穿指定的皮鞋，鞋面光亮无尘；领带扎结规范，长度适中，表面光洁，领带夹别在白衬衣领下第三纽扣下；领结佩戴端正、松紧适中；左胸前佩戴胸卡，胸卡字迹清晰。女服务员着装要求：得体大方，给人以整体美的感觉；穿西服裙、制服时应齐整光鲜，纽扣齐全；穿长筒全肉色丝袜。

3. 仪容仪表

男服务员发型达标，头发光亮无头皮屑，发角不过耳、后不过领，不留大鬓角和胡须，面孔洁净；牙齿清洁，口腔清新；指甲常剪，保持清洁；精神饱满，态度热情，富有朝气。女服务员着淡妆上岗，不上浓妆；上班不戴戒指、手镯、耳环、项链等有可能影响卫生质量和服务操作的饰物；指甲不可过长，不涂有色指甲油，留指定的发型。

（二）从业人员的卫生管理

对于餐饮业从业人员的卫生管理工作应从以下几方面入手。

1. 个人卫生制度化

良好的个人卫生习惯的养成，需要经过长期的卫生教育和培训、必要的制度和措施以及高度的自觉性保障才能养成。

具体做到：严格健康检查，做到持证上岗；加强宣传教育和食品安全知识培训；建立必要的卫生奖惩制度；要使员工养成良好的职业道德，增强职业道德观念。

2. 培养良好的个人卫生习惯

餐饮从业人员由于职业的特殊性，应注意讲究个人卫生，要做到“四勤”，即勤洗手和剪指甲；勤洗澡和理发；勤洗衣服和被褥；勤换工作服。此外，餐饮生产和服务人员在工作期间，一定要遵守各项规章制度，不做违规的事。

3. 加强从业人员工作服管理

工作服（包括衣服、帽子、口罩）宜用白色或浅色布料制作，也可按其工作的场所从颜色或式样加以区分。工作服应有清洗保洁制度，定期进行更换，保持清洁，接触直接入口食品人员的工作服应每天更换，从业人员上厕所前应在食品处理区内脱去工作服，禁止从业人员着工作服离开工作场所，待清洗的工作服应放在远离食品处理区的地方，每名从业人员应有两套或两套以上工作服。

（三）从业人员的健康管理

1. 持证上岗，定期体检

餐饮从业人员应按《食品安全法》的规定，每年至少进行一次健康检查。

2. 出现病症，立即停工

从业人员有发热、腹泻、皮肤伤口或感染、咽部炎症等有碍食品安全病症的，应立即脱离工作岗位，待排除有碍食品安全的病症或治愈后，方可重新上岗。

3. 及时诊治，愈后观察

患有以上疾病的员工要及时就诊治疗，有的还要住院隔离治疗，待痊愈后，凭治疗单位出具的证明方可复工。

经典案例

在酒店就餐时滑倒，谁之过

节日期间，小李陪年迈的父亲到一家酒店吃饭，酒店生意很好，但卫生环境却不太好，地面油滑，一不小心就会跌倒。小李很小心地扶着父亲，可父亲在饭毕起身时还是因地面太滑重重摔了一跤，并造成手部轻微骨折。小李事后要求酒店方面赔偿，而酒店方面认为顾客应对自己的人身安全负责，酒店只是一个吃饭消费场所，不承担这样的赔偿责任。酒店是否应当对宾客受到的人身伤害承担赔偿责任？

案例分析

不管是消费者权益保护法还是我国的《民法通则》都对自然人的人身权受到侵害做了相应规定。作为餐饮消费场所，不仅要保证宾客在用餐过程中食品卫生安全，还要保证宾客在自己的场所内不能因自身的原因给宾客人身造成伤害，否则就要承担一定的赔偿责任。此纠纷中，小李父亲的摔到是因酒店没有搞好地面卫生所致，也就是说宾客受伤与酒店本身的过错之间有直接的因果联系，酒店当然应承担赔偿责任。

经验总结

作为餐饮企业，作为公共场所，社会和法律赋予它的责任不仅仅是提供用餐场所，更要保证人们在公共场所用餐时的人身和财产安全。当宾客在用餐消费过程中一旦发现自己的上述权益受到侵害，首先应当分析自己权益受侵犯的具体原因并与餐饮消费部门协商，不要轻易接受单方面的理由和解释。同时注意收集现场相关证据，在交涉无法得到合理答复时，可凭借相关证据资料到有关行业主管部门反映，也可向法律专业人士进行咨询并要求提供相应的法律服务和帮助。

本章小节

餐饮食品安全管理在餐厅服务中占有重要的地位。饮食安全卫生，餐厅优雅整洁，餐具干净整齐，能增强宾客对餐厅的信任感，而安全的环境是餐厅提供给宾客最基本的就餐环境。本章包含两节内容：餐饮食品安全管理和餐饮卫生管理。分别介绍了食品安全与食品污染、食品腐败变质的原因、危害及预防措施、食物中毒的原因及预防措施、餐饮业食品安全管理、餐厅厨房卫生管理、餐具卫生管理以及从业人员卫生管理等。要求重点掌握食品腐败变质的原因及预防措施、食物中毒的预防措施、餐具清洗消毒的方法、从业人员的卫生管理等知识。

走近餐厅

【实训名称】参观一家餐饮企业或个体餐饮店。

【实训内容】

（1）观察并记录该餐饮企业在厨房和餐厅是否存在火灾造成的安全隐患。

（2）每一位员工是否都具备防火意识和消防基础知识。

（3）消防器材是否齐全，摆放位置是否得当。

（4）学会使用各类灭火器材，熟知各类灭火器材的用途。

【实训点评】评分项目及标准

（1）记录餐饮企业存在哪些火灾安全隐患。

（2）记录员工的消防知识在哪些方面存在欠缺，及如何改进。

（3）记录该餐厅使用了哪几种灭火器材，及其摆放地点。

（4）使用灭火器材时，要正确操作。

复习思考题

一、填空题

1. 食品污染按性质不同可分成________、________、________三类。

2. 餐饮企业的________是本单位食品安全的第一责任人，对本单位的食品安全负法律责任。

3. 餐饮经营场所是指与食品生产经营直接或间接相关的场所，包括________、________和________。

4. ________是餐饮服务食品安全管理的中心环节。

5. 餐具消毒法主要有________和________。

二、选择题

1. 餐饮业经营中常见的食品保藏方法有（　　）。

A. 低温保鲜法　　B. 高温保藏法

C. 脱水干燥保藏法　　D. 腌渍和熏制保藏法

2. 食物中毒的类型有（　　）。

A. 细菌性食物中毒　　B. 有毒动植物食物中毒

C. 化学性食物中毒　　D. 真菌毒素和霉变食物中毒

3. 物理消毒法主要有（　　）。

A. 煮沸消毒法　　B. 蒸汽消毒法

C. 远红外线消毒法　　D. 紫外线消毒法

4. 餐具的清洗消毒过程可以简单概括为（　　）。

A. 刮、洗　　B. 冲　　C. 消毒　　D. 保洁

5. 餐饮从业人员的卫生标准包括（　　）。

A. 身体卫生　　B. 着装　　C. 仪容仪表　　D. 健康证明

三、简答题

1. 什么是食品安全？

2. 什么是食品污染？食品污染按性质不同可分为哪几类？

3. 什么是食品的腐败变质？如何预防食品腐败变质？

4. 什么是食物中毒？食物中毒的特点有哪些？

5. 什么是细菌性食物中毒？导致细菌性食物中毒的原因是什么？

6. 食品生产经营应当符合食品安全标准，并符合哪些要求？

7. 餐厅卫生的基本要求是什么？

8. 餐具的清洗消毒过程是怎样的？

9. 餐饮业人员的卫生管理工作应从哪些方面入手？

参考文献

[1] 乐盈. 饭店餐饮管理 [M]. 重庆：重庆大学出版社，2002.

[2] 劳动和社会保障部中国就业培训技术指导中心. 餐厅服务员 [M]. 北京：中国劳动社会保障出版社，2001.

[3] 陆朋. 中餐实务 [M]. 北京：电子工业出版社，2008.

[4] 张元善. 餐饮企业经营管理实务 [M]. 北京：中国轻工业出版社，2006.

[5] 马开良. 餐饮管理与实务 [M]. 北京：高等教育出版社，2003.

[6] 周秒炼. 餐饮经营与管理 [M]. 杭州：浙江大学出版社，2008.

[7] 姜红. 餐饮服务与管理 [M]. 大连：大连理工出版社，2006.

[8] 汪焰，董鸿安. 餐饮服务与管理 [M]. 上海：华东师范大学出版社，2008.

[9] 袁小娟. 现代餐厅服务与管理 [M]. 北京：化学工业出版社，2008.

[10] 安希华，贺学良. 餐饮企业运行与管理 [M]. 北京：中国劳动社会保障出版社，2008.

[11] 施涵蕴. 餐饮管理 [M]. 天津：南开大学出版社，1995.

[12] 蔡万坤. 餐饮管理 [M]. 北京：高等教育出版社，2002.

[13] 杨新乐. 餐饮服务与管理 [M]. 北京：中国商业出版社，2006.

[14] 郭敏文，樊平. 餐饮服务与管理 [M]. 北京：高等教育出版社，2006.

[15] 蒋丁新. 饭店管理 [M]. 北京：高等教育出版社，2004.

[16] 刘菲. 饭店业营销 [M]. 北京：企业管理出版社，1999.

[17] 李勇平. 现代饭店餐饮管理 [M]. 上海：上海人民出版社，1999.

[18] 田克勤. 食品营养与卫生 [M]. 大连：东北财经大学出版社，2007.

[19] 谢民，何喜刚. 餐厅服务与管理 [M]. 北京：清华大学出版社，北京交通大学出版社，2006.

[20] 郭红卫. 营养与食品安全 [M]. 上海：复旦大学出版社，2005.

[21] 邹金宏. 实用餐饮营业及营销 [M]. 广州：中山大学出版社，2005.

[22] 戴桂宝. 现代餐饮管理 [M]. 北京：北京大学出版社，2006.

[23] 池进. 餐饮管理基础 [M]. 北京：旅游教育出版社，1999.

[24] 聂明林，扬啸涛. 饭店餐饮管理 [M]. 重庆：重庆大学出版社，1997.

[25] 陈金标. 宴会设计 [M]. 北京：中国轻工业出版社，2002.

[26] 蒂莫西 · R. 辛金. 酒店管理案例 [M]. 大连：大连理工大学出版社，2003.

[27] 马开良. 现代厨房设计与管理 [M]. 北京：化学工业出版社，2008.

[28] 何丽芳. 酒店服务与管理案例分析 [M]. 广州：广东经济出版社，2005.

[29] 赵建民. 餐饮质量控制 [M]. 沈阳：辽宁科学技术出版社，2001.

[30] 赵建民，赵建龙. 餐饮定价策略 [M]. 沈阳：辽宁科学技术出版社，2002.

[31] 高秋英. 餐饮管理——理论与实务 [M]. 长沙：湖南科学技术出版社，2001.
[32] 林德荣. 餐饮经营管理策略 [M]. 北京：清华大学出版社，2007.
[33] 匡仲潇. 餐饮运营与管理 [M]. 北京：化学工业出版社，2018.
[34] 滕宝红. 餐饮管理实操从入门到精通 [M]. 北京：人民邮电出版社，2019.
[35] 徐宝良. 餐饮管理实用必备全书 [M]. 北京：企业管理出版社，2019.